❷
金剛の書
2021秋〜2023編
弟子の
クソヤローども
オレについて
来い!!

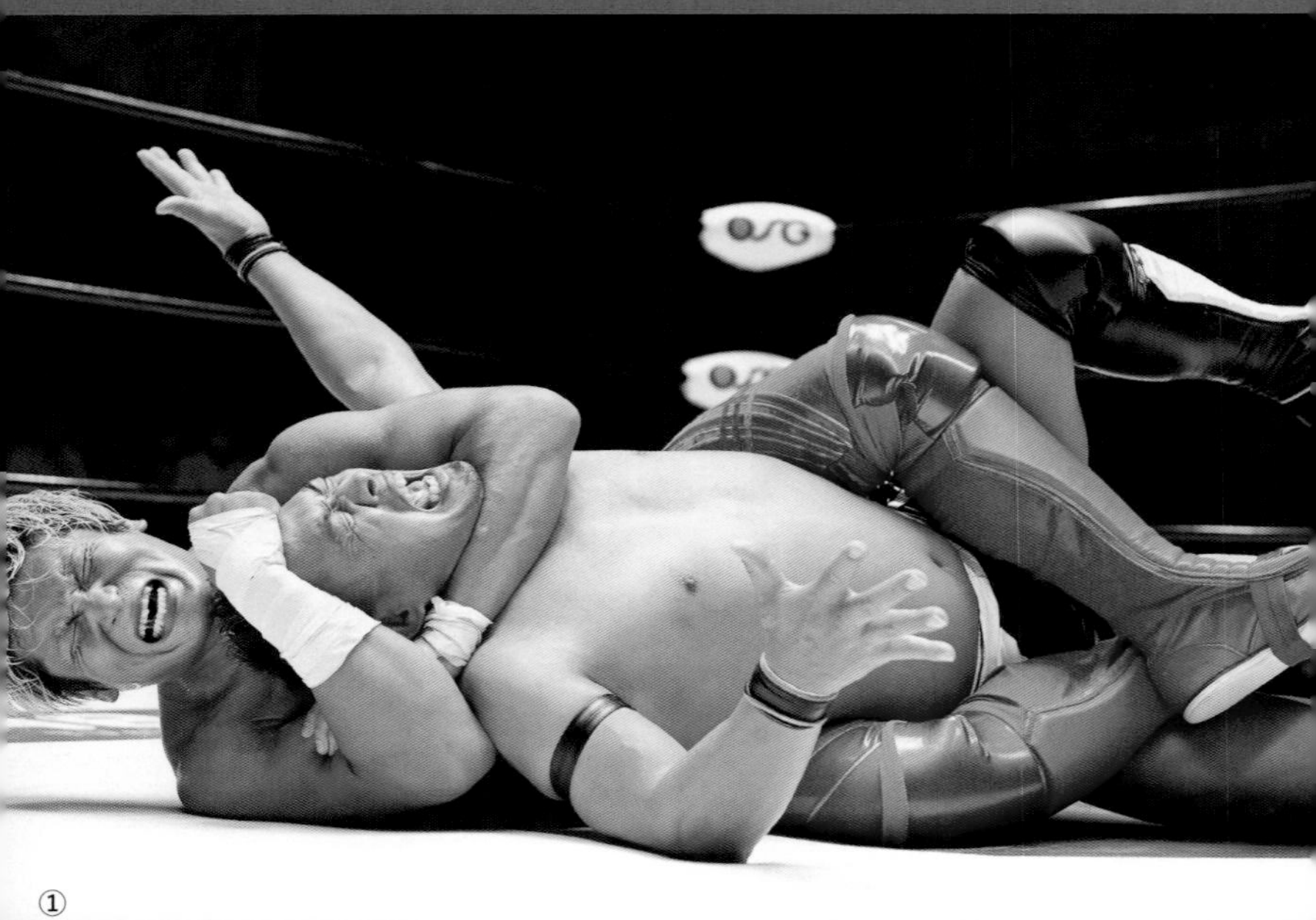

①

②

①2021年9月26日、NOAH後楽園大会の「N-1 VICTORY 2021」公式リーグ戦で望月成晃（DRAGONGATE）にスリーパーを決める ②2021年11月28日、NOAH代々木大会でGHCナショナル王者としてGHCヘビー級王者の中嶋勝彦とダブルタイトルで激突。壮絶な打撃戦の末に60分フルタイムドローで両者防衛に成功 ③2022年7月16日、NOAH日本武道館大会でGHCヘビー級王座2度目の返り咲き

④2022年7月16日、NOAH日本武道館大会で小島聡（新日本プロレス）に強烈な右ハイキックを叩き込む ⑤2023年1月1日、NOAH日本武道館大会で清宮海斗のGHCヘビー級王座に挑戦。得意技であるPFSを投下した

④

⑤

⑥2024年1月2日、NOAH有明アリーナ大会でGHCヘビー級王者として威風堂々と入場。征矢学に挑戦を退けた ⑦2024年3月19日、NOAH横浜武道館大会で1月に総合格闘家からプロレスに転向した元UFCファイターの佐々木憂流迦と初シングル。打撃で渡り合い、最後はリングアウト勝ちでプロレスの洗礼を浴びせた

⑥

CHILL HABIT

チャンネル登録8万人
記念対談！

YouTube拳王チャンネル

拳王×“中の人”

拳王が躍進するきっかけとなったのがYouTubeで展開している「拳王チャンネル」。2024年5月時点で、チャンネル登録者は78600人を超え、80000人突破は目前だ。そんな拳王チャンネルの制作者であり、自ら撮影を担当しながら、拳王のトーク相手としての出演までこなし、その絶妙なやりとりで注目を集めているのが、通称〝中の人〟。顔出しナシを条件に「拳王チャンネル」について……成功の秘密、過去のベスト3、過去の苦い思い出……などなど、拳王と語り合ってもらった。

――中の人はどんな仕事をしていたのか明かせる範囲でお願いします。

中の人　バラエティー番組の制作をはじめ、居酒屋巡り番組も制作していました。1店舗2杯までしか飲めないですけど（笑）。AD歴もディレクター歴も長いですから、街頭インタビューとか半日以上やってた時もありますよ。

拳王　あー、だからオレがメチャクチャ目立つ格好で人の多い観光地をブラブラしても、何も恥ずかしくなさそうだったのかよ。

中の人　その時の経験は生かされてますね。ちなみに、昔からプロレスファンで最近はWWEが好きで推しはベイリーです。

拳王　なんでベイリーが好きなの？

中の人　試合もそうですけど、表情とかマイクとかパフォーマンス、たたずまいが素晴らしいと思います。

――よく知ってますね。2人は収録後に飲みに行ったりしないのですか？

拳王　呼んでも来てくれないんだよ（笑）。

中の人　申し訳ないけど、スケジュールがなかなか合

始めるきっかけはプロレス界よりも対世間だ。（拳王）

わないんですよ。

拳王　全然来てくれないから最近は誘ってないぞ。

——もしかして面倒臭いからじゃないんですか？

中の人　（笑）。ただ誘う時間帯がおかしくて普通に火曜日のお昼2時とかに「今、海岸で飲んでるんですけど、来ませんか？」とかですからね。こっちもいろいろ働いてるので行けないですよ…。

——なんでそんな時間に連絡するのですか？

拳王　中の人は子供がいるから夜は誘わない。だから昼だ（笑）。

中の人　夜も仕事がけっこう入ってるので、本当に申し訳ないです。

拳王　いつも忙しそうだからな。オレに仕事以外で会いたくないだけかもしれないが。

——これまで「拳王チャンネル」を2年間やってきました。これまでを振り返ってみて、どうですか？

中の人　思ったよりも反応はあったなって。プロレス界で存在感が出てきたなって感じていて、去年の「プロレス大賞」で敢闘賞を取ったじゃないですか。その選考理由で「ＹｏｕＴｕｂｅによる発信」って言われてて、すごく嬉しかったです。選考委員とかも見てくれていて、多くの人に届いてるんだなって素直に思って感慨深かったです。

拳王　選考委員にも響いてるって嬉しいよな。

中の人　はい。プロレス界全体にもとても響いてると思います。

拳王　でも、そこだよな。始めるきっかけはプロレス界よりも対世間だ。週プロを読んでるのはプロレスマニアがほとんど。だから、マニア層に受けるような内容にして、ＹｏｕＴｕｂｅはマニアも引き込みつつ、ライト層に響くようにやらないといけない。そこが難しい。

中の人　そのへんのバランス感覚が素晴らしいですよね。拳王さんはマニア層もライト層もどっちもいけるじゃないですか。これまでやってきて「プロレス大賞」選考理由にＹｏｕＴｕｂｅが入ってたのが、大きな成果になってると思ってます。

拳王　週プロが毎年やってる「プロレスグランプリ２０２３」の好きなプロレスラーで５位になったし。

――男子では新日本プロレスの内藤哲也選手に続いて２位でした。

拳王　それもライト層に響いたからだと思ってるよ。

中の人　他団体のファンにも認知されるっていうのは大事ですよね。

拳王　現在のプロレス界は６～７割が新日本ファンだと思う。週プロの連載では響かなかったのに、ＹｏｕＴｕｂｅで響いたのはそのあたりの層を狙ったからだよな。

バランス感覚が素晴らしい。拳王さんはマニア層もライト層もどっちもいける。（中の人）

――６年以上やってきた連載が下地になっているということで…。

拳王　週プロ連載の書籍化が進んだのは、好きなプロレスラーランキング５位が判明した頃。ジュリアとかはオレよりも後に連載が始まったのに、すぐに別冊化されてた。ベースボール・マガジン社は手のひら返しがすごいよな（笑）。

――それだけ「拳王チャンネル」の影響力があるということです。

拳王　昨年９月に闘道館で週刊プロレス40周年イベント「週プロトーク」があったけど、来てくれたクソヤローどものほぼほぼが連載初期のことを知らなかった。

――ＫＥＮＴＡ選手を狙ってＮＯＡＨに来たということすらみんな知りませんでした。それだけ新しいファンがついているんだなってわかったことによって、この書籍化が実現した部分もあります。

中の人

YouTube拳王チャンネル

本名&素顔は非公開。テレビ番組ディレクター。バラエティ番組、クイズ番組、旅番組などを手がける。小学校6年生の時にプロレスの虜になる。高校卒業後、三沢光晴 vs小橋建太を日本武道館で観戦するために上京。NOAH旗揚げ2連戦のうち2日目（2000年8月6日、ディファ有明）を生観戦している。好きなプロレスラーは三沢光晴、小橋建太、イヨ・スカイに「ワタシワカルヨ」と言ったベイリー。

拳王　週プロのイベントに来るクソヤローどもは、連載を毎週読んでると思ってたからビックリしたぞ。ベースボール・マガジン社のお偉いさんたちもオレが金になると思っての書籍化だろ。何年も前から言ってたのに。罰として印税もっと上げろ。

――悪口はそのあたりでということで…。「拳王チャンネル」で思い出深い回は何でしょうか？　第３位からお願いします。

中の人　「原宿 竹下通りにプロレスラー現れたら声かけられるのか？」ですね。アレは間違いなく神回中の神回。すべてが完璧でした。企画自体が突拍子もないし、ジャージーとコスチュームで竹下通りを歩くっていうバカバカしさ、レインボーわたあめがいい小道具になっていたし、最後の最後で内藤哲也ファンの女子高生に声をかけられるって奇跡…。アレを超えるＶＴＲはなかなか出ないですよね。

拳王　あれは面白かった。オレのベスト３にも入ってるぞ。その後「声かけられる」はシリーズ化してるし。

――どういう発想から生まれたのですか？

中の人　拳王さんです。

拳王　原宿に行く用があるからついでに撮影しようかなって。

中の人　ＹｏｕＴｕｂｅｒの定番企画なんですよね。それをプロレス流に進化させました。

拳王　次はライオンの入場ガウンと一緒にやりたいよ。

中の人　編集してて、すごく笑いました。再生回数は14万ちょっとでそこまでよくはないけど、非常に内容がよかったです。製作者として面白くて何度も見返しましたよ（笑）。

――2位は？

中の人　合気道の白川竜次先生とのコラボで拳王スペシャルが誕生した回ですね。「拳王チャンネル」はいろんな武術系ＹｏｕＴｕｂｅｒとのコラボが目玉の1つなんです。１９０万回以上視聴されてる影武流合氣体術の雨宮宏樹先生のパンチを受けて耐えられるのかとかいろいろあるんですけど、白川先生の回は技を教わって、それがしかもリング上のフィニッシュホールドになってる。ＹｏｕＴｕｂｅ発でリングとリンクさせたプロレスラーはいない。まったくオリジナルの発想でした。その上つなぎ技とかじゃなくてフィニッシュホールドでタイトルマッチで勝ちましたからね。

――昨年10月、ジェイク・リー選手から拳王スペシャルでＧＨＣヘビー級王座を奪取しました。

中の人　ああいうのも事前に打ち合わせなしですよ。コラボの現場に行って、初めてどんな技か教わるんです。アレ、教わった時に実際にフィニッシュホールドになるって思ったのですか？

YouTubeで生配信して、投げ銭が30万以上飛び交ったんです。(中の人)

拳王　いけるなって。

中の人　そういうのを収録時は出さないんですよ。YouTubeの1つの企画として技を教わったってぐらいかなと思ったら…。あれだけバンバン使って、会場でもYouTubeの技だ!って沸きますからね。すごいなって思いました。

――YouTube発信をリング上に反映させるというのは狙っているのですか?

拳王　最初から狙ってるわけじゃないけど、いけるなって思った技は使ってるよ。船木誠勝さんや獣神サンダー・ライガーの骨法と同じ。

中の人　(笑)。

――船木さんとライガーさんは80年代、新日本のヤングライオン時代に出稽古に行っていました。そこで骨法を学び、掌打や浴びせ蹴りなどの技を会得。プロレスの試合でも使用するになりました。当時は週プロでも何度も取材しています。

中の人　昔は雑誌、今はYouTubeっていうのも時代ですね。

――第1位は?

中の人　去年の拳王チャンネルプレゼンツ徳島大会ですね。YouTubeで生配信して、同時接続1万3000超え、スーパーチャット(投げ銭)が30万以上飛び交ったんですよ。大会の1カ月前から徳島に行って、ラーメン屋でロケしたり、阿波踊り会館を紹介したり、前日も生配信して、当日の大会前も生配信して、大会後も生配信して、そうやって大会を創り上げたのがすごいと思います。

拳王　そのおかげで1321人の観衆を動員できたのは大きかった。

中の人　拳王さんががんばってましたからね。

拳王　課題は子供たちにいかに届けられるか。「拳王チャンネル見た」と言えば、小中高生のチケット代2000円拳王が自腹で肩代わり企画も27枚しか出なかった。最終的に会社から裏で「それは営業努力だからいらないよ」って返金されるのかと思ったら、リアルに5万4000円受け取りやがったぞ（笑）。

――拳王さんのベスト3は何ですか？

拳王　1位が竹下通り、2位が内藤哲也年表、3位が全日本くじかな。

――竹下通りは中の人と同じくランクインですね。2位の年表は内藤選手を皮切りに好評定番シリーズとなりました。

中の人　内藤年表も全日本くじも思い出深いですよね。

拳王　名作だった。

――現在のロス・インゴベルナブレス・デ・ハポンの内藤選手しか知らないファンにも歴史を伝えることができました。そんなYouTube企画を、一騎打ちを控えているプロレスラーがやるという斬新な企画でしたね。

拳王　調べてみたら、ほめる要素しかなかったっていう（笑）。

中の人　年間最大のビッグマッチでメインイベントだったのに、ほかの試合になったっていう共通点も出てきて、面白かったですよね。

拳王　プロレス界に新しいアオリを生み出すことができた。

中の人　まだ拳王さんだけしかやっていませんが（笑）。でも、ほかの人はなかなかできませんよ。

拳王　令和のプロレス界のアオリになるかもしれない。

中の人　まったくその通り。冷静に考えて、対戦相手が過去の年表を書いて、それを発表するのがなぜプロレスのアオリになるのかわからなかったんですよ。だけど、結果的に年表を見た人たちは内藤vs拳王がもの

課題は子供たちにいかに届けられるか。（拳王）

誰かにパクッてもらいたいよ。今のプロレス界ってアオリが弱い。（拳王）

すごく楽しみになったって声が多かった。ということは、正しかったってことなんですよ。アレは拳王さんの大発明です。

——拳王さんは中高の社会科教員免許を持っていますし、プロレス史の知識も豊富だからこそできることです。その後もことあるごとに年表が求められるようになりました。

中の人　それこそ内藤戦においては前日に闘魂ショップに行って、対戦相手のTシャツを買うことをアオリにしてるわけですよ。理屈じゃ説明できない。でも、ファンは喜んで明日の一騎打ちが見たい！ってなるんですよ。そういう突飛な発想は拳王さんしかできない（笑）。

拳王　誰かにパクッてもらいたいよ。今のプロレス界ってアオリが弱い。ブレイキングダウンとかに古き良きプロレス界のアオリが取られてるのが現実だよな。

中の人　試合する前に「なんだテメー、コノヤロー！」って言って、罵り合ってにらみ合うのが由緒正しきアオリじゃないですか。アントニオ猪木vsモハメド・アリとかから伝統的なプロレス界の試合前と言えば、そんな感じだったけど、年表を書いて発表するって…発想が2段も3段も上をいってます。

拳王　相手をけなすことなんて誰でもできる。年表はほめることが重要。でも、年表を作ったら敗戦率が異様に高い（笑）。勝ったのなんて潮崎豪ぐらいだろ。

中の人　相手は脅威だと思います。

——そういうのは事前に知らされるものなのですか？

中の人　これは拳王さんに言いたいことなんですけど、ホントに教えてくれないんですよ。年表の時も「内藤哲也年表をやりたい」って言われても「はぁ？」でした。何を言ってるかまったく理解できなかったし、全部を説明してくれない。企画趣旨説明はなし。「内藤哲也年表を書いて発表するから、場所と時間だけ用意してください」だけ。よくわからないけど、ひとまずわかりましたってやってみると「なるほど！　こういうことか!!」ってなる。それの繰り返しですよ。

――出たとこ勝負ですね（笑）。

中の人　最近だと「EZ-GENプロテインに合う駄菓子を決めたい」って言われてやってみたら、プロテインの粉に駄菓子をつけて食べ始めるんですよ。てっきりプロテインは液体でそれに合う駄菓子を決めるもんだと思ってた。撮影を始めて、自分の想定を大きく外れることが多々あります（笑）。こっちも準備があるので、事前に言ってほしいです。

――ただ中の人がビックリしながらも撮影が進んでいくのも「拳王チャンネル」の面白さです。

中の人　そうそう。ボクは本当に素のリアクションしてますから（笑）。

年表を書いて発表するって…
発想が2段も3段も上をいってます。（中の人）

拳王　詳細を説明するのが面倒臭いだけ（笑）。

中の人　ボクの想像なんかはるかに超えてくる。

――普通は過去を調べないのに、拳王さんは掘り下げてYouTubeで発信しまくる…面倒臭いの源流かもしれませんね。

拳王　オレみたいに面倒臭いヤツじゃなきゃできないことだよな。

中の人　あんなの手書きで作ってる時点で「この人、何時間かけてるんだ」ってすぐに伝わるし。だってプロレスラーですよ。年表やるんだったらトレーニングやれ！って普通はなるじゃないですか。

――逆に苦い思い出はありますか？

中の人　これも第3位からいくと、拳王人生相談ですね。2年前の初期にYouTubeで何をやっていいかわからなかった。試合を解説するとかウィキペディアを本人チェックするとかいろいろやってたけど、

まぁ、再生されないんですよ。

拳王　1万はいったよな。

中の人　2年経ってようやく1万ですからね。最初期は何をやっていいか本当にわからなかった。

拳王　最近「拳王チャンネル」に憧れて、ＹｏｕＴｕｂｅをはじめるプロレスラーが増えたけど、その人たちも困ってそうだよな。

中の人　最初は全然順調じゃなかったですからね。今やったら、また違うと思うんですけどね（笑）。

拳王　ただもうやりたくはない。もっとバラエティー色を入れて、子供たちに見られるようなのをやりたいな。

――プロレスを幅広い層に広げるのが「拳王チャンネル」の目的でもありますからね。苦い思い出第2位は何でしょうか？

中の人　全日本くじです。

拳王　オレにはいい方の3位だ。

中の人　これはあくまでボクの立場的に苦い思い出なんです。なぜかって言うと、ボクのミスでロケの途中が録画されてなかったんですよ。拳王さんが9900

円ずつ自腹で全日本くじを買いまくってるところが丸々撮れてなかった。最終的に3万円以上払ってるのにそれを収録できてなかったから、申し訳なさすぎましたよ…。さらに、あの日はカメラのバッテリーもなくなっちゃって、急きょスマホで撮影したり、バタバタになったんですよ。あまりにも申し訳ないっていう苦い思い出です。

――その回が拳王さん的にはいい方の思い出です。

拳王　そのあたりは別に思い出深くないけど、だいぶ残ってた全日本プロレスくじに貢献できたことが思い出深かった。

中の人　あれは昨年2・21東京ドームで全日本プロレスとの対抗戦前でした。アレも年表と同じでどうやったらアオリになるのかわからなかったけど、動画を公開してみたら、みんなが試合に興味を持ってくれて、全日本くじを買おうかなって人までいっぱいいましたからね。

拳王　全日本くじはアレが宣伝になってだいぶ売れたんじゃねぇのか。プロレス界に貢献できたと思えば、3万円自腹は安いもんだよ。全日本プロレスからギャラをもらいたいぐらい（笑）。

中の人　1位がわかったよ。

拳王　なんですか？

中の人　武藤敬司引退会見の時？

拳王　（笑）。

中の人　マイクの不調によって音声がまったく収録されていなかった回。

拳王　確かに苦い思い出でしたけど、ボクの中で第1位は海を見るシリーズです。

中の人　な、なんでだよ？

拳王　知ってます？「拳王チャンネル」が好きですって人に「何が好きですか？」って聞くとだいたい海を見るシリーズって言うんですよ。でも、再生数が伸びない。あんなにみんな言ってくれるのに再生数が伸びないのが謎で仕方がないです。

中の人　徐々には伸びてるよ。昔は全然だったのに、最近は数字がよくなってるからね。熱狂的な「拳王チャンネル」ファンは増えてるんだよ。

拳王　いつも再生数が1万いかないのに、みんな大好きなんです。

これだけは言いたいんですけど「拳王チャンネル」の企画は100%拳王さんが考えてるんです。（中の人）

拳王　アレはバズる可能性ある。これが伸びたら本当のファンが増えてきたってこと。拳王チャンネルのバロメーターだ。

――ほかのプロレスラーのYouTubeで気になっているのはどのチャンネルですか？

拳王　最近は永田裕志かな。始めたばかりって全然回らないのに、コンスタントに万再生を超えてくる。ギャラとかの話はオレも興味深く見させてもらったぞ。

中の人　ほかのプロレスラーのYouTubeって話が中心だけど、拳王さんはロケをしますからね。

拳王　ただ最近はYouTube自体が全体的に落ちてる感じはあるよ。

中の人　刻一刻とSNS事情も変わってて、YouTubeとかXとかだけじゃなくて、インスタグラムとかTikTokもやらないと多くの人たちにリーチしないとか言われてます。それも少ししたらドンドンと変わっていくだろうし。

――普段の生活でYouTubeのことは考えていますか？

拳王　ドッキリとかはよく考えてるかな。なかなかタイミングがなくてできないけど。

中の人　これだけは言いたいんですけど「拳王チャンネル」の企画は100%拳王さんが考えてるんですね。よく「中の人がやらせてるんでしょ」とか言われるんですけど、竹下通りを歩くのも年表を発表するのも全部拳王さんが発案。ボクは子供の頃からプロレスファンなので「空手家のキックを受けてください」なんて言えないですよ。そんな発想は出ない。お遍路さんの格好で横浜中華街歩くなんて思いつかないですから。そこは声を大にして言いたいです。この機会に聞きますけど、企画はどうやって思い浮かぶのですか？

拳王　もともと偏屈だからだよ。

中の人　ＢＵＳＨＩ選手の店に行ったのも面白かったなぁ。ロス・インゴベルナブレス・デ・ハポングッズで変装するなんて誰も思いつかない。

――プロレスラーのＹｏｕＴｕｂｅで異質な存在ですね。

中の人　大抵は昔話と裏話ですからね。

拳王　昔話やゴシップは簡単に数字が稼げる。永田裕志のゼァ！チャンネルもだってそういうのが好きな層が見てそうだし。オレは普段プロレスを見ない子供たちや若い層にプロレスは面白いんだって伝えて、ファンになってもらいたいからやってるわけで。そういうことをもっとみんなでやっていかないとプロレス界に未来なんてないよ。

中の人　そういう意味で言えば、拳王さんは達人とのコラボで散々体張って痛い思いして、多くの人にプロレスを広めることができたと思います。武術系ＹｏｕＴｕｂｅ界では拳王って名前を知ってもらえてると思います。

拳王　ＹｏｕＴｕｂｅで知って、無料のＡＢＥＭＡで見るっていう導線ができたのは大きいよな。

中の人　単純にプロレスラーがパンチされて悶絶するって動画として面白いですからね（笑）。「拳王チャンネル」って柱がいくつかあって、年表、武術系達人とのコラボ、そして試合後の生配信です。大会後にプロレスラーの生の声を聞きたいって需要があるのを「拳王チャンネル」で初めて知りました。

拳王　内藤哲也戦後の生配信は18万再生以上。ブレイキングダウンとか見ても、みんな試合後に配信するよな。そういうのを今のライト層は求めてる。試合後、ダメージもあって、負けたら悔しいのも仕方がないけど、もっともっと発信しないといけないよ。ファンファーストの思考にならないと。ＹｏｕＴｕｂｅって

夢はでっかくローガン・ポールだ。ＷＷＥ「レッスルマニア」で対戦だ！（拳王）

数字に表れるからよくわかるけど、情報のスピード感が大切。大会後は1分1秒でも早く発信した方がいい。数時間後や次の日になったら、ライト層は誰も振り向いてくれないと思ってる。これは特にNOAHの選手たちに言いたいよ。

――そろそろ行数もお時間もなくなってきたので、最後に今後の目標をお願いします。

拳王　「拳王チャンネル」での目標は、夢はでっかくローガン・ポールだ。WWE「レッスルマニア」で対戦だ！

中の人　とてもいいですね。

拳王　そして、現地から試合後生配信やるのが夢かな。よし、この3人で行くぞ！　オマエは週プロの取材で今年も行ってたんだろ？

――はい。

中の人　拳王さん、す、すみません。実はボクも今年行っていました…。ジ・アンダーテイカーとザ・ロック、生で見ました。

拳王　えええええーっ！　どんだけWWE好きなんだよ。今年の「レッスルマニア40」行ってないのは、3人でオレだけかよ。まずは来年の「レッスルマニア41」から狙っていくぞ。

中の人　'22年4月のチャンネル開設時から打倒ローガン・ポールを掲げていましたからね。

拳王　NOAHもWWEも同じABEMAでやってるし、何かしらのタイミングが合えば可能性あるだろ。この書籍を買って読んでるクソヤローども、いつかはWWE「レッスルマニア」の会場前から生配信をする拳王、オレについて来い！

拳王のクソヤローどもオレについて来い!!

❷金剛の書

CONTENTS

002 Looking back at KENOH's history in photos 2021autumn ～

008 チャンネル登8万人記念対談！ 拳王×YouTube 拳王チャンネル〝中の人〟

2021年 秋～

030 8月25日号の議題 引退
031 9月1日号の議題 1・1武道館大会
033 9月8日号の議題 コロナ感染拡大
035 9月15日号の議題 オフ
036 9月22日号の議題 N－1VICTORY2021
038 9月29日号の議題 興行戦争
040 10月6日号の議題 大スクープ！
042 10月13日号の議題 外国人選手
043 10月20日号の議題 派閥争い
045 10月27日号の議題 N－1VICTORY2021総括
047 11月3日号の議題 DRAGONGATE
048 11月10日号の議題 ゼウス
050 11月17日号の議題 小川良成vs清宮海斗
052 11月24日号の議題 GHCナショナル挑戦
053 12月1日号の議題 長期欠場
055 12月8日号の議題 2冠戦
057 12月15日号の議題 プロレスグランプリ2021
059 12月22日号の議題 NOAH11・28代々木総括
061 12月29日号の議題 大量離脱
062 1月5日・12日号の議題 清宮海斗
064 1月14日増刊号の議題 NOAH1・1日本武道館&新日本1・8横浜アリーナ

2022年

070 1月18日増刊号の議題 〝イッテンイチ〟総括〈前編〉
071 1月19日号の議題 〝イッテンイチ〟総括〈後編〉
073 1月26日号の議題 GHCタッグ挑戦
075 2月2日号の議題 言葉力
077 2月9日号の議題 拳王的プロレス大賞2021
078 2月16日号の議題 金剛・船木誠勝
080 2月23日号の議題 2月11日
082 3月2日号の議題 週プロ×ワンダ缶
084 3月9日号の議題 GHCタッグ、ジュニアタッグ
085 3月16日号の議題 藤田和之GHCヘビー奪取&NOAH入団
087 3月23日号の議題 デビュー記念日
089 3月30日号の議題 両国国技館大会
090 4月6日号の議題 レフェリー
092 4月13日号の議題 先週のビッグマッチラッシュ
094 4月20日号の議題 鈴木秀樹
095 4月27日号の議題 YouTube
097 5月4日号の議題 尾川堅一との対談後記
101 5月11日号の議題 NOAH4・29&30両国
102 5月18日号の議題 サイバーフェス6・12さいたま
104 5月25日号の議題 木村花メモリアル5・23後楽園
106 6月1日号の議題 大田区総合体育館

6月8日号の議題　小島聡　107
6月15日号の議題　サイバーフェス6・12さいたま②　109
6月22日号の議題　サイバーフェス6・12さいたま③　111
6月29日号の議題　海外と日本のスポーツ観戦　112
7月6日号の議題　7・16日本武道館　114
7月13日号の議題　6月三大王座全移動　116
7月20日号の議題　武藤敬司引退　117
7月27日号の議題　いざ7・16日本武道館　119
8月3日号の議題　復帰戦　121
8月10日号の議題　GHC奪取からのN-1　123
8月17日号の議題　ファンイベント　124
8月24日号の議題　N-1 VICTORY 2022　126
8月31日号の議題　前田日明　128
9月7日号の議題　N-1序盤振り返り　130
9月14日号の議題　大好きだぁ!　131
9月21日号の議題　「N-1 VICTORY」総括　133
9月28日号の議題　NOAH9・25名古屋GHCヘビー級選手権　135
10月5日号の議題　続・NOAH9・25名古屋　136
10月12日号の議題　異種格闘技戦　138
10月19日号の議題　GHCヘビー陥落　140
10月26日号の議題　アントニオ猪木　142
11月2日号の議題　タカ&サトシ　143
11月9日号の議題　有明凱旋　145
11月16日号の議題　GLOBAL DREAM11・11後楽園　147
11月23日号の議題　金剛興行12・18新木場　149
11月30日号の議題　清宮海斗　150
12月7日号の議題　11・23代々木　152
12月14日号の議題　ワールドカップ　154
12月21日号の議題　プロレスグランプリ2022　156
12月28日号の議題　いざ金剛興行12・18新木場　158
1月4日号の議題　1・1日本武道館　159
1月11日号の議題　ゆく年くる年　161

2023年

1月18日号の議題　拳王的プロレス大賞2022　164
1月25日号の議題　2023年　165
2月1日号の議題　ロス・インゴベルナブレス・デ・ハポン　167
2月8日号の議題　15周年　169
2月15日号の議題　全日本プロレス　170
2月22日号の議題　2・21東京ドーム　172
3月1日号の議題　2・21東京ドーム待ったなし!　174
3月8日号の議題　征矢学とGHCタッグ挑戦　175
3月15日号の議題　世界タッグ挑戦　177
3月22日号の議題　絶縁　179
3月29日号の議題　GHC世界タッグ王者　181
4月5日号の議題　拳王チャンネル3・15公開収録in仙台　182
4月12日号の議題　世界タッグ奪取　184
4月19日号の議題　久々の東北4連戦　186
4月26日号の議題　オープン・ザ・ツインゲート王座奪取　188
5月3日号の議題　オープン・ザ・ツインゲート初防衛戦　189
5月10日号の議題　プロレス興行における前説　191
5月17日号の議題　NOAH5・4両国国技館　193
5月24日号の議題　中嶋勝彦金剛脱退　194
5月31日号の議題　5・21神戸世界タッグV1戦　196

198 6月7日号の議題 15周年記念大会vol.1
200 6月14日号の議題 デカいは正義
201 6月21日号の議題 15周年記念大会vol.2
203 6月28日号の議題 拳王チャンネル特集
205 7月5日号の議題 15周年記念大会vol.3
207 7月12日号の議題 N-1 VICTORY 2023
208 7月19日号の議題 征矢学
210 7月26日号の議題 天龍源一郎の龍魂時評
212 8月2日号の議題 青柳亮生
213 8月9日号の議題 デビュー戦
215 8月16日号の議題 フジタ"Jr"ハヤトvs高橋ヒロム
217 8月23日号の議題 重大発表
219 8月30日号の議題 週プロトーク
220 9月6日号の議題 「N-1 VICTORY」序盤振り返り
222 9月13日号の議題 9・3大阪
224 9月20日号の議題 バスケワールドカップ
226 9月27日号の議題 アフターN-1 VICTORY
228 10月4日号の議題 そやそやテレビくん
229 10月11日号の議題 丸藤正道vsウィル・オスプレイ
231 10月18日号の議題 ジェイク・リーのGHCヘビー級王座挑戦
233 10月25日号の議題 週プロトーク
235 11月1日号の議題 ABEMAのWWE
236 11月8日号の議題 10・28福岡決戦
238 11月15日号の議題 中嶋勝彦
240 11月22日号の議題 征矢学
241 11月29日号の議題 ドラゴン・ベイン&アルファ・ウルフ
243 12月6日号の議題 藤波辰爾
245 12月13日号の議題 11・24後楽園を終えて
247 12月20日号の議題 プロレスグランプリ2023
248 12月27日号の議題 ワールドカップ後のバスケットボール
250 1月3日号の議題 大谷翔平
252 1月10日・17日合併号の議題 拳王的プロレス大賞2023
254 おわりに

※この書籍は、ベースボール・マガジン社発行の週刊誌「週刊プロレス」にて2018年1月31日号（NO.1940）より隔週、2020年4月22日号（NO.2061）より毎週掲載され、2024年6月現在も連載が続く「拳王のクソヤローどもオレについて来い!!」の2021年8月25日号（NO.2136）から2023年内に発売された最後の号、2024年1月10日・17日合併号（NO.2281）までの掲載分の内容をまとめ、あらたに対談企画を加えたものです。2018年1月31日号（NO.1940）から2021年8月18日号（NO.2135）までの掲載分は「拳王のクソヤローどもオレについて来い!! ①反骨の書」に収録しています。

※掲載の内容は、ほぼ、週刊プロレスでの連載時のままとしています。「掲載時点からの経日・経年に伴う社会やプロレス界の状況の変化により、拳王選手自身の考えが連載当時とは変化している場合」「連載掲載時の時事ネタに言及していて、その事象について理解していないと内容が把握し切れない場合」などを含め、加筆・修正等は加えないことを原則として、本書を制作いたしました（たとえば、文中『●ページ参照』とあるのは、連載時の掲載号の●ページに載っているという意味であって、この書籍の●ページに載っているという意味ではありません）。

2021年 秋〜

大谷翔平がメジャーリーグMVPとなり、
東京オリンピックで日本が史上最多58メダルを獲得し、
スポーツ界に注目が集まった2021年後半。
拳王はDRAGONGATEに参戦し
タイトルに挑むなど、あらたな闘いを模索し続ける。

8月25日号の議題　引退

プロレスラーは格闘技アスリートだが、大衆娯楽&伝統芸能どちらを優先するかによって引退の考え方は変わってくる

――今週の議題は何にしますか？

拳王　先週の週プロ表紙…DRAGONGATEで吉野正人さんが引退をしたな。

――なんか珍しく礼儀正しいですね。

拳王　当たり前だ。引退した人はプロレスラーとしてライバルじゃないからな。礼を持ってお話しさせていただきますよ。

――では、率直にプロレスラーの引退についてどんな考えを持っていますか？

拳王　プロレスラーは本来、アスリートとしては引退していなければいけない選手がいっぱいいる。40代に入ってきたら全盛期と比べて身体能力、体力、反応スピードなどあらゆる面で衰えてるのは間違いないだろ。

――いきなり核心を突くような言葉ですが、プロレスラーはキャリアを重ねて出てくる味もありまして、アスリート的な能力だけで語ることができない部分もあります。

拳王　オレはプロレスラーは格闘技アスリートだと思ってる。だが、大衆娯楽&伝統芸能という形で認識されてる部分もあるんだよな。どちらを優先するかによって引退についての考え方は変わってくるよな。吉野さんの場合は小遣い稼ぎのため、激しい受け身を取らずに、だましだましならばもっと現役を続けられたと思う。にも関わらず「スピードスターとして走り切る」と語っていたように、アスリートとして自分の限界を決めた。その決断はなかなかできるもんじゃない。オレはリスペクトをしてるぞ。

――吉野選手のように全盛期で引退するプロレスラーは本当に少ないですね。

拳王　NOAHで言えば、小橋建太さんぐらいじゃないか。逆に言えば、体力や気力が衰えても武藤敬司を筆頭に違う輝き方もできる。一番ダメなのは誰か知ってるか？

――教えてください！

拳王　オマエらマスコミだ！　**結局、ネームバリューのあるレジェンドを持ち上げて、記事にするだろ。オマエらがいけないんだよ！**

――…。

拳王　まぁ、週プロは専門誌として今、脂の乗ってるプロレスラーたちもちゃんと報道してるから許してやるよ。でも、新聞やネットメディアなんて過去の栄光で数字を持ってるレジェンドが優先。そんなことをやってるから調子に乗って引退しないんだろ。

――プロレス界として、その部分はジャイアント馬場&アントニオ猪木時代から常に議論

吉野が表紙を飾った先週号の週プロ表紙に一礼する拳王

されている問題です。

拳王　ほかのプロスポーツでは体力&気力の限界が来たら、チームとの契約もあるし引退せざるを得ないだろ。レジェンドでも一線級で闘ってるのはサッカーの〝キング・カズ〟三浦知良さんぐらいじゃないか。体力&気力が衰える中でもこれまで培った技術で若い選手たちと勝負をしてる。本当にすごいよな。

――54歳でも現役を貫き、J1の横浜FCで活躍していますね。

拳王　NOAHで言えば、杉浦貴（51歳）だな。しかし、プロレスはアスリート以外の部分でも勝負ができる。レジェンドの年季の入った技はダメージ以上の〝威力〟があるんだよ。渕正信さんなんてボディースラムだけで試合を組み立てることができるだろ。試合で勝利を収めても、どんなに激しい技を決めても、結局、印象に残ったもん勝ちというジャンルの特性もある。オレたち世代は格闘技として勝敗を競い合いながら、プロレスの大衆娯楽&伝統芸能的な部分とも真正面から闘っていかなければいけないんだ。

――そこは本当に難しいですよね。

拳王　昔、武藤敬司はずば抜けた身体能力でファンを魅了してきた。でも、衰えが出てきたら、その時の自分に合わせてシフトチェンジしながら最前線をキープしてる。最近の丸藤正道も同じような道をたどりつつあるのをオレは見逃してないぞ。**武藤敬司と丸藤正道は天才と呼ばれてるが、ずる賢さの天才でもある。**経営者としての能力がない部分も含めてなんか似てるよな。

――最後の方はただの悪口ですよね。

拳王　（無視して）今、脂の乗ってるオレたちがNOAHの老人ホーム状態を終わらせなければならないんだ。レジェンドたちは前半戦を彩る役割に徹してもらいたい。

――拳王さんは今年3月までGHCナショナル王者としてレジェンド相手に防衛戦を続けてきましたが、志半ばでベルトを手放し…。

拳王　もちろんオレの責任も感じてる。だからこそ、レジェンド大集合となった今年の「N-1 VICTORY」は大切になってくるな。

――ここからN-1の話は行数が足りません。

拳王　N-1については次回以降掘り下げよう。ともかくここ最近、吉野さん以外に全盛期で引退したプロレスラーはいないよな。

――森嶋猛さんがいます。

拳王　**あのお方は引退試合も復帰戦もすっぽかしたからここに出してくるな！**

――すみません…。

拳王　まぁ、プロレスラーは引退試合をしないでフェードアウトする選手たちもいる。ちゃんとキレイに引退試合をして現役生活に幕を閉じることだけでも難しいかもしれないな。そういう意味でも吉野さんの引退は美しかった。吉野正人さん、21年間、本当にお疲れ様でした！

9月1日号の議題　1・1武道館大会

37回目にしてオレが行きたかった日本武道館で誕生日会をやってくれるなんてすごく幸せだ

――ついに8・15川崎で来年1・1日本武道館大会の開催が発表されました！

拳王　あれだけためて発表するぐらいだから、また親会社が変わるかと思ったぞ。でも、それとは正反対のハッピーな発表だったたな。ハッピーと言えば、ハッピーバースデーだろ。

―ま、まさか…。

拳王　37回目のハッピーバースデーにして初めてこんな大勢に祝ってもらえるな。

―1月1日は拳王さんの誕生日ですね！

拳王　だいたい1月1日は実家で家族と過ごすのが恒例だ。お年玉と誕生日プレゼントも一緒になっちゃう。ほかの誕生日のヤツらがうらやましいって思ってたけど、37回目にしてオレが行きたかった日本武道館で誕生日会をやってくれるなんてすごく幸せだ。

―あ、あの…誕生日会ではなく、NOAHの大会です。

拳王　（無視して）NOAHで誕生日興行は史上初だろ？

大会名「ABEMA presents信念だよ、拳王大生誕祭vol.37」をアピールする拳王

―だから、拳王さんの誕生日興行ではないですよ。

拳王　NOAHも粋な計らいをしてくれるじゃねぇか。1月1日の武道館はこれまでずっとアーティストがライブやってきたのに、オレのために空けてくれたんだろうな。2月12日の武道館大会、オレはセミファイナルだった。今度こそメインを取るためにはまずはN－1で優勝して、10・10大阪で丸藤正道からGHCヘビー級王座を奪取しなければならない。それで1回か2回防衛したら、1・1武道館のメインは決まりだろ。誕生日興行で主役が前半戦を温めるわけにはいかないからな。

―確かに。

拳王　超満員札止めの1・1武道館のメインでオレが勝って、締めのマイクで〝シン・大発表〟することまで考えてる。

―何ですか？

拳王　2023年1月1日、38回目のオレの誕生日の武道館大会開催決定だ。

―えええええっ！

拳王　新日本が1・4東京ドームを恒例化させてるだろ。もはや〝イッテンヨン〟なんてプロレス用語だ。**興行の世界はやっぱ季節感って重要なんだよ。**春と言えば、全日本「チャンピオン・カーニバル」。昨年と今年は違うけど、お盆と言えば、新日本「G1 CLIMAX」。ほかにもあるだろ。

―パッと浮かぶのは、4月上旬のWWE「レッスルマニア」、7月下旬のDRAGON GATE神戸ワールドあたりですかね。

拳王　オレは大嫌いだけど、みちのくの12月は「宇宙大戦争」だ。でも、NOAHってなんか〝恒例〟がないんだよな。6月13日の三沢光晴メモリアル、8月5日の旗揚げ記念日ぐらいだろ。もっとほしいところだよな。

―鋭い指摘です。

拳王　秋のN－1決勝@エディオンアリーナ大阪・第1競技場は2年連続で定着しつつあった。でも、今年は10・3後楽園でN－1決勝、その優勝者が10・10大阪でGHCヘビー級王座に挑戦だ。今年も〝大阪府立〟で決勝やりたかった。まぁ、オレが優勝してN－1王者として特別シードした丸藤正道と真の決勝戦をやってやればいいか。

―がんばってください！

拳王　昔は地方大会ってほとんどが毎年恒例だったんだよ。オレの地元である徳島は3月のみちのく、12月の新日本が決まってた。ガキの頃だけど、今でも覚えてる。新日本はここ最近、徳島でやってないけどな。

――そうなんですね。

拳王　そういえば、**今年、ＮＯＡＨは春にタッグリーグやらなかったよな。**春のタッグリーグもけっこう長い歴史があって、恒例感があったのにな。

――'08年から13年連続４月に開催されてきましたが、今年はありませんでした。

拳王　コロナ禍の影響あるのかな。オレも４月は欠場してたし。ジュニアなんか昨年１月のシングルリーグ以降、シングルもタッグもやってないし。昨年１月からいったいどうしたんだよ。昨年１月…まさか社長が適当なヤツに変わっちゃったからじゃないだろうな。

――それは違うと思います。そろそろ残りの行数も少なくなってきたので、締めに向かっていきましょう。

拳王　うまいこと話を変えやがったな。まぁ、いいよ。重要なことを言い忘れてた。１月１日の大会名についてだ。

――それは８・15川崎ですでに発表されていますよ。

拳王　（完全に無視して）よし、特別に発表してやる。**「ＡＢＥＭＡ presents信念だよ、拳王大生誕祭vol.37」だ！**

――新年と信念をかけているのですね！　さすが拳王さん!!

拳王　１月１日は強い信念を持って、クソヤローども、日本武道館に集まれ！

9月8日号の議題　コロナ感染拡大

今の感染者はオレみたいに自責の念にそこまでさいなまれずに、感染拡大が止まらない世の中のせいにできるところもある

拳王　最近、コロナ感染者が業界にも増えてきたな。週プロｍｏｂｉｌｅのニュースを見ても、半分ぐらいがコロナ関連のニュースで占められてる時もあるし。日本全体の数字もものすごいことになってるけど、プロレス業界もけっこう大変な状況だ。

――本当に増えてきましたよね。少し前の女子プロレスは感染者続出。新日本ではＩＷＧＰ世界ヘビー級王者の鷹木信悟選手らが感染。シングルリーグ戦「５★ＳＴＡＲ　ＧＰ」開催中のスターダムは濃厚接触者が複数名いるために地方４大会が中止になりました。

拳王　コロナ感染、濃厚接触、カード変更、大会中止、チケット払い戻しと各団体も対応に追われっぱなしだよな。

――ＮＯＡＨも仁王選手、ＹＯ―ＨＥＹ選手が感染し、グレート・ムタ選手が濃厚接触者の疑いで大会直前に欠場が発表され、８・５＆６後楽園と８・15川崎はカード変更を余儀なくされましたね。

拳王　川崎でグレート・ムタのいない、ムタの試合がおこなわれたな。でも、ムタの世界観を作れるのはグレート・ムタだけだった。**あの魔流不死ですらムタワールドを作ることができなかった。**てっきり魔流不死が白煙をリングにぶちまけた後、グレート・ムタが出てくるのかと思ったよ。てか、魔界にまでコロナが流行してるのか。地球上だけかと思ってたわ。

――グレート・ムタが濃厚接触者の疑いで欠場のニュースも驚かされました。

拳王　だよな。不潔そうで飛沫飛ばしまくりのヤツだから、もし濃厚接触の疑いがあっても申告しないと思ってたのに。グレート・ム

タは意外と常識人だったのか…。まぁ、そんな話はいいから進めようか。

――お願いします。

拳王　最近は予定通りに大会を開催すること自体が難しくなりつつあるけど、コロナに感染しても「またか…」みたいな感じだ。オレが感染した4月なんかはまだ東京の感染者が1日あたり3ケタ。オレの感染が大きなニュースになって業界を騒がせてしまった。**当時は感染したオレが悪いことしたみたいな雰囲気もあったよな。**だから、この連載で病床から手紙を書いて、感染経路から病状なども明らかにさせてもらった。

――現在、東京は1日の感染者数が5000人前後ですからね。

拳王　今はこれだけ多くなってきたから感染しても仕方ないという風潮になってるよな。

――どうしようもない部分もありますからね。

拳王　確かにコロナに感染したら罪悪感がすごい。オレの場合、昨年3月からのコロナ禍でも常に攻めまくってきたNOAHで所属選手初めての感染者だ。インパクトもあっただろうな。しかも、濃厚接触者にさせてしまった金剛メンバーと一緒に大事なゴールデンウィークの大会に穴を開けてしまった。さまざまな迷惑をかけて、取り返しのつかないことをしてしまったこの責任をどうやって取ればいいのかと自分を何度も責めたぞ。

拳王が持ってるのは徳島名物の「竹ちくわ」と「かつ天（フィッシュカツ）」

――コロナ感染者は自分自身が移された側である一方、他の誰かにもうつす可能性があるというところが一番怖いです。

拳王　でも、今はかなり多くの団体でコロナ感染者が出てるし、選手個人が抱える罪悪感は当時よりも少ないと思う。それだけいつどこで感染してもおかしくない。みんなが感染してるからしょうがないか…みたいな。今の感染者はオレみたいに自責の念にそこまでさいなまれずに、感染拡大が止まらない世の中のせいにできるところもあるよな。

――それは拳王さんしか言えない言葉です。

拳王　オレもそうだけど、都会に住んでるヤツらは緊急事態宣言慣れしてるところがある。この前、冠婚葬祭で仕方なく徳島に帰ったけど、東京もんが帰ってくることに対して「帰ってきても家から一歩も出ないで」とかものすごく拒絶反応があった。結局、やっぱ田舎って都会から帰ってきたヤツがウイルスを持ってきて広げてるらしい。徳島はまだ1日20～30人ぐらい。今でも最大限の危機感を持って、コロナ対策を一人ひとりがしっかりやってると聞いた。オレも気を引き締め直したぞ。

――説得力がありますね。

拳王　今はコロナ禍も長くなって、どうすれば感染しないのかもわかってきた。日常生活をしながらも感染拡大を抑えることはできる。誰とも濃厚接触しない。マスク着用で三密すべてを回避。不要不急の外出を控える。去年の4～5月、最初に緊急事態宣言が出された時を思い出してみろよ。有観客プロレスは中止。**あの頃のような生活に戻りたくないなら、あの頃のような気持ちでコロナ対策に取り組む必要があるんだよ。**

――いいことを言いますね。

拳王　とにかく今はこの感染拡大を抑えなきゃ安心してプロレスを楽しめないからな。現状にあきらめず、もう一度、初心に戻ってしっかり感染対策。そして、安心してプロレスを楽しめる世の中（魔界も）を作っていこう！

9月15日号の議題　オフ

昔より多くなったオフは重要度が増した1大会に向けて準備をするための貴重な時間になってる

——NOAHは8・15川崎大会以降、大会がありませんでしたね。

拳王　久々に約2週間のオフだ。

——最近はほぼ毎週末、大会でしたからね。

拳王　よし、今回はオフについて語るか！

——そうしましょう！

拳王　コロナ禍前までは2週間のオフなんて珍しくなかった。巡業や連戦が終われば、2週間ぐらいのオフがあったことも多かった。

——懐かしい日々ですね。

拳王　だいたい2週間のオフと言えば、巡業や連戦から疲れて帰ってきて、休むって感じだった。疲れで思い出したけど、ここ最近疲れがなかなか抜けなくなったな。疲れというかダルさが。やはり歳には勝てないよな。

——それってコロナの後遺症では？

拳王　そうなのか。昔はちょっと疲れても1、2日ぐらい休めば、すぐに抜けてたんだけど、なぜかここ最近はやけに残るんだよ。てっきり歳のせいとか受け身の蓄積とかなのかなと思ってたけど、**コロナの後遺症かもしれないって感じてきた。**でも、後遺症はあると言われてるけど、それは違うだろ。やはり受け身の蓄積とかで、首や腰は慢性的に痛いし、それが原因だろ。

——それはよかったです。今回のオフはあまり疲れていないのでは？

拳王　慢性的な疲れを除けば、そうだな。なぜわかる？

——6・27TVマッチのグレート・ムタ戦で負けてから、テーマある試合をしてなかったので、肉体的疲労はないのかと思いまして。

拳王　うるせーっ！　バス移動で長時間移動してないからに決まってるだろ。てか、ムタ戦以降そんな印象かよ。

——金剛は中嶋勝彦選手とマサ北宮選手の決裂が中心でしたからね。でも、中村大介選手と格闘色の強い試合をやったり、第4回金剛興行のメインで北宮選手とのシングルを制したりと活躍していますよ。

拳王　だろ。本当はわかってたくせに。でも、やはり巡業疲れと、試合疲れは違うよな。

——巡業は大会だけでなく、街から街への移動がありますからね。

拳王　昔なんか1カ月以上巡業してたって言うしな。30連戦近く試合して帰ってきたら、3日間はずっと寝てないと回復しないだろ。

海でランニングする拳王

―さらに、試合が終われば、夜の街に繰り出して暴飲暴食していた伝説もたくさんあると聞きます。

拳王　巡業中に旅館を破壊した伝説もあるな。

―87年1月23日の新日本プロレス熊本旅館破壊事件ですね。N-1に出場する武藤敬司選手、船木誠勝選手もいたみたいです。

拳王　悪いヤツらだな。N-1で折檻するしかないな。

―当時は若手だったので、そこまで悪くないと思います。そのような巡業スタイルからNOAHはコロナ禍が始まってから興行日程を一新させました。

拳王　だな。基本的には週末中心で月1～2のビッグマッチという感じになった。平日は後楽園ホール、横浜ラジアントホール、NOAH特設アリーナ（クラブチッタ川崎）ぐらいか。オレの生活も激変したぞ。

―オフの日は何をやっているのですか？

拳王　ありきたりだけど、ジムに行ってる。オレは2つのジムに行ってて、1つはリングとサンドバッグがあるんだけど、ものすごく暑いんだよ。だから、サンドバッグを殴って蹴ったら、もう1つの涼しいジムに移動して、ウエイトトレーニングをやってるぞ。あとは車でわざわざ海まで行って、上半身裸になってランニングしてる。

―だから、そんなに焼けているんですね。

拳王　日焼けはマシーンじゃなく天日派だ。

―体のメンテナンスはどうしていますか？

拳王　病院とか好きじゃないからよっぽどじゃないと行ってないぞ。待ち時間が嫌いなんだよな。オレは自然治癒派だ。**最近、4万円もする低周波治療器を通販で買っちゃったけど。**

―痛かったら、どうしているのですか？

拳王　本当にひどくない時は我慢だ。自然治癒力任せ。コロナに感染した時も医者にいろいろ言われたけど、どうすればいいか聞いた時に最終的に「自然治癒力です」って言われたし。まぁ、そんな話はどうでもいい。最後に大事なことを言うぞ。

―お願いします。

拳王　NOAHは巡業がなくなったことで、選手にとっては試合数が減った。つまり、チャンスが減って、1試合の持つ意味がよりいっそう大きくなったってことだ。昔よりも多くなったオフの日は、重要度が増した1大会に向けて準備をするための貴重な時間になる。トレーニングすることなんて当たり前。プロレスは体だけでなく、頭も使わないといけないだろ。次の試合で何をしようとか、こうやって仕掛けてやろうとか、どんなことをすればインパクトを残せるのか。いろいろとしっかり考えていないと実行できないからな。今だったら、N-1についてずっと考えてる。

―どんなことを考えているのですか？

拳王　今週はそろそろお時間です。**来週、いよいよN-1について語ってやるぞ！**

9月22日号の議題　N-1VICTORY2021

GHCヘビー級王者が出ない年はもれなくオレが優勝してるんだ。だから、今年もオレが必ず優勝する

―いよいよ9・12後楽園から「N-1 VICTORY」が始まりますね！

拳王　なんだ、珍しく興奮気味だな。

―今年は武藤敬司、藤田和之、船木誠勝、桜庭和志、ケンドー・カシン、田中将斗…すごい選手ばかりがエントリーされました。

拳王は'17&'19年のシングルリーグ戦を制した

拳王　おい！

——どうしたのですか？

拳王　どこが「すごい選手ばかり」なんだよ

——えっ⁉　面白いリーグ戦になりそうです。

拳王　そういう考えがプロレス界を腐らせてるし、あまりにも老人を野放しにしすぎなんじゃねぇのか。猿もおだてりゃ、木に登る。老人もチヤホヤされりゃ、活躍する。そんなNOAHでいいのか。今年のリーグ戦、平均年齢はどれぐらいか知ってるか？

——計算してみたら、約43歳でした。

拳王　いや、違うぞ。**今年のリーグ戦出場選手の平均年齢は50歳だ！**

——そんなはずないです。

拳王　ちゃんと齋藤彰俊の年齢を入れて計算したのかよ。

——年齢不詳なので外して、15選手の年齢をすべて足して15で割りました。

拳王　**実は齋藤彰俊は…明治4年生まれの150歳だ。**

——！

拳王　それでもう1回計算し直してみろ。

——確かに平均年齢50歳になりますね。

拳王　アイツは自分で「死神」とか言ってるんだろ。それぐらい長生きしててもおかしくない。

——拳王さん、それはただ平均年齢50歳と言いたいだけのこじつけですよね？

拳王　（無視して）平均年齢50歳のシングルリーグ戦ってどういうことだよ！

——だから…。

拳王　N－1はマスターズリーグじゃねぇんだよ。マスターズにはマスターズの面白さがあるからマスターズだけでリーグ戦やればいいだろ。**今年のN－1に老人たちをエントリーさせたのは、なんかその場しのぎ感があるよな。**

——その心は何でしょう？

拳王　確かにカードの字面的に見てみたいって気持ちがあるのは、さすがのオレもわかる。でも、今年のN－1でNOAHの未来がどうやって見えるんだよ。58歳の武藤敬司が出たいって言ったら、すぐにエントリーされるリーグ戦ってどうなんだよ。

——武藤選手は今年2月にGHCヘビー級王者になっているので資格はありますよ。

拳王　藤田和之とか出たいとかひと言も言ってねぇだろ！

——藤田選手も今年3月にGHCナショナル王者になっているので資格はありますよ。ベルトを明け渡したのは拳王さんです。

拳王　うるせーっ！

——すみません！

拳王　まぁ、いいよ。プロレスのリーグ戦って新世代の躍進ってイメージあるだろ。新日本だって第三世代の天山広吉、永田裕志がG1卒業しただろ。だいたい武藤も胸に手を当ててみて考えてくれよ。オマエら闘魂三銃士が若かった頃、G1をステップアップの舞台にしたんじゃねぇのか!? そんなオマエがなんで未来のプロレス界の足かせになるようなことしてんだよ。昔のG1にアントニオ猪木は出なかったよな。

——面白い見解です。

拳王 現在、開催中のスターダム「5★STAR GP」を見てみろよ。若い選手ばっかだろ。女子プロレスなんてビッグネームだらけだけど、あえて20～30代中心でやって、そこから新しいドラマ、ライバル関係を展開させようとしてる。そこから新しいスターが生まれ、未来を背負っていく。

——本当に業界のこと詳しいですね。

拳王 オレ自身の例を出せば、'17年、ヘビー級に転向してリーグ戦初出場初優勝。その後、一気にGHCヘビー級王者まで駆け上がった。過酷なシングルリーグ戦は勢い、エネルギー、反骨精神が爆発する最高のステージだ。**N-1は今、最も旬の選手が輝くリーグ戦であってほしいんだよ。**今年の火祭りでいいところまで行ってもケガで途中欠場しちゃうヤツもいたけどな!

——すごい皮肉ですね…稲村愛輝選手の負傷は本当に悔やまれました。

拳王 運も実力のうちだってことだ。反骨精神で思い出したけど、いいこと、教えてやるよ。今年、GHCヘビー級王者の丸藤正道がN-1に出ないんだろ。過去にチャンピオンが出なかったのはいつだ?

——'17年のエディ・エドワーズ選手、'19年の清宮海斗選手ですね。

拳王 その2年の優勝者は誰だ?

——どちらも拳王さんです。

拳王 つまり、GHCヘビー級王者が出ない年はもれなくオレが優勝してるんだ。だから、今年もオレが必ず優勝する。

——それは説得力ありますね。

拳王 あらためて声を大にして言ってやるぞ。N-1のNは中栄大輔のNだ!

9月29日号の議題 興行戦争

NOAH、新日本、スターダムで″大坂秋の陣″が盛り上がればいいよな…なんて絶対に言わないぞ。″大坂秋の陣″を制すのはNOAHだ!

拳王 いよいよN-1が始まったな。

——9・12後楽園で開幕しました!

拳王 オレが最も輝く季節がやってきたな。このN-1で優勝して、10・10エディオンアリーナ大阪のメインを飾ってやるぞ。大学の頃は大阪府立体育会館（現・エディオンアリーナ大阪）でおこなわれた日本拳法の全日本学生選手権でいつもメインを飾ってきたからな。大阪と言えば、前日の9日に同じ会場で新日本のG1中盤戦をやるらしいな。

——やはり意識していましたか。

拳王 それと9日、スターダムが大阪城ホール大会をやるみたいじゃねぇか。NOAH、新日本よりもさらに大箱だな。

——まさに興行戦争ですね。

拳王 いや、スターダムは9日午後1時開始、新日本は午後5時開始、NOAHは10日午後4時開始だから、すべてハシゴ可能だろ。大阪版レッスルマニアウイークみたいだ。ファンにとっては嬉しいんじゃねぇのか。

——確かに。ただ我々、週刊誌的には表紙争い含めて興行戦争です。

拳王 週刊誌ってスパンで切り取るとそうだな。どうせ「興行戦争」って刺激的な言葉を使いたいだけなんだろ。

――そうやって盛り上げるのが仕事でして…。

拳王　その気持ちも十分にわかるぞ。当然、客入りや視聴数っていう数字で比較されるだろうけど、週プロの表紙争いも面白そうだな。どこが勝つかによって、今後の業界のイニシアチブが変わってくるかもな。それぐらいの気持ちでオレは臨むぞ。

――素晴らしい心意気です。

拳王　**新日本10・9大阪はKENTA vs ザック・セイバーJrってカードが組まれているな。**10・10の間違いかと思ったわ。翌日のNOAHに対して仕掛けてきやがったな。

――対戦カードまでチェック済なのですね。ちなみに、現在のスターダムについてはどんな印象を持っていますか?

拳王　前にもちょこっと話したけど、強くてごつい女子プロレスから、美して強い女子プロレスに移行したのが成功してるよな。いろんな団体から美しい女子プロレスラーがどんどん集まってきている。もはや、女子プロレスラーが退団したら、またスターダムか!?って雰囲気もあるよな。JUST TAP OUTを退団した選手がガンプロに入団したのは腰抜かしたけど。

'68年1月3日、日本プロレス蔵前大会でジャイアント馬場がクラッシャー・リソワスキーを血だるまの死闘の末に破った

――YuuRI選手ですね。

拳王　そうそう。ビジュアルもいいし、てっきりスターダムかと思ったぞ。プロレスファンの斜め上を行く決断をした**YuuRIは拳王的プロレス大賞2021のMVP最右翼になったな。**

――！

拳王　スターダムでは変な形で引退した葉月も10・9大阪城で復帰するみたいだし、やっぱ魅力があるんだろうな。

――どこが魅力だと思いますか?

拳王　金だろ。ちょっと前の週プロ連載でジュリアは「一番お給料が多かった月は、喜びのあまり泣きながらママに報告した」って言ってたよな。**オレも早く泣きながらママに報告したいぞ！**

――今日はキレキレですね…。ちなみに、スターダムで注目している選手は誰ですか?

拳王　**AZM一択だ！**

――それはなぜですか?

拳王　ああいう選手が一人でもいる団体は強いよ。受け身もすごく巧いし、前半戦とかでもまったく手を抜かない。若い選手とやったら、ちゃんと引っ張って試合してるし、動きの悪い選手とやっても、AZMの動きで試合を面白く仕上げてる。AZMみたいな選手と対戦すれば、ほかの選手たちはドンドン成長していくだろうな。あんまり目立たないかもしれないけど。

――プレーヤー視点の素晴らしい分析です。

拳王　ポスターの真ん中に載るようなヤツらの魅力なんてオレが言わなくてもみんな知ってるだろ。新日本で例えれば、石井智宏だな。

――それはわかりやすい例えです。

拳王　てか、プロレス史では過去にどんな興行戦争があったんだよ?

――1968年1月3日の日本プロレス蔵前国技館、国際プロレス日大講堂（現・両国国技館)の〝隅田川決戦〟が有名ですね。
拳王 キャッチーなフレーズだな。じゃあ、今回は〝大坂秋の陣〟だな。
——おお!
拳王 オレ的には興行戦争と言えば、昔、大みそかに格闘技イベントが「打倒・紅白!」とか言って視聴率競争してただろ。
——'03年のイノキボンバイエ、PRIDE、K-1「Dynamite!!」ですね。
拳王 そうだ。ああいうふうにNOAH、新日本、スターダムで〝大坂秋の陣〟が盛り上がればいいよな…なんて絶対に言わないぞ。
——えっ、キレイにまとまりそうでしたのに。
拳王 〝大坂秋の陣〟を制すのはNOAHだ。そのためにどうしたらいいかわかるか?
——教えてください!
拳王 オレがN-1で優勝して、10・10大阪で丸藤正道からGHCヘビー級王座を奪うしかねぇだろ! この〝大坂秋の陣〟を平定させるのはこのオレ、拳王だ!!

10月6日号の議題 大スクープ!

10月1日よりレッスルユニバースの会員になります。みんなで入ろう、レッスルユニバース!

——拳王さん、大スクープです!
拳王 清宮海斗の熱愛発覚か? **この前、合コンやってた女子アナの宅飲み写真がスクープされてたよな。まさかモザイクの男性が清宮だったのか!?**
——テレビ朝日アナウンサーの弘中綾香さんですよね。全然違います! 清宮選手、今でも彼女いないって噂ですし。
拳王 じゃあ、何がスクープなんだよ!
——プロレス動画配信サービス「レッスルユニバース」がリニューアルされるようです。
拳王 それはニュースになってたから知ってるぞ。全然、スクープじゃないだろ。
——いえ、今後発表される内容を事前に極秘裏に入手しました。
拳王 なに! どんな内容なんだよ。オレ、iPhoneなんだけど、レッスルユニバースをホーム画面に追加したら、なぜかDDTのトップページに飛ぶんだよ。そこからレッスルユニバースのページに行くのは苦痛だった。それでオレはすぐやめたぞ。あの〝ひと手間〟で入会しなかったクソヤローどもも多かっただろ。まさかURLそのものが変わるんじゃねぇだろうな。
——大正解です! 拳王さんの悩みを解消するようにレッスルユニバース用のURLに変更となります。
拳王 それは朗報だ! **今回の連載は文春砲ならぬ〝拳王砲〟がさく裂だな。**要するにDDTのトップページに飛ばなくて

サイバーファイト・フェスティバル6・6さいたま大会で、拳王はサイバーエージェント社長の藤田晋さんにサイバーファイト社長就任の挨拶に行ったが、DDT軍に敗れて夢物語に…(写真提供・拳王)

も、レッスルユニバースを視聴することができるんだな。とてつもない改革だ。オレとしてはアプリ化までやってほしかったところだけどな。

――なんとそのアプリ化に関しても、今年中の提供を目標に開発中のようですよ！

拳王　まさにオレが言ってた通りになったな。実は6月のサイバーフェスで藤田晋サイバーエージェント社長に挨拶に行ったんだよ。

――同大会におけるＤＤＴ軍との対抗戦で勝ったら、サイバーファイト社長就任とか勝手に言っていましたよね。

拳王　よく覚えてるな。オレはその対抗戦に勝つつもりでいたから、試合前に藤田社長に新社長就任の挨拶をしてたんだよ。試合には負けて実現しなかったけどな。藤田社長はこの連載を毎回欠かさずに読んでくれてるって言ってたから、オレの〝レッスルユニバース改革案〟が伝わってたはずだ。おそらく陰で後押ししてくれたのだろう。藤田社長、いつも本当にありがとうございます！

――あくまで拳王さん個人の見解です。

拳王　でも、ＵＲＬが変わるってことは現会員が再登録しなきゃいけないってことだろ？

――よくそこは気づきましたね。かなりリスクを伴う決断だと思います。

拳王　ちょっと前にオレが連載で言ったよな。目先の少人数よりも未来の大人数を目指すための投資が必要不可欠だ、と。未来の大人数を目指すためだったらそのぐらいのリスクを伴うのは当たり前だろ。今までは日本のユーザーをターゲットにやってたみたいだけど、今後使いやすくなったレッスルユニバースを日本のみならず世界へオレが発信していくぞ。

――!!! もしや…これまで以上に世界へと発信するため、日本語＆英語の二カ国語同時配信が実現することを知っているのですか⁉

拳王　マ、マジか…！　知らなかったぞ。オレが「日本はＴＶを無料で見る文化だけど、世界はＴＶを買う文化だ。約9ドルで視聴できるのだったら、買う文化なら即買いだろ」と言った提言も実行してくれたんだな。オレの目に狂いはなかったってことじゃねぇのか。

――№２１２４の連載で言っていたことが次々と実現していることは確かです。

拳王　レッスルユニバース制作陣もプロレスサブスクハードユーザーとして業界で名を馳せてるオレの意見を見逃せなかったんだろうな。連載で言ってるオレの意見＝プロレスファンの総意なんだよ。で、いつからリニューアルするんだ？

――10月1日からです。

拳王　ＮＯＡＨの試合を見て研究したいなと思ってたけど、頑なにレッスルユニバースだけは登録しなかったんだよ。でも、このリニューアルを機に入会しようかな…。

――拳王さん、年明け1月分の月額を払えば、年内は完全無料らしいです。

拳王　なにぃ！　**10月、11月、12月…3カ月分2700円も無料なのか!!**

――はい！

拳王　それは大盤振る舞い過ぎるだろ！

――しかも、5月下旬に従来比2倍の高画質配信が可能となりましたが、それも継続です。

拳王　じゃあ、我が家の42インチの大画面でもキレイに視聴ができるんだな！　名前は伏せるけど、某プロレスサブスクではミラーリングに耐えられないものがあるからな。

――5月下旬からレッスルユニバースは大画面でもキレイに映りますからね。

拳王　それは最高だ。レッスルユニバース制作陣の努力、今回のリニューアルで感じたぞ。そこで私は今ここに宣言します。

――まさか…。

拳王　ついに私、拳王は10月1日よりレッスルユニバースの会員になります。みんなで入ろう、レッスルユニバース！

10月13日号の議題 外国人選手

アメリカのマーケットも驚くようなカードをNOAHで組むことがレッスルユニバース海外視聴者獲得の近道

拳王 テメー、先週号のレッスルユニバース全然、大スクープじゃなかっただろ！

――21日午後9時正式発表でしたね…。本誌が発売される頃にはみんな知っていました。

拳王 ただ単にレッスルユニバースの宣伝しただけになっちゃっただろ！

――す、すみません！

拳王 アレじゃ、拳王的TVショッピングだろ。でも、あのつまらない発表動画よりも確実にオレの連載の方が面白かったぞ。ほとんどオレの言ってた通りになったし。

NOAH合宿所生活をしていた左からザック、シェイン、マイキー

――ごもっともです！

拳王 **この連載で宣伝してほしいスポンサー様がおりましたら、週刊プロレスまで。**

――連載はそういう場所ではありません！

拳王 冗談だよ。プロレス界はリーグ戦盛り上がってるな。そこで気づいたのだけど新日本のG1とNOAHのN－1を比べて決定的な違いを発見しちゃったぞ。

――N－1にレジェンド&他団体大物がエントリーしていることですか？

拳王 違う。そんなの誰でもわかるだろ。

――では、何ですか？

拳王 外国人選手だ。ジェフ・コブ、ザック・セイバーJrら5選手がG1には出場しているが、N－1は0だ。元来、日本のプロレスは日本人vs外国人。リーグ戦とかに外国人選手がいるといいアクセントになってるよな。

――戦争に負けて打ちひしがれていた中で、屈強な外国人に立ち向かっていく力道山のファイトがお茶の間に勇気や元気を与えました。

拳王 そして今現在、日本プロレス界では外国人選手の活躍が目覚ましいよな。全日本のフランシスコ・アキラ、DRAGONGATEのディアマンテ、大日本のドリュー・パーカー、DDTのクリス・ブルックス、ZERO1のハートリー・ジャクソン、クリス・ヴァイス、FREEDOMSのビオレント・ジャックなどなど。なぜ活躍してるかわかるか？

――うーん…。なぜでしょうか？

拳王 ヤツらはこのコロナ禍でも家族と離れ、日本に滞在しながら試合に出場を続けてる。ビザの発給とかも大変だって噂だし。**みんな日本のプロレスに対する愛、気持ちが生半可じゃない。そういう覚悟が結果に結びついてるよな。**

――素晴らしい分析ですね。

拳王 G1で言えば、なぜか今年はジェイ・ホワイトやウィル・オスプレイがエントリーしてない。来日後2週間も自主隔離しなきゃいけないのが、どうしてもイヤなんだろうと考えてしまう。自主隔離などさまざまな困難を乗り越えてでも日本で闘う外国人選手は本当に気持ちのこもったファイトを見せてるよ。

―そこまで言えるのは拳王さんだけです。

拳王　N－1も本当だったら、イホ・デ・ドクトル・ワグナーJrとかいてくれたら、さらにとんでもないリーグ戦になってたはずだ。そういえば、クリス・リッジウェイとか何やってんだよ。せっかくNOAHジュニアでブレイクしそうだったのに。

―ヨーロッパを中心に活躍しています。

拳王　思い出してみろよ。長期滞在外国人選手が現在、日本プロレス界でトレンドになってるけど、その流れを作ったのはNOAHだろ。古くはエディ・エドワーズから、ザックを筆頭にマイキー・ニコルスやシェイン・ヘイスト、みんな窓のないディファ有明合宿所で生活しながらNOAHのプロレスを学んで、その後、飛躍を遂げた。いつかみんな戻ってきてほしいよ。

―それは楽しみです！

拳王　そんな感傷に浸ってる場合じゃないな。レッスルユニバースもこれから本格的に海外での会員獲得に動いていくんだろ。新日本プロレスワールドもクリス・ジェリコvsケニー・オメガで外国人視聴者が激増したって情報があるよな。アメリカのマーケットも驚くようなカードをNOAHで組むことが海外視聴者獲得の一番の近道だろ。いや、すでにNOAHは外国人に負けないものを打ち出してることをすっかり忘れてたぞ。

―えっ、なんですか？

拳王　老人だ！

―えええええっっっ⁉

拳王　N－1を見ればわかるだろ。**NOAHは外国人天国ならぬ、老人天国だ。**

―け、拳王さん、これまでNOAHの老人ホーム化を否定してきたのに元も子もないこと言っていますね。

拳王　あっ、そうだったな。オレがN－1優勝してNOAHの老人ホーム化を絶対に止めてやるぞ！　10・10大阪で丸藤正道からGHCヘビー級のベルトを取ったら、初防衛戦は外国人選手だ。世界に張り巡らした拳王ネットワークから外国人視聴者獲得が期待できる超大物を呼んでやるぞ!!

―それは誰ですか⁉

拳王　**元WWEスーパースター。あのブレット・ハートともライバル関係だったし、あのジ・アンダーテイカーとも一騎打ちをやって、たこ焼きも焼いている。**

―まさか外国人選手ではないのでは…。

拳王　正解がわかった人は拳王ツイッターまで！

10月20日号の議題　派閥争い

本気でみんなが自分の主義主張を貫いてトップ争いしてたら、その団体は確実に盛り上がるってことだな

―なんか言いたいことがありそうですね。

拳王　**実はこの夏、富士山に登ったんだよ。**N－1を制して日本一のプロレスラーになるために、日本一の山を制したぞ。

―何時間で登頂しましたか？

拳王　4時間だ。

―さすが超一流のアスリートですね。ということは富士登山について語りますか？

拳王　いや、日本一と言えば、最近、日本一が決まったよな。

―自民党総裁選挙ですか？

拳王　正解だ。

―さすが明治大学政治経済学部出身者の拳王さんですね。

拳王　菅義偉総理が総裁選に出ないと言った時点からかなり気になってた。でも、今回の総裁選を見て思ったのは、政策の良し悪し、民意がどうのこうのじゃねぇんだよ。結局、派閥争いを勝ち抜いたヤツが偉くなるんだろ。

――いきなり核心を突くようなことを…。

拳王　同時に、本気でトップ争いをしてたら、その党は盛り上がるってこともわかったよ。

――確かに今回の自民党総裁選は河野太郎さん、岸田文雄さん、高市早苗さん、野田聖子さんがそれぞれの政治家生命を懸けて臨んでいるように感じました。

拳王　同じ自民党なのにみんな主義主張があって、似通った部分もあって、違うところもある。それぞれの派閥間の争いがあって、票を奪い合う。まさに人生の縮図のような闘いが織り成されたよな。本当に面白い。

――プロレス界に置き換えると…。

拳王　本気でみんなが自分の主義主張を貫いてトップ争いしてたら、その団体は確実に盛り上がるってことだな。

――面白い例え話が出てきそうですね。

拳王　オレは**80年代の新日本プロレスがオーバーラップしてきたよ。**なぜ過去の新日本がこれだけ語りがいがあるのかって言ったら、今回の総裁選みたいな派閥争いが日常的におこなわれてきたからなんだよな。

剣ヶ峰に立つ拳王

――80年代の新日本は激動でしたからね。

拳王　それぞれが自分たちの信念を貫いていたからな。新日本を退団した前田日明さんが'84年4月にUWFを旗揚げ。藤原喜明、高田伸彦さん（高田延彦）、佐山聡（タイガーマスク）らが加わって、その後の総合格闘技の礎となる〝U〟が誕生した。さらに84年9月には長州さんら維新軍が離脱。ジャパンプロレスとなって、全日本プロレスへと殴り込んだ。結局、それらすべて新日本の派閥争いだろ。

――そういう見方もできます。UWF、維新軍が抜けたから闘魂三銃士が躍進して、UWFと維新軍が戻ってきて…。

拳王　おいおい、そこまで掘り下げるととてもじゃないけど、行数が足りなくなるぞ。ここからはNOAHについて話していくぞ。

――過去を現在とリンクさせるのがこの連載の真骨頂ですからね。

拳王　そうだ。新日本は派閥争いの歴史だが、全日本はジャイアント馬場さんの一党独裁だったよな。その馬場さんが亡くなって、三沢さんが社長になったが、最終的に馬場元子さん派と袂を分かって、三沢さんにほとんどの選手&スタッフが追随してNOAHが旗揚げされた。

――だいたいそんな感じですね。

拳王　NOAHはあまり派閥がないように見えるが、よくよく振り返るとこれがまた面白いぞ。三沢さんから丸藤正道のラインが強力な保守本流だよな。**小橋建太派は保守本流よりだが、自己主張の強い行動が多い**ように見える。秋山準は小橋派のほとんどを引き連れて全日本に移籍。小橋派の生き残りだったKENTAも退団してWWE→新日本と渡り歩いてる。秋山と一緒に退団した潮崎豪はNOAHに戻ってきて、小橋派の流れを復活させたから、今後どうやって自分の派閥を盛り上げていくか見ものだ。田上明派の流れは、元・付き人の杉浦貴、森嶋猛だ。杉浦派は今でもある。

――拳王さんはNOAHに来た当初、森嶋派に属していましたね。

拳王 まぁ、そうなるよな。だが、森嶋派は首領の引退で急に消滅した。オレはそれからしばらく無派閥。派閥争いの輪に入ることができずに、なかなか浮上できずにいた。無派閥だとチャンスすらも回ってこない。誰も助けてくれなかったよ。今回の総裁選で言えば、野田聖子さんの気持ちだ。それで自分の派閥を立ち上げることになった。

――金剛ですね。

拳王 そうだ。まだ派閥争いでは票を集めることができないが、民意を得てる。今回の総裁選で例えれば、河野太郎さんみたいに党員票が多く集まるぞ。

――なるほど。

拳王 でも、今回の総裁選、最後は岸田さんが勝った。やっぱどんな時代でも保守本流がだいたい最大派閥になって強いんだよ。NOAHで言えば、やっぱ丸藤正道だ。NOAHでの丸藤は最強なんだよな。

――け、拳王さんらしくない発言ですね。

拳王 それも今だけだ。近い将来、金剛がNOAH最大派閥の座を奪ってやるからな!

10月27日号の議題 N-1 VICTORY 2021総括

プロレスラーにとって歴史は財産だ。まざまざと〝老人力〟を見せつけられた

――今週は「N-1 VICTORY 2021」の総括をお願いします。

拳王 まず集客面で言えば、有観客の9・12&26&10・3後楽園3大会はすべて札止め。今年でN-1が大きなブランドとして確立したんじゃねぇか。

――本当に大盛り上がりでしたね。

拳王 GHCヘビー級王者の丸藤正道、ついでに潮崎豪がいなくてもNOAHは面白いと証明できたのが大きいよな。欲を言えば、N-1の決勝を後楽園より大箱の府立(エディオンアリーナ大阪)でやりたかった。もしやっていれば、府立も札止めになってたかもな。

――後の祭りですが…。

拳王 (無視して)あと今年の特徴として、無観客3大会で公式リーグ戦がおこなわれたことも挙げられるよな。

――9・18~20TVマッチですね。

拳王 これについては言いたいことがある。9・18~20TVマッチはレッスルユニバース独占配信だった。このために登録したクソヤローどももけっこういたんじゃねぇのか。

――おそらく。

拳王 新レッスルユニバースは10月1日にリリースだった。9・18~20TVマッチのために登録したヤツらはまた登録し直さなければいけないだろ。**新レッスルユニバースのリリースを2週間早めて、9・18~20TVマッチに間に合わせた方がよかったん**じゃねぇのか。そしたら、今よりもいいスタートダッシュを決められたはずだ。

――かもしれませんね。

拳王 オレに相談してくれれば、絶対にN-1前のリリースを実現できたぞ。オレの助言でレッスルユニバースを改革させたように。

――またそんなこと言って…もっと会社から

嫌われますよ。ちなみに、拳王さんは本当にレッスルユニバースに入ったのですか？

拳王　10月1日に登録した。使い勝手もいいし、団体別ページにすぐアクセスできるし、選手検索も便利だよな。我が家の42インチにミラーリングしてもキレイに視聴できた。高画質で見られるのは驚いたぞ。

――使いやすさ、見やすさともに格段に改善されました。

拳王　アプリ化も近々実現するみたいだし、**次は過去のNOAHの映像を充実させてほしいよな。**三沢光晴さん、小橋建太さんらの激闘をレッスルユニバースで見ることができたら、登録者数はもっと伸びるのじゃないか。

――大人の事情が…。ちなみに、プレーヤーとしては準優勝という結果はどうでしたか？

レッスルユニバースに登録した拳王

拳王　決勝で中嶋勝彦に負けたけど、あらためて金剛の力を示せたと思うぞ。

――あれだけの豪華メンバーの中で金剛対決が決勝でしたからね。

拳王　リーグ戦全体的に見て、老人ホームの連中もやっぱ年の功があるなって思ったよ。試合に深みがあったな。

――専門誌的にもキャリアのある選手たちの試合はさまざまな視点でリポートできました。

拳王　それなんだよな。プロレスラーにとって歴史は財産だ。例えば、船木誠勝vs藤田和之の公式戦はわずか5分5秒で攻防自体はそこまでなかった。だが、とてつもないインパクトがあった。アレは船木の〝秒殺〟と藤田の〝野獣〟というイメージのおかげ。見る側の先入観と試合がバチッとはまったから、5分ちょっとでも印象が残ったんだよ。

――興味深い見解です。

拳王　武藤敬司の30分引き分け2試合だって、グラウンドや足攻めの重厚さと時おり見せる躍動感のコントラストで魅せた。同じ試合を若者がやったら、ブーイングの嵐だろうが、それを〝緩急〟に変換させるのが武藤敬司の年輪が成せる業だよ。桜庭和志もたいていはふざけてヘラヘラしながら試合してるけど、サブミッションが決まればすべてを丸く収めてしまう。ほかにもスローな丸め込みだって老人がやれば、適当に過去とこじつけて説得力があるような感じになる。プロレスラーにとって歴史がいかに大切かわかったよ。まざまざと〝老人力〟を見せつけられた。

――そこは素直に認めるのですね。

拳王　もちろん。その昔、ロード・ウォリアーズは貧困時代、飢えをしのぐためネズミを食ってたとか言われてたよな。それがバケモノ幻想につながって、プロレスラーとしてのオーラとして試合にも表れていた。インターネット社会となって、そういう幻想を抱きにくい時代になったが、老人たちは自分たちの過去という幻想で試合を構築できる。**歴史はいつの時代も色あせないし、かなり誇張&美化されるからな。**

――ごもっともです。

拳王　でも、プロレスはそこだけじゃないんだよ。老人たちに過去で勝つことなんてできない。だからこそ、オレたちは新しい歴史を刻み込んでいかなければいけないんだ。これを読んでるクソヤローども、プロレスの幻想にはまらずに、今を生き、新たな歴史を作っていくオレたちの闘いを追いかけ続けてくれ！

11月3日号の議題 DRAGONGATE

オレの中ではジャイアント馬場、アントニオ猪木、ウルティモ・ドラゴンだ

——〝大坂秋の陣〟が終わりましたね。表紙はスターダム大阪城ホールでした。

拳王　「赤が頂点」取ったぞ！　赤と言えば、金剛の色。これって中嶋勝彦のGHCヘビー級王座奪取のことも含んでるだろ。

——林下詩美選手の赤のことですが、そういうことにしておきますか…。

拳王　3団体の観客動員はどうだったんだよ。

——新日本10・9大阪が1620人でトップ。2位はスターダム10・9大阪城で1441人。NOAH10・10大阪は1291人で最下位…。

拳王　数字を見ても負けちまったか。中嶋勝彦が新王者になったから、またここから築き上げるしかないな。NOAHの赤が頂点を取ってやるぞ。そのためにオレも動いてきた。

——DRAGONGATE（以下・ドラゲー）10・9京都に覇王選手と現れ、11・3大阪で横須賀ススム&KING清水組の持つオープン・ザ・ツインゲート王座挑戦が決まりましたね。なぜドラゲーに乗り込んだのですか？

拳王　アマゾンプライムビデオで対戦したYAMATOを倒そうと思ってたからだ。でも、憎たらしいYAMATOはオープン・ザ・ドリームゲート王座の次期防衛戦が決まってる。

——11・3大阪でB×Bハルク選手の挑戦がすでに決まってますね。

拳王　だから、ツインゲート狙いにした。

——なるほど。では、ドラゲーという団体についてはどんなイメージを持っていますか？

拳王　この連載で何度か語ってきたが、オレの中でけっこう評価は高い。一番大きいのは、昭和プロレスからシフトチェンジする上で重要な役割を果たしてきたからな。ウルティモ・ドラゴンが考案した**学校システムは画期的だった。**それまで日本のプロレス界は新弟子システムしかなかっただろ。

——おっしゃる通りです。

拳王　お金を払って入学してプロレスラーを目指す。この文化は闘龍門から始まった。新弟子システムは別にお金を払ってるわけじゃないからダメだったら辞めればいい。でも、学校システムは先にけっこうな金額を払ってるから、簡単には辞められない。だから、逆にプロレスが心の底から好きで人生をプロレスに懸けたいと思ってるようなヤツらが集まってくる。闘龍門&ドラゲー出身の選手たちが各団体で主力となってる近年のプロレス界を見れば、学校システムがいかにいい人材を掘り起こしたのか証明できてるよな。

——石森太二選手、オカダ・カズチカ選手、鷹木信悟選手を筆頭に、現在のプロレス界は闘龍門&ドラゲー出身者抜きに語れません。

拳王　あと自分の団体内の選手同士で年間100試合以上試合をやってるわけだから、攻防のクオリティーも高い。

——確かに。

拳王　ドラゲーは日本プロレスに革命を起こしたと言ってもいい。オレの中ではジャイアント馬場、アントニオ猪木、ウルティモ・ド

M2K時代の望月享

ラゴンだな。日本のプロレス界を系列で分ければ、全日本系、新日本系、ドラゴン系の3派でだいたいが説明つくだろ。

――ドラゴン系って…。

拳王　まぁ、いい部分ばかり言ったってしょうがない。ウィークポイントを指摘するぞ。

――お願いします！

拳王　ドラゲーは望月成晃、EitaがNOAHに参戦してるように他団体に選手を派遣はするが、他団体のヤツがドラゲーのリングにあまり上がらないよな。

――言われてみれば、そうですね。

拳王　たまに他団体の選手が上がることがあっても、あくまでゲスト扱い。ここ数年、ベルト争いはドラゲーの選手、レギュラーフリーランスに限られてた。それじゃ、いかにいい団体だとしても、業界内の評価は現状がマックスなんじゃないか。ベルトの他団体流出はドリームゲートの獣神サンダー・ライガー、オープン・ザ・ブレイブゲート王座のタイガースマスクぐらいじゃねぇか。**自分たちの宝＝ベルトを守りたいがために、挑戦もさせてこなかった**ように見える。オレがそんなドラゲーからベルトを奪い取ってやるぞ。

――相変わらず鋭い分析です。

拳王　最後にどうしても言いたいことがある。

――何ですか？

拳王　忘れもしない。'02年2月17日だ。オレは高校生で近くの書店にあった「特別御優待券」を使って、闘龍門の徳島市立体育館第2競技場大会を観戦しに行ったんだ。立ち見席で見てたら、横須賀ススム…**当時はM2Kの望月享だったな。スカジャン着たアイツが乱入してきて、オレの背中をドン！って突き飛ばしたんだよ。**当時、拳王少年はお客様だぞ。メチャクチャ痛かった。いい人そうな風貌してるけど、本当は最低な野郎だ。やる気に満ち溢れて、挑戦表明のマイクした後の覇王に、いきなりジャンボの勝ち！を叩き込みやがったし。

――そんな因縁があったのですね！

拳王　望月享だけは絶対に許せない。19年前の恨み、絶対に11・3大阪で晴らしてやる。そして最後に。オレがツインゲートを取ったら、ドラゴンゲートの…時代が動くぞ！

――拳王さん、それ、中嶋勝彦選手の新しい決めゼリフですよ！

11月10日号の議題　ゼウス

弱小団体やプロモーションが乱立してる大阪のプロレス界を統一するぐらい大規模なスケール感でやってもらいたい

拳王　語りがいのあるニュースがあったな。
――G1優勝決定戦が飯伏幸太選手の負傷によるレフェリーストップ決着になったことですか？　前代未聞の終わり方でしたよね。
拳王　それじゃねぇよ！
――ジェイク・リーvs宮原健斗の三冠ヘビー級選手権が60分フルタイムドローになったことですか？　非常にいい試合でしたよね。
拳王　60分フルタイムドロー経験者としては語りたいけど、それもまた違う。
――じゃあ、何でしょうか？
拳王　ゼウス、全日本プロレス退団＆大阪プロレス全株式取得だ。
――なるほど！
拳王　三冠ヘビー級王者にもなったゼウスが、自分がデビューした大阪プロレスの再生を

左から原田、ゼウス、タダスケ、小峠（'08年6月）

ずっと夢に持ち続けてたなんてカッコイイよな。男気を感じた。全日本のヘビー級戦線でトップの一角を担ってるのに、そのポジションを捨てて、今やプロモーション化してしまった大阪プロレスをイチから立て直して「日本一の団体にする」んだろ。ぜひともがんばってもらいたいよ。

――なかなかできない決断ですよね。

拳王 大阪は日本第二の都市だ。10月9&10日にNOAH、新日本、スターダムがビッグマッチを開催して〝大坂秋の陣〟と話題になったように、プロレス熱もある。ビジネスチャンスもいっぱい転がってるはずだろ。

――確かに。

拳王 しかし、現在、大阪のプロレス事情は団体細分化が行きつくところまで行っちゃった荒野みたいな状況だと感じるよな。**唯一まともだと言える団体の道頓堀プロレスでも大会は月1、2回。**本音を言えば、昔ながらの団体として機能はしてないよな。

――厳しいですね。

拳王 道頓堀以外にもいろんな団体があるけど、だいたい同じようなメンツが同じようなカードをやってるだけ。あとは持ち回りの自主興行ばかり。どこも特色がないように思う。ギャラも安いんじゃないのか。みんなが日銭稼ぎ、自己満足に走ってると外野から見たら感じるよな。そんなプロレスラーが子供たちにとって憧れの存在になれるのかよ。

――ボロクソに言いますね。

拳王 それが現実だから仕方ないだろ。じゃあ、ここ数年、大阪のプロレス界が何か大きな話題を提供したのか？

――記憶にないですね。

拳王 だろ。最近だと悪い意味で話題になった団体もあったけどな。

――…では、なぜ大阪のプロレス界が現状のようになったと思いますか？

拳王 **スペル・デルフィンが大阪プロレスを離れて、沖縄プロレスに行ってしばらくしたらダメになったイメージがあるぞ。**'10年ぐらいからだな。その後、デルフィンみたいに本気で大阪のプロレス界自体を盛り上げてやろうって気概のあるヤツがいなかったからじゃねぇのか。プロ意識が高くてプロレスラーとして上を目指すヤツらが東京に出て行くようになったのはそれからだろ。

――NOAHを例に出すと'12年の小峠篤司選手、'13年の原田大輔選手、'17年のHAYATA選手&YO-HEY選手&タダスケ選手と大阪から人材が集まってきています。

拳王 そんな大阪のプロレス界の事情をゼウスだって知ってるはずだ。負のスパイラルに歯止めをかけてもらいたい。オレが徳島にいた頃、関西ローカル番組だけど、たまに地上波に大阪プロレスの選手たちが出てた。プロレス少年に夢を描かせてくれたよ。ゼウスなら、そういうふうになれるんじゃねぇのか。

――そこまで期待してるのですね。

拳王 大阪のプロレス界が今みたいになったのは人材育成を怠ってたのも要因の1つ。本腰入れてやるんなら、道場や寮もしっかり作ってやってもいいな。ゼウスは全日本っていう老舗団体の一員としていろいろ経験を積んでるし、経営者としても自分のジムをやってんだろ？　今はDDTにいるけど、王道最後の継承者から王道を叩き込まれてるはずだよな。アイツが培ってきたさまざまなノウハウを駆使すれば、大阪のプロレス界を再建できると思うぞ。

――今週は熱いですね。

拳王　オレも地方インディー団体のパイオニアであるみちのくプロレス出身だからな。やっぱ気になるよ。

――最近、大阪だけでなく、地方のインディー団体は厳しいですからね。

拳王　ちゃんと機能してる地方インディー団体は九州プロレスぐらいだろ。みちのくも最近、元気ないし。コロナ禍は厳しいよな。地方は特に。だから、ゼウスのやる気に期待したいんだよ。ゼウスの大阪プロレスには弱小団体やプロモーションが乱立してる大阪のプロレス界を統一するぐらい大規模なスケール感でやってもらいたい。そのためにも、オレ流のエールを送ってやるぞ。

――よろしくお願いします！

拳王　**ゼウス、最高やん。**

――それ、タダスケ選手が最近、ツイッターでよく使っているフレーズですよ！

11月17日号の議題　小川良成vs清宮海斗

全世界見渡しても、ああいう試合を見ることができるのはNOAHだけ

――レッスルユニバース収録、お疲れ様でした！　この連載の出張版2回目ですね。

拳王　11月中旬にレッスルユニバースで放送するみたいだな。

――そのあたりは正式アナウンス待ちですね。

拳王　レッスルユニバースと言えば、さっそく入ってよかったと思ったぞ。NOAH10・24長岡、小川良成vs清宮海斗の30分時間切れ引き分け、じっくり見させてもらった。生で見てから映像で確認するといろんな発見もあったぞ。

――6・13TVマッチに続いて、今回の小川vs清宮戦は忘れかけていたプロレスの本質を見せてもらったような試合ですよね。

拳王　オールドスクールと言われてるプロレスをYouTubeとかで見たことあるけど、そんな試合だったよな。

――新日本のスパーリングから派生したのがUWFスタイルだとすれば、全日本&NOAH系が道場で培ってきた原点が小川vs清宮にはいっぱい詰まっていました。

拳王　そうかもしれないな。さらに小川良成はダイナマイト・キッドらからヨーロピアンスタイル、テリー・ゴーディらからアメリカンスタイルも教わってるって話を聞いたことあるし。王道だけにとどまらないテクニックを見せてもらった。試合前、リング上でHAYATA、矢野（安崇）たちとやってる〝小川教室〟を見てるような感じだったな。にしても、業界一のテクニシャンと言われてる小川良成についていって、場面場面では上をいってる時もあったし、**清宮は末恐ろしいな。キャリア5年ちょっとであそこまでできるとは…。**

――珍しく清宮選手のことをほめていますね。

拳王　そこは付け焼き刃でできるもんじゃないからな。

――そこまでほめていると逆に怖いですよ。

拳王　あの攻防は全日本プロレスから脈々と受け継がれてる技術の結晶なんだろうな。ジャイアント馬場さん、ジャンボ鶴田さん、三沢光晴さんの昔の映像とか見ても、同じよ

うなことをやってた気がするし。そういうふうに考えれば、**偉大な先人たちから教えてもらった〝王道〟をしっかり後世に伝えてるのは、小川良成なんじゃねぇのか。**

――おっしゃる通りです。

拳王　丸藤正道、鈴木鼓太郎、潮崎豪たちも若い頃に小川良成からしっかりと伝統の技術を叩き込まれてきたんだろうな。それこそがNOAHという団体の色になっていて、絶対にほかの団体がマネできないもんなんだよ。

――今週は本当にいいことを言いますね。

拳王　小川良成と違って、**どっかの王道継承者はジャンピング・ニーについて女々しいことをツイッターで言ってたよな。**小川良成だったら、本人に直接指導するところだと思うんだけどな。

――秋山準選手のことですか？

拳王　青柳優馬は人生を懸けた大一番のここその場面で使うためにタメてるかもしれない。ツイッターであんなこと言ったら今後使いづらいだろうしな。

――…。

拳王　最近、清宮がジャンピング・ニーを使ってるよな。ジャンピング・ニーに関してはアイツが今、日本一の使い手だと思う。アレはオレが思うに、たぶん小川良成から教わったんじゃねぇのか。知らんけど。小川良成、清宮は特に言わないけど、その伝統に裏打ちされた技術からかもし出されるもんは隠せない。ひけらかすんじゃなくて、気づいた時にゾクッとさせるのが王道継承者っぽいな。

――またそうやって悪意あることを…。

10・24長岡の小川vs清宮

拳王　話をもとに戻すぞ。

――いい試合についていいことを語っていたのに脱線しましたね。

拳王　待て。オレはただの〝いい試合〟だけで片付けないぞ。

――どういうことですか？

拳王　あの試合は小川良成と清宮にしかできない。できないと思うけど、N－1決勝でオレと中嶋勝彦が同じことをやったら、確実に微妙な空気、いや大ブーイングになるだろ。もっと言えば、小川良成が相手だから許される試合だ。ファンも選手も相手もみんなその高度な技術を頭に刷り込まれてるからの試合。まぁ、そういうふうにイメージを定着させる作業も自己プロデュースの一環。超一流のプロレスラーならではだけどな。いろんなことを考えさせてくれるって意味も含めて〝いい試合〟だ。おそらく全世界見渡しても、ああいう試合を見ることができるのはNOAHだけだろうな。新日本はああいう試合をやらないし、やらせてもくれないだろう。今の全日本は王道の「お」の字も見受けられないし。

――…そろそろまとめましょう！

拳王　プロレスに関わる者すべてに見てほしいぞ。小川vs清宮を視聴できるのは、レッスルユニバースだけ。今すぐ登録しよう。月額

900円。
――しかも、年明け1月分の月額払えば年内完全無料です。
拳王　マジでーーーーーっ！

11月24日号の議題　GHCナショナル挑戦

新日本のオカダ・カズチカ、RISEの那須川天心、K-1の武尊、RIZINの朝倉未来、NOAHの拳王

――11・13横浜でGHCナショナル王座への挑戦が決まりました。まずは王者の望月成晃選手にどんなイメージを持っていますか？
拳王　なかなか難敵だよ。アイツは対戦相手の分析能力が卓越していて、それをもとにした試合の組み立てをしてくる。だから、必ず自分のペースに持っていけるんだよな。それは28年間、プロレス界を生き抜いてきたキャリアや経験があるからこそなんだろう。その上で肉体的にも動き的にも衰えがないから、頭で描いたことをリングで実践できてる。キャリア25年以上、アラフィフでもハードな試合にも対応できて、若いヤツらと対等に闘ってるのはすごいよ。あの世代としては望月、杉浦貴、田中将斗の3人が飛び抜けてるよな。
――確かに。望月選手の同世代、いわゆる第三世代は新日本だと永田裕志選手、天山広吉選手、小島聡選手、全日本だと大森隆男選手あたりは自分の色を消して、若手育成や若手たちの壁に徹してるように感じます。
拳王　そうだよな。大森隆男なんてゲットワイルドの時、メチャクチャ目立ってたよな。
――はい。同じ金剛の征矢学選手と組んでいた時ですね。
拳王　おい、征矢ってゲットワイルドのモジャモジャの方だったのか？　無我時代しか知らなかった。今じゃ、全然想像つかないな。
――知ってたくせに。話を戻して、望月選手は試合内容も素晴らしいですよね。杉浦選手も望月選手について10月25日の調印式で「闘いに美学があるというか、必ず闘った相手も光る」と語っていました。
拳王　どんな相手とやっても面白い試合に仕上げるし、ほとんどハズレがないよな。望月って相手が気持ちよく闘えるような間を作って、相手の100%を引き出すんだよ。
――まさに名勝負製造機ですね。さらに、ファンに伝わる言葉も持っていますね。
拳王　10・28熊本のリング上でオレのマイクと互角に渡り合ってきやがったからな。でも、バックステージで「約28年プロレスやってきて、今日以上の勝利はない」とか言ってたよな。

DRAGONGATEで夢の扉を開いてきた自分のキャリアを否

昨年10月のGLEAT後楽園大会で武尊と握手した拳王

定するようなことを言ってたのは突っ込んでおくぞ。

——べたぼめの中にしっかりと皮肉も入れてきますね…。

拳王 でも、オレはそんな望月のプロレスにもう飽きちゃったんだよ。ちなみに、今ここで具体的に言わないけど、アイツに勝つための弱点もつかんでるぞ。

——！

拳王 アイツがトップ戦線に食い込んで、もう20年ぐらい経つだろ。そろそろ新陳代謝させなきゃいけない。望月がベルトを取るような世界線だと、NOAHに未来はないだろ。現在のNOAHが目指してるのは、元気なオッサンたちがしぶとく健在ぶりを見せて、そこそこ盛り上がればいいってレベルじゃない。急激にプロレス界のトップに躍り出るような爆発的な勢いだ。'12年に新日本のオカダ・カズチカがカネの雨を降らせたような高揚感がほしいんだよ。

——なるほど。

拳王 格闘技界を見てみろ。RISEの那須川天心、K－1の武尊、RIZINの朝倉未来…とんでもないスーパースターが現れた。たった一人のスターがいたら、団体を引っ張ることができるんだよ。ちょっと昔で言えば、PRIDEの桜庭和志なんかもそうだよな。

——それはわかりやすい例えですね。

拳王 プロレス界で言えば、FMWの大仁田厚、UWFインターナショナルの髙田延彦、ついでにみちのくのザ・グレート・サスケ。

——徐々に話がまとまってきましたね。

拳王 要するにオレが望月からベルトを取って、GHCナショナル王者としてNOAHをプロレス業界1位にしてやるぞ！

——おおっ！

拳王 思い出してみろよ。昨年末から今年春にかけて、GHCナショナル王者としてアラフィフ世代を次々と駆逐していっただろ。

——桜庭選手、村上和成選手、船木誠勝選手、ケンドー・カシン選手の挑戦を退けて防衛を重ねていきましたね。

拳王 だが、藤田和之に負けて、志半ばでベルトを手放すことになってしまった。あの敗北は大きかったぞ。

——その後、GHCナショナル戦線は杉浦選手、桜庭選手、田中選手、望月選手とアラフィフの選手たちが争ってきました。

拳王 すべては藤田に敗れてベルトを手放したオレの責任だ。自分のケツを自分で拭く。だから、望月…いや、**アラフィフ世代からGHCナショナルを取り戻さなきゃいけないんだよ。**

——そういう決意で挑戦表明したのですね。

拳王 あの赤いベルトが世界で一番似合うのはオレだからな。今年3月21日で止まった時計をまた動かすぞ。11月13日の横浜大会が終わったら、GHCナショナル王者・拳王、GHCヘビー級王者・中嶋勝彦、GHCジュニア王者・亜烈破。**金剛がNOAHのシングル王座をコンプリートしてるはずだ。**

12月1日号の議題 長期欠場

長期欠場したら、もとの居場所に戻れなくなるかもしれない。1年前は潮崎がNOAHの中心だったけど、今は金剛だ

——稲村愛輝選手が復帰しましたね。

拳王 11・10後楽園の復帰戦を見たけど、や

はり4カ月のブランクは大きかったな。新日本でも飯伏幸太、内藤哲也らの長期欠場が注目されてるし、今回は長期欠場を語るか。

――お願いします！

拳王　稲村は新兵器「無双」を武器にトップ戦線に食い込んで、ZERO1の火祭りで破竹の勢いを見せている中での長期欠場だった。4カ月前の稲村だったら、征矢学といい勝負してただろうけど、復帰戦で弾道を出させずに仕留められて明らかな差が見えたよ。征矢はN-1で全敗とはいえ、強敵たちにもまれてステップアップを果たしてたからな。

――現在のNOAHは流れが激しいので、少しでも戦線離脱すれば、なかなか最前線に戻ることはできません。

拳王　その通りだ。稲村は不運だったよ。若手の殻を抜け出し、火祭りで大きな結果を残して、NOAHでも一気にタイトル戦線に食い込むという目標に突き進んでいたところでの欠場だからな。

――火祭りでインパクトを残した稲村選手がN-1に出ていたら…という世界線を妄想するだけで、ひと晩飲めますね。

拳王　結果論だけど、オレも'17年の火祭り出場を踏み台にして、NOAHのヘビー級戦線でのし上がっていった。稲村も同じように爆発する可能性はあったはずだ。

――おっしゃる通りです。

拳王　稲村は今夏のチャンスをつかめなかった。それはアイツのキャリアにとってとてつもなく大きなことだと思うよ。このつまずきをどうやって自分の物語に変えていくのか。

IWGPヘビー級王者となった蝶野

今後どうしていくかが見ものだよ。

――これからが楽しみですね。

拳王　宮脇純太もそうだよ。9月、稲村と同じくZERO1の「天下一ジュニア」ベスト4入りで頭角を現し、さぁ、これからNOAHジュニアの中心に…って時に練習中のケガで長期欠場だろ。

――ケガはどうしようも…。

拳王　違うぞ。「無事之名馬」って言葉もあるだろ。**プロレスラーは運も実力のうちだ。稲村と宮脇は最悪の時に休んじゃったよ。**でも、これが実力なんだよな。まぁ、これをいい物語にできればいいよな。これからの2人の這い上がりに期待したい。

――13年のキャリアで負傷欠場がない拳王選手が言うと説得力がありますね。

拳王　今春にコロナ感染で休んだけどな！

――…。

拳王　ケガによっての欠場もドラマを描けるいいチャンスだ。ケガで思い出した。潮崎豪。アイツ、今、何してんだよ。何の情報もないし。まさか計算し尽くして長期欠場をしてるのか。自己プロデュースの一環かもな。GHCヘビー級王座から陥落してしばらくチャンスが回ってこないであろうタイミングで長期欠場に入った。激闘の連続を乗り越え、ちょっとつまずいた後に古キズを治すために戦線離脱か。いいドラマを描いてくれたよな。

―そんなことはないと思いますが…。

拳王 アイツの師匠は小橋建太さんだ。07年12月、小橋建太さんは腎臓ガンから感動の復帰を果たした。潮崎が意識的かどうかはわかんないが、情報発信をしてないところを見ると、師匠の復帰をマネしようとしてんじゃねぇか。SNS社会でこれだけ情報をシャットアウトするのも、プロレスラーとしての自己プロデュース能力だけどな。

―素晴らしい分析です。

拳王 ただ潮崎は安定収入が保障されてるNOAHの所属選手だからそういうことができる。ほかの団体やフリーじゃ、そうそうにできないよ。例えば、最近、右足首腓骨骨折で長期欠場することになったM'sアライアンスの宮本裕向とかは収入が断たれるみたいだし。焦らずに何もしなくても、しっかり治せるっていい環境だよな。

―潮崎選手も満身創痍だったので、苦渋の決断だったと思いますよ!

拳王 まぁ、そうだろうけど…。最後に一つだけ重要なことを言ってやる。98年8月に蝶野正洋が悲願のIWGPヘビー級王座初戴冠を成し遂げた。当時はnWo全盛期。誰しもが蝶野時代の到来を予感しただろう。

―ところが…。

拳王 初防衛戦を前にして、首の負傷で王座返上、長期欠場だ。それだけじゃねぇぞ。**蝶野不在のnWoを武藤敬司が乗っ取っちゃうんだよな。** GHCヘビー級初戴冠、NOAH入団もそうだったけど、美味しいところを巧みにかすめ取るのは武藤敬司の真骨頂だ。

―いちいち皮肉を挟まないでください。

拳王 オレが言いたいのはそこじゃない。長期欠場したら、もとの居場所に戻れなくなるかもしれないということだ。1年前は確かに潮崎がNOAHの中心だったけど、今は金剛だ。いつ復帰するかもわかんないし、もし潮崎がまだ休み続けたいようならば「有料老人ホーム・金剛」に入れてやるよ。

―ケンドー・カシン選手のネタ、まんま受け止めているじゃないですか!?

拳王 し、しまった…とにかく稲村、宮脇はがんばれ！ 潮崎は老人ホーム入りだ!!

12月8日号の議題 2冠戦
天と地が引っくり返るぐらいのことをやっていかなきゃ、今のNOAHじゃ到底、業界ナンバーワン取れないだろ

―GHCナショナル2度目の戴冠、おめでとうございます!

拳王 ようやく取り返したぞ。

―さっそくGHCヘビー級王座との2冠戦をぶち上げ、11・28代々木で決まりました。拳王さんは2冠戦、好きですね!

拳王 前回、昨年8月に取った時もGHCヘビー級王座との2冠戦を提案したな。でも別に好きってことではないぞ。

―あらためてなぜこのタイミングで2冠戦を提案したのか理由をお聞かせください。

拳王 1・1武道館のメインで最後に入場したかったからだ。GHCヘビー級選手権がメインだろ。武道館で2冠戦やっても、GHCヘビー級王者が後の入場になる。だから〝イッテンイチ〟前に2冠戦をやる必要があった。**オレの誕生日におこなわれる武道館大会の最後に入場するってどん**

な気分なんだろうな。想像するだけでワクワクするぞ。

——すでにGHCヘビー取る気満々ですね。

拳王　NOAHはGHCヘビー級王者とGHCナショナル王者が2冠戦をやるってシンプルな図式だ。新日本みたいに自己申告ベルトが乱立するようなややこしい感じじゃないぞ。

先週号特別付録の中嶋勝彦ピンナップを見つめる拳王

——それにしても、1・1武道館前に2冠戦を提案するなんて驚きましたよ。

拳王　最近のNOAHのタイトル戦線ってなんか悪い意味で安定しちゃってるって思ってた。だいたいビッグマッチの日程を見て、ああこういう感じで防衛戦かなって予想できるんだよ。よく言えばセオリー通りなんだけど、他の団体と似たような感じというか。想定内のことばかりやってても、時代は動かないぞ。

——なるほど。

拳王　オレはもっとスピード感がほしかった。時代を過激に動かしていきたいって気持ちはずっと持ってたからな。天と地が引っくり返るぐらいのことをやっていかなきゃ、今のNOAHじゃ到底、業界ナンバーワン取れないだろ。だから、爆弾を投下してやったんだ。

——さすが拳王さんですね。

拳王　**最近のプロレスラーはプロレス業界っていう村社会に対する承認欲求が強いように感じるぞ。**1・1武道館も迫ってるし、プロレス村以外にも響かせるためにはもっともっと過激に動かなきゃいけないんだ。

——業界以外に響かせて、いかに潜在的なファンの興味を引くかも今後のカギですね。

拳王　そうだ。そういう意味だともう1つだけどうしても言いたいことがある。

——何ですか？

拳王　試合タイムの長時間化だ。最近のプロレス界ってタイトルマッチになれば30分超えが当たり前になってねぇか。試合時間の長さが激闘、熱戦のバロメーターのように評価されてるようになってる。そりゃ、長く試合をすれば根競べ、消耗戦になって、互いにへばるから表情に出て、感情移入できる試合になるのは当然だ。オマエらマスコミだって、長時間の試合を手放しでほめたたえてるだろ。

——それは確かにありますけど、リングで30分以上闘っている選手たちを見て、すごいと思うのは純粋な気持ちでは…。

拳王　それはそう。だけど長いだけがいい試合ではないとオレは思ってるぞ。試合時間が短くても、見てるクソヤローどもを魅了することはできるんだよ。オレのGHCナショナル王者時代の防衛戦を調べてみろよ。

——近いところからいくと、3・21後楽園の藤田和之戦が19分14秒、3・7横浜のケンドー・カシン戦が11分13秒、2・12武道館の船木誠勝戦が10分10秒、1・23大阪の村上和成戦が9分40秒、昨年12・6代々木の桜庭和志戦が10分3秒で…。

拳王　もうそれ以上は言わなくていい。GHCヘビー級王者時代も宮本裕向との防衛戦は20分いってないよな。

――はい。16分15秒でした。

拳王　だろ。「30分経過」のアナウンスで拍手するようになってきてるのは、オレとしてはあんまり好きではない。有酸素プロレスや技のデフレを否定してた武藤敬司でさえも、郷に入っては郷に従うじゃないけど、気づけばNOAHっぽいタイトルマッチ連発しちゃってるだろ。完全にGHCの呪縛にかかってるよ。

――GHCの呪縛って…。

拳王　**長い時間闘えるプロレスラーはすごい。だけど、長い試合だけが、いい試合ではない。**例え、5分でも10分でもどんな時間でも魅了できるのが、本当のいいプロレスラーだ。オレはそういうNOAHの過去とも闘っていくからな。

――11・28代々木の2冠戦も注目ですね。

拳王　中嶋との試合は一発いいのが入っちゃったら終わっちゃうかもな。オレ自身も相当な緊張感を持って臨まないといけないと思ってる。気を抜くとやられるし、やるチャンスも逃すからな。一瞬さえも気を抜くことはできないプロレスになるだろうな。

――おお!

拳王　ここで講釈たれても仕方がない。オレの思い描く〝すげぇ試合〟を11・28代々木で実際に見せてやる。代々木第二体育館を緊張感漂う空間にしてやる。クソヤローども会場で待ってるぞ。そして、中嶋勝彦に勝って、1・1武道館大会のメインで最後に入場するのはこのオレ、拳王だ!

12月15日号の議題　プロレスグランプリ2021

NOAHが新日本に勝つという希望を込めて、グランプリは武藤敬司だ。オールドファンたち、頼むぞ

――新日本1・8横浜アリーナへのNOAH参戦が発表されました。今週の議題は…。

拳王　次の質問どうぞ。

――えっ…河野太郎さん!

拳王　今週の議題は週刊プロレスの「プロレスグランプリ2021」大予想でいくぞ。

――で…では、よろしくお願いします!

拳王　大前提としてオレ個人の見解というより、クソヤローどもの民意を予想するからな。すべての分野で週プロ先週号に記載されてるのが有力だし、団体推しのファン数を考えれば、新日本が1位を独占する可能性大だな。まずはグランプリだ。要するに'21年のMVPだろ。その中でも1年を通してIWGP世界ヘビー級戦線をけん引した鷹木信悟になるのが順当かな。でも「プロレスグランプリ」は週プロ読者&モバイルユーザーの投票で決まるんだろ。週プロ読者は年齢層どんな感じだ?

――40~60代が多いですね。

拳王　武藤敬司ドンピシャ世代じゃねぇか。毎年1位は新日本。そこに風穴を開けNOAHが新日本に勝つという希望を込めて、ここは武藤敬司だ。オールドファンたち、頼むぞ。

――拳王さん、いつもは〝老人ホーム〟がどうとか言っているじゃないですか…。

拳王　あっ、つ、次の質問どうぞ。

――老人ホームを否定しつつも、この連載も40~60代の週プロ読者層に共感されることを狙って、過去の話を織り交ぜていたのではないですか!?

拳王　うるせーっ!

―すみません。

拳王　とにかくグランプリで新日本に勝てるのは現状、武藤敬司だけだろ。よし次だ。

―ベストマッチですね。

拳王　3・21仙台の鷹木信悟vsウィル・オスプレイかな。クソヤローどもが好きそうな試合だ。2人の色は正反対だろ。鷹木が激情&パワー、オスプレイがスピード&空中殺法。最近はオールラウンダー同士の対戦が評価される傾向にあるが、やはり個性が際立っている選手同士の対戦が面白いと思うぞ。プロレスラーたる者、個性があった方が絶対にいい。

―女子はどうですか？

拳王　**AZM一択と言いたいところだけど、林下詩美だろうな。**勢いに乗るスターダムで1年間、最高峰のベルトを守って、激闘を繰り広げてたのはでかいよ。オレは沖縄に行った時、ビッグダディの「ジンギスカンきよし」よく行ってたしな。

―最後のは関係ないのでは…。今年から新設のベストユニットは？

拳王　昨年までのベストタッグがなくなって、ベストユニットか。これは画期的な試みだな。オレとしては時代にフィットしたいい改革だと思うぞ。最近、面白いタッグチームよりもユニットの方が支持されてるからな。これは金剛一択だ。対抗はロス・インゴベルナブレス・デ・ハポンだけど、なんかユニットとして安定してて、あんまり動きがないから面白さにかける。ユニットは結果もそうだけど、激動があるから面白いんだろ。nWoとか裏切り、結託の連続だっただろ。

―確かに。

拳王　金剛も今年、マサ北宮が抜け、亜烈破が入った。**ロス・インゴは人気があるってだけだろ。今年、何かしたか？**って思うぞ。安定の人気かユニットならではの激動かだな。

―最優秀外国人選手賞は？

拳王　今年は1人も来日できなかったNOAHにとって耳が痛いな。悔しいことに、エントリーもできないな。今年はクリス・ブルックスやドリュー・パーカーも活躍したけど、やはり団体推しのファン数を考慮すると、新日本のジェフ・コブだ。ジェイ・ホワイトとかオスプレイがコロナ禍で来日しない中、日本に滞在して試合に出続けた。どうしても感情移入しちゃうよ。

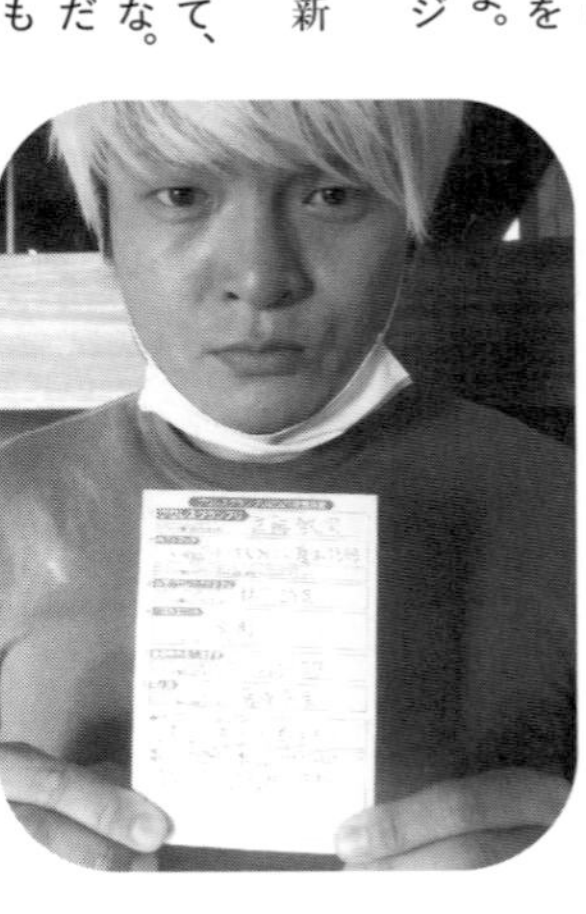

投票用紙に直筆で予想を記入した拳王

―対抗馬はザック・セイバーJrです。

拳王　ザックの活躍は今年から始まったわけじゃないってとこだな。今年という意味では成り上がったジェフ・コブに軍配が上がるよ。

―最後に新人賞は？

拳王　これは新日本の団体推しが多いとか云々抜きにして、藤田晃生と大岩陵平で迷うな。この2人のシングルは面白い。1回は見た方がいいぞ。最近流行りのハイスピードな型にはまったプロレスじゃないんだよ。コイツらの試合を見たら、プロレスが闘いだとわかると思うぞ。闘魂が見えるというか、プロレスの源流を見ているようだな。

―あの2人のシングルは面白いですからね。そして、最後は「好きなプロレスラー」です。

拳王　ツイッター告知後、スターダム勢の営業ツイートすごかったな。アレ、絶対に会社命令だろ。でも、いい心がけだと思うぞ。

――我々もありがたかったです。

拳王　あと、この「プロレスグランプリ」は週プロ1冊につき、投票用紙1枚だろ。それこそ100冊買えば100票、推しに投票できる。**今後はAKB商法みたいになっていくんじゃねぇか。**ってことは、女子が強くなるかもな。そして、週プロmobileプレミアムは初月無料だから実質無料で1票投票できるっていうのもオレは見逃してないぞ。

――その点から好きなプロレスラー予想は？

拳王　同じ選手を3回書いたら3票になるんだろ。それなら…拳王！　拳王！　拳王！だ。みんなも迷ったら「拳王」に清き一票を!!

――最後は民意を予想するのではなく、自分のPRじゃないですか!!

12月22日号の議題　NOAH11・28代々木総括

メインイベンター失格。スターダムに完敗だ。すべてオレの責任。情けないし、悔しいよ

――GHCヘビー級&ナショナルダブル選手権、すごい試合でしたね。

拳王　…。

――どうしたのですか？

拳王　メインイベンター失格だよ。

――今年のベストバウト候補にも挙がるであろう素晴らしい試合でしたよ！

拳王　オレはそんなことで納得してる二流の自己満足プロレスラーじゃねぇよ。はっきり言って、試合前から負けは確定していた。

――えっ、60分時間切れ引き分けで負けたわけではありませんよ。

拳王　違う。観客動員だよ。前日の11月27日、スターダムが同じ会場でビッグマッチを開催した。観衆は何人だった？

――1119人ですね。

拳王　翌日のNOAHは？

――917人ですね。

拳王　完敗だ。これはすべてオレの責任。メインイベンターとして情けないし、悔しいよ。もうコロナ禍のせいにしていられない。実際に、新日本は観客動員が戻ってきてるし。いくらいい試合をしてても客を呼べなかったら、一流のプロレスラーとは言えないだろ。大会前にけっこう話題は作ったし、手応えもあったんだけどな。

――そこまで反省することないですよ。それに拳王さんだけのせいではないです。

拳王　プロレスって基本的にはパッケージだけど、オレとしては、責任はメインイベンター

IBF世界スーパーフェザー級王者の尾川堅一 GettyImages

がすべて背負うもんだと思ってる。こんなに悔しいことはないよ。

――それでも中嶋勝彦選手とＮＯＡＨ頂上決戦をおこなって、フルタイムドローの熱戦で金剛時代の到来を印象づけました。

拳王　同じフルタイムドローでもフルハウスの会場でやった方が達成感あっただろうな。しかも、60分間、全力で闘って、試合後に美味しいところをもっていかれちゃったんだぞ。オレの印象なんて残らなかっただろ。

――試合後に潮崎豪選手の電撃復帰&ＧＨＣヘビー級王座挑戦表明があり、拳王選手は悔しさをあらわにしながらバックステージに引き揚げていましたね。

拳王　っていうか、**なんで60分闘った余韻をかき消すかのように照明が落ちて、潮崎のテーマ曲が流れるんだよ。**ＮＯＡＨの連中もグルだったんじゃねぇのか。やっぱオレは会社から冷遇されてるよな…。

――確かに。

拳王　あそこはオレと中嶋がお互いの健闘を称え合う感動的な場面だろ。潮崎も出てくるんだったら、空気読んでもう3分ぐらい待ってろって話だよ。相変わらず間が悪すぎる。

――そう言われてみれば、中嶋選手と拳王選手が60分闘い抜いた素直な気持ちをマイクで言い合って感動的な握手を交わした後に出てきてほしかったですね。

拳王　もしそうだったとしても嫌な気持ちになることは変わりないけどな。まぁ、あの日、中嶋に勝てなかったことで、オレは1・1日本武道館のメインに最後に入場することができなくなった。正直、悔しいよ。8カ月間、家でぐうたら生活してたヤツが、ずっと心身すり減らしてリングで闘ってきたオレを差し置いて、武道館のメインに立つんだからな。潮崎は1・1武道館から逆算して、完全にこのタイミングを狙っていやがったな。

――そんなことはないと…。

拳王　あとさ、大会中にＫＥＮＴＡの1・1武道館参戦が発表されたよな。

――ビッグニュースでしたね！

拳王　ＮＯＡＨ勢が新日本1・8横浜アリーナに参戦することになったけど、そのバーターみたいだよな。それはそれでいいけど。

――拳王さんは'11年7月にＫＥＮＴＡ選手を倒すためにＮＯＡＨ初参戦した過去もありますが、率直にどう思いましたか？

拳王　**ＫＥＮＴＡがすっかり新日本の人間っぽくなっちゃったよな。なんかちょっとさみしかったぞ。**みんな喜んでたけど。

――ＫＥＮＴＡ選手としては7年ぶりの参戦になりますからね。

拳王　今はＫＥＮＴＡのことを深掘りしないでおくぞ。それよりも、11月28日以降どうにも人生おかしくなったぞ。あの日からずっと体痛いし、携帯なくすし、踏んだり蹴ったりだよ。

――いつものことですよね。

拳王　うるせーっ！　11・28代々木試合当日は尾川がアメリカ・ニューヨークMSGでボクシングIBF世界スーパーフェザー級新王者になったから、オレも2冠王者になってやろうって相当気合入ってたのに…。

――尾川堅一選手は拳王さんにとって明治大学日本拳法部の後輩ですからね。

拳王　試合の中継がどうしてもリアルタイムで見たくてDAZNにも入っちゃったし。尾川の対戦相手って南アフリカの選手だったよな。オミクロン株、大丈夫かな。

――後輩思いですね。

拳王　赤いベルト同士だし、**ボクシングマガジン様、GHCナショナル王者・拳王とIBF世界スーパーフェザー級王者・尾川堅一の対談、お待ちしております！**

12月29日号の議題 大量離脱

ゼウス以外の選手たちがこれから何をやりたいか。だいたいチェックしたけど、本心に聞こえなかった

拳王 プロレス界に激震が起こったな。

―アイスリボン主力7選手の退団ですか？

拳王 それもあるけど、全日本だってゼウスに続いて、野村直矢、岩本煌史が退団。チャンピオンクラスが3人も団体からいなくなる。さらに、アクトレスガールズも年内でプロレス団体としての活動を終了するよな。

―さすが業界全土にアンテナを張っている拳王さん！ 我々がなかなか触れられないデリケートな話題に斬り込んでいくのですね。

拳王 それがこの連載の真骨頂だからな。

―率直に今年の激震をどう思いましたか？

拳王 **原因は確実にコロナ禍だ。** 昨年3月からプロレス団体は有観客興行ができない時期もあり、再開されても客席半減などの制限を強いられてる。大会数や観客動員も減ってるってことはグッズも売れなくなる。選手たちのギャラが減るのも当然のことだ。コロナ禍になって1年9カ月。そりゃ、団体も選手もみんな苦しい。1年間は持続化給付金とかもあってどうにか耐えられたかもしれないけど、経済的な事情が各団体の激震につながってるのは明白だ。まぁ、当事者たちは大々的に言えないだろうけど。

―いきなり核心を突いてきましたね。

拳王 まぁな。当事者たちに言いたいことがある。今回の激震はコロナ禍が悪い。いろいろ事情があるのは十分にわかってるけど、プロレスや自分がいた団体を嫌いにならないでほしいよ。

―拳王さんがフォローから入ると怖いです。

拳王 夢と希望を持ってプロレスラーになっても、金がなきゃ生きていけないからな。オレ的には夢と希望でつなぎ止めてたものがプッツリと切れて、それぞれ現実を求めて行動に出たっていう感じだよな。

―それだけコロナ禍はプロレス団体にとって厳しいということですね。

拳王 団体だって本当は手放したくない選手たちばかりだったんじゃねぇのか。こういう時代になってくると、やっぱ資金力のある親会社がついてる団体は強いよ。具体的に言えば、サイバーエージェントグループとブシロードグループだよな。それ以外のプロレス団体は、どこもギリギリなんじゃねぇか。ギリギリどころ以上かもしれないし。

―おっしゃる通りだと思います。

拳王 ＮＯＡＨがサイバーエージェントグループ入りしたのがコロナ禍直前の昨年1月だ。奇跡的なタイミングだった。お世話になっ

12月1日、アイスリボン会見で年内の退団を発表した左から宮城もち、藤田あかね、世羅りさ、鈴季すず、柊くるみ

た分、本当に会社に貢献しないとな。**サイバーエージェント様、いつも本当にありがとうございます！ NOAH1・1日本武道館、必ず大成功させてみせます。**

——愛社精神、素晴らしいです。

拳王 話をもとに戻して、特に苦しいのは道場&合宿所を持ってる団体だ。確実にかなりの固定費がかかるからな。コロナ禍を生き抜いていくのはプロモーションの方が楽だ。事実、アクトレスガールズは違うけど、全日本もアイスリボンも道場と合宿所があって、イチからしっかり選手を育てる団体だろ。オレはよくプロレス団体としては道場と合宿所を持ち人材育成してる団体が大切だと力説してたけど、コロナ禍はそれが首を絞めた感じだな。そういえば、同じように道場&合宿所がある大日本もクラウドファンディングで活動資金を集めてたよな。

——なるほど。ちなみに、今回の激震で拳王さんが一番気になっている選手は誰ですか？

拳王 前も言ったけど、ゼウスだよ。

——なぜですか？

拳王 ゼウスは自分がデビューした大阪プロレスを再生するために全日本を辞めるんだぞ。退団理由に美学があるだろ。男気があって、カッコイイよ。

——拳王さんもみちのくを退団する際「レスラーとしてもっともっと上を目指していくため、これからはNOAHで闘いたい」と語っていましたね。

拳王 そんなオレの昔話は置いといて、じゃあ、ゼウス以外の選手たちがこれから何をやりたいかだよな。プロレスやりたい、プロレスラーとして、もっと上を目指したいのはもちろんだ。いろいろ言ってたのをだいたいチェックしたけど、オレには本心に聞こえなかった。本心を言えないくらい追い込まれてたのも理解できる。悩んだのだろうな。でも、ファンに対して説明するのもプロレスラーだ。

——その通りです。

拳王 それか、**次の戦場が決まってるのに大人の事情で言えないだけかな。**明らかにみんな言葉を濁してるように聞こえる。上っ面の気持ちを並べても、逆に団体内がギスギスしてたんだろうなって思われるし、プロレスラーとしての価値を落としかねないな。そういう部分が露呈されて、残念な気持ちになったな。ゼウスみたいに清々しい気持ちになりたかった自分もいるぞ。

——さすが経験者。説得力があります。

拳王 ファンのクソヤローどももこれからどうするのか考えるよな。どこ行っちゃうのかなぁ～、ブシロードかなぁ～、サイバーかなぁ～、って。

——楽しそうですね。

拳王 まぁ、どうでもいいけどな。最後に今回の激震をひと言で表現してやるぞ。

——お願いします！

拳王 ゼウス、最高やん。

1月5日・12日号の議題 清宮海斗

武藤敬司のNOAH入団はアイツにとって過保護だった会社から解放されて、逆によかった

——1・1武道館でGHCナショナル選手権が決まりました。挑戦者は清宮海斗選手です。

拳王 そうだな。てか、オレは怒ってるぞ。

——12・12沼津で試合後襲われましたからね。

拳王 それもあるけど、それ以上に「プロレスじゃないですから。真剣勝負ですから…」

と言った議員のクソヤローに、だ。プロレス、ナメてるだろ。ホント最近はいらだつことだらけだな。11・28代々木でも、9カ月も家でゴロゴロしてた潮崎豪が急に出てきて、1・1武道館のメインでGHCヘビー級王座に挑戦するって言っただろ。アイツに対するいらだちしかない状態で12・5名古屋に臨んだんだよ。オレ自身、揺らいでいた。そこを清宮海斗に突かれちゃって負けたって感じだな。

――12・5名古屋の潮崎選手復帰戦で清宮選手にピンフォール負けを喫して、GHCナショナル選手権V2戦が決まりました。

拳王　清宮に目を覚ましてもらったよ。

――あらためて清宮選手が挑戦者に決まって、どういう思いですか？

拳王　アイツと初めてシングルをやったのは、アイツの海外武者修行壮行試合である郡山大会の第1試合だった。

――'17年6月25日ですね。

拳王　そして、凱旋帰国一発目でオレのGHCヘビー級選手権に挑戦してきた。

――'18年1月6日、後楽園ですね。

拳王　GLEA…いや、リデットエンターテインメント株式会社体制となって初の大舞台、('19年11・2）両国のメインでも闘った。アイツとのシングルは思い入れがあるよ。

――いつものようにディスらないのですか？

拳王　普段、ディスってるのもアイツのことを認めてるからだ。認めてないヤツなんてディスることもしない。

――キャリアや年齢は拳王さんの方がありますが、NOAHヘビー級として〝同期〟です。

'18年1・6後楽園の拳王 vs清宮

拳王　そうなるよな。オレと清宮の最終的なベクトルはNOAHをもっと大きくすること。なんだかんだNOAHのことを言ってるけど、**潮崎豪と中嶋勝彦は極論、自分が一番になればいい。自己満足の闘いだ。**

――メインとそういう対比をするのですね。

拳王　拳王vs清宮は郡山の第1試合から後楽園、両国、武道館って駆け上がってきた。オレたちの闘いが中心になっていくことで、NOAHに上昇気流を生んだとも言える。しかも、今回は武道館のセミファイナル。まだまだ伸びしろがあるぞ。

――だいぶいいことばかり言いますね。では、最近の清宮選手はどう映っていますか？

拳王　今でも**清宮の生涯ベストバウトはアイツの凱旋試合だと思ってる。**あの頃は会社が用意したものは何もなかった。言葉も満足に通じない海外でもまれて、自分一人の力で生活しながら試合に臨んでた。動物に例えると、野生のライオンだったんだよ。プロレスラーとしてギラギラして自分で獲物を見つけて、食いかかってやろうって目をしていた。

――素晴らしい比喩ですね。

拳王　でも、いつからか会社から美味しいエサを与えられて、それを食べて満足してる。会社は清宮をエースにするため、エサだけでなく、進むべき道やカッコイイ洋服も用意して、合コンまでセッティングした。清宮は動物園に入れられたような状態で、クソヤローどもは檻の中で飼いならされたアイツを見て喜んでた…ちょっと前まではな。

——というと？

拳王　最近、野生に戻ってきたよ。なんでかわかるか？　会社が武藤敬司に乗り替わったからだ。それによって野に放たれた清宮は苦しんで悩んで迷って考えて、自分で答えを見つけ出そうとしてる。つまり、武藤敬司のNOAH入団はアイツにとって過保護だった会社から解放されて、逆によかったよ。

——鋭いですね。

拳王　じゃあ、オレから逆に質問だ。清宮海斗って言ったら、何だよ？

——NOAHの未来のエースで…。

拳王　そんなのプロレスファンだけが認識してるだけだし、くどくどといろんな説明しなきゃいけないだろ。アイツにはこれっていうのがないんだよ。超一流のプロレスラーはみんな何かしらこれっていうのがあって、誰でもマネしたくなるもんだ。

——右の拳を縦に突き出せば拳王さんです。

拳王　両手を広げればレインメーカーだろ。人差し指と親指を立てれば棚橋弘至、右手を上げて目を開けば内藤哲也。武藤敬司なんていくつもある。でも、清宮にはポーズでも技でも言葉でもこれっていうのがないんだよ。

——興味深い見解です。

拳王　**あとは女だな。もっと女性経験積んで、時には大失敗した方が雄としての魅力が出てくるんじゃねぇか。**

——拳王さんの経験談も踏まえて深掘り…。

拳王　今週はここまでだ。

——では、最後に元日に向けて、ひと言お願いします。

拳王　日本武道館大会は、「プロレスじゃないですから。真剣勝負ですから…」と言ったことを後悔するような魂こもった闘いになるからな。**立憲民主党の泉健太代表、NOAH1・1武道館でお待ちしております。**

1月14日増刊号の議題　NOAH1・1日本武道館&新日本1・8横浜アリーナ

KENTAだけは業界の大局をわかってる。IWGP王者とG1チャンピオンは天狗になって、時代を読む能力がない

——今週は増刊号で本来ならば、連載類は掲載しないのですが、新日本1・8横浜アリーナ大会を盛り上げるために特別に番外編としてお届けします！　なんと2ページです!!

拳王　ふざけんじゃねぇぞ！　まだ大事なNOAH1・1日本武道館前だから、新日本については語らない…と言いたいところだが、せっかく増刊にページが取れたんだから、たっぷりオレの37歳バースデー興行についても語ってやるぞ。で、何について聞きたいの？

——先週号はGHCナショナル選手権で挑戦してくる清宮海斗を語りましたので、それ以外で気になっている試合は何でしょうか？

拳王　やっぱKENTAだよな。なんで、出戻りを「お帰りなさい」って温かく迎え入れるのかと疑問に思った。オレは違和感を覚えてしまったぞ。

——そこを突いてきますか。

NOAH時代のKENTAとやり合う拳王

拳王　新日本って退団した選手はだいたい外敵として戻ってくるだろ。長州力らジャパン勢、前田日明らUWF勢、髙田延彦らUWFインターナショナル勢、藤田和之、佐々木健介、武藤敬司、小島聡、鈴木みのる…挙げたらキリがない。でも、NOAHは出戻りが外敵にならずに、なんか「お帰りなさい」感が強いんだよ。

――NOAHはジャイアント馬場さん率いる全日本プロレスの系譜なので、出戻りを基本的に許さない場合が多いからじゃないですか。ちゃんと退団者を送り出したのは髙山善廣選手、KENTA選手ぐらいです。

拳王　**征矢学の昔の名タッグパートナーは？**

――大森隆男選手ですか。WJに電撃移籍したので…。

拳王　まぁ、いろいろあったみたいだな。深掘りしたいけど、今回は本題からかけ離れちゃうからやめておくか。じゃあ、KENTAはどうなんだよ。アイツはNOAHファンに送り出されて、華々しくWWEに行ったのに、WWE退団したら、NOAHじゃなくて、新日本に行っただろ。筋が通ってなく思うけど。それで、なんで「お帰りなさい」になるのか。KENTAの1・1武道館参戦発表の前に、NOAH勢の新日本1・8横浜アリーナ参戦が発表されたよな。そのバーターで出ただけだと思われるけどな。

――またそんなことを…。

拳王　そういえば、秋山準らとNOAHを飛び出して全日本に移籍した潮崎豪が数年後にNOAHに戻ってきた時、あまり「お帰りなさい」じゃなかったよな。プロレスラーにとって退団時の言動は非常に重要だ。

――KENTA選手はNOAH→WWE移籍、ファンも夢を乗せて送り出せましたよね。潮崎選手はいろいろありましたが、一歩ずつNOAHファンの信頼を取り戻して、現在では〝I AM NOAH〟になりました。

拳王　そういう意味ではKENTAって本当にNOAHファンに愛されてたんだな。新日本1・8横浜アリーナもなぜかKENTAは新日本側じゃなくて、NOAH側だったし。もしかしてKENTAは'22年、NOAHと契約してるんじゃねぇのか。**まさかABEMAさんで〝新年のシン大発表〟とか言って、元日にKENTAのNOAH電撃入団を発表しちゃうんじゃねぇのか!?**

――また根拠のない話して怒られますよ。KENTA選手はIWGP USヘビー級王者ですし、そんなわけないですよ。

拳王　NOAH1・1武道館、そして新日本1・8横浜アリーナ。KENTAはこの2大会のキーパーソンになるだろうし、本人もその自覚を持った言動に徹してる。さすがだよ。1・8横浜アリーナで思い出したけど、12月17日の全カード発表会見でIWGP世界ヘビー級王者が変なことを言ってたよな。

――鷹木信悟選手ですか？

拳王　テメー、オレの前でその苗字を二度と言うんじゃねぇ！

――す、すみません！

拳王　苗字が気に食わないから、オレはあえてIWGP世界ヘビー級王者と呼ぶぞ。

——苗字が「タカギ」だからですか…。

拳王　確か「客観的に見たら、NOAHにメリットはあっても、新日本にそこまでメリットがない」って言ってなかったか？

——言っていましたね。

拳王　IWGP世界ヘビー級王者が何を言ってるんだよ。新日本側も11月20日の会見で大張高己社長が「'22年は脱コロナに向けて、プロレスのチカラでみなさまが夢を持って、元気が出るような年になるように貢献したい」とか御託を並べてたけど、なんでNOAHとの対抗戦を組んだのか教えてやろうか。

——お願いします！

拳王　コロナ禍で苦しくて、金がほしかったからに決まってるだろ。

——！

拳王　実際に1・8横浜アリーナのチケットは売れてるんだろ。プロレスファンの潜在的なニーズがあったわけだ。それがすべての答えだよ。新日本の経営陣はいい仕事をしたと思う。しかし、新日本の選手たちはそこを冷静に分析できていない。オカダ・カズチカも対NOAHに関して興味がなさそうにしてたけど、オマエたちが新日本の闘いでファンの興味をひいて、チケットを売ることができなかったから、経営陣はNOAHとの対抗戦を組んだんじゃねぇのか。

——素晴らしい分析です。

拳王　はっきり言えば、新日本もNOAHも日本人選手のクオリティーはそこまで変わらない。両団体ともに業界のトップクラスがそろってる。だが、外国人選手に関しては完全に新日本が上だ。そこは間違いない。NOAHは完敗だ。

——ものすごく正論だと思いますが、では、なぜ新日本が業界1位なのですか？

拳王　新日本というブランドだ。ユークス体制で暗黒時代を浄化させて、ブシロード体制になってから、新日本は興行団体として一気に躍進を遂げた。そこに業界トップクラスの選手たちがいたのも大きいけど、**やはり経営陣の手腕でプロレス団体としてのブランドを磨き上げてるから、業界1位の座をキープし続けてるん**だとオレは思ってる。KENTAだけはそんなプロレス業界の大局をわかってる気がする。しかし、IWGP世界ヘビー級王者とG1チャンピオンは天狗になって、時代を読む能力がない。もっと言えば、トップ選手たちが天狗になってる今が、オレたちNOAHにとっては千載一遇のチャンスだ。

——そんな見解を持っている選手は新日本側にもNOAH側にもいないと思います。

拳王　オレだけだろうな。新日本にはもっとクレバーなヤツがいると思ってたぞ。どうせNOAHのヤツらもバカだから上っ面では「新日本に負けない！」「リング上ではNOAHの方が素晴らしい！」とか言ってるけど、心の中では「新日本と絡めて、美味しいな」って思ってるはずだろ。違うんだよ。オレたちは今の新日本に負けないぐらいのブランドを築かなきゃいけないんだ。じゃないと根本的には何も変えられない。日本プロレス70年の歴史で2、3年はNOAHがトップだった時

拳王から送られてきた"東京トルネード"の写真（当時のサイン入り）

期もあるんだからな。今のNOAHは当時に匹敵するぐらいフロント、選手、スタッフが充実してるぞ。

——拳王さんはもはやプロレス評論家ですね。

拳王　だろ。

——同時にNOAHのトップ選手なので、試合についても語ってもらいたいのですが…。

拳王　試合？

——金剛としてロス・インゴベルナブレス・デ・ハポンと10人タッグマッチに臨みます。業界大注目の一戦ですよ！

拳王　そうだった、そうだった。**ついにタダスケが闘龍門15期生の同期であるIWGP世界ヘビー級王者と初対戦するんだからな。戸澤陽、B×Bハルク、カツオ、ブラックめんそーれも喜んでるぞ。**オレも非常に感慨深いよ。

——…。

拳王　ごめん、ごめん。ちゃんと征矢学と真田聖也（SANADA）の〝es〟について語ってやるぞ。もう10年以上前に…。

——け、拳王さん！〝es〟も語ってもらいたいですが、拳王さん自身の対ロス・インゴ、特に何かと比較されている内藤哲也について語ってもらえますか？

拳王　そうだな。内藤哲也についてか。

——よろしくお願いします。

拳王　内藤哲也って新日本の次期エース候補と期待されながらも期待に応えられず、他団体から移籍してきたオカダに抜かされて、どん底から這い上がって自分なりのキャラクターを築いてオカダを抜き返した。期せずして、プロレスラーとしていい物語を描いたよな。クソヤローどもの心に響くいいストーリーだよな。ファン目線の言葉も武器になってる。

——注目の初対決ですよ！

拳王　初対決、楽しみだな。てか、金剛がロス・インゴを飲み込むぐらいじゃないと、この試合の意味がないと思って試合に臨むからな。そして、この連載では高橋ヒロムについて語りたくてしょうがないぞ！

——えっ、なぜですか？

拳王　'13年10月にイギリス・オックスフォードで同じ大会に出たことがあるからだ。

——おお、いいエピソード持っていますね！

拳王　4FWって団体だったな。オレはメインで東北ジュニアヘビー級王者としてデイビー・リチャーズの挑戦を退けたぞ。

——ヒロム選手は？

拳王　当時まだリングネームが高橋広夢だった。アイツもタイトルマッチで4FWジュニアヘビー級王者に挑戦し、今みたいなすごい試合じゃなく、大したことのない試合の末に負けてた。

——そんな時代もあったのですね。ちなみに、チャンピオンは誰だったのですか？

拳王　剣舞だ。

——！

拳王　高橋広夢はイギリス遠征時代、スウィンドンって街で剣舞と3カ月ぐらい一緒に住んでたんだ。

——!!

拳王　言葉も満足に通じないイギリスのクソ田舎で6畳ぐらいの部屋で2人同じ釜の飯を食べてた。狭い部屋で2人、プロレスについて語り合ってたんだろうな。しかも、高橋広夢は剣舞とタッグチームを組んでたんだよ。

——よく知っていますね。

拳王　えっ、**まさかイギリスを震撼させた伝説のあのタッグチーム〝東京トルネード〟を知らないのか？**

——勉強不足で申し訳ございません。

拳王　まず〝東京トルネード〟ってタッグチーム名がカッコイイだろ。当時の高橋広夢はメキシコ遠征でその才能が開花する前。まだなにもできない新人だった。基本的には剣舞の空中殺法頼りのチーム。剣舞がプロレスを教えてたぐらいだからな。

——そんな過去もあったのですね。

拳王　オレもさっき言った同じ大会に出た後、世界の浅井（ウルティモ・ドラゴン）に食事をご馳走になり、その後、一緒にホテルのバーでビールを飲んだ思い出がある。初々しかった髙橋広夢も今ではプロレス界を代表するスーパースターか。プロレスって夢があるよなぁ。若手を3年以上も海外遠征させる新日本の財力もすごいけどな。ウチの宮脇純太、稲村愛輝、岡田欣也、矢野安崇あたりも長期海外武者修行に行ったら面白いよな。

——ドラマチックな話ですね。

拳王　いい物語だ。プロレスのチカラはすさまじいな。また、あの2人が再会したら感動するな。ありえないけど。だって剣舞は今…。

——その通りです。というか拳王さん、結局、後半は自分の話よりも剣舞選手の話ばかりですけど、当の本人は今、どこにいっちゃったのですか？

拳王　**剣舞かぁ…。アイツは、アイツは、スウィンドンの風になっちゃったよ…。**

2022年

ロシアがウクライナに侵攻し、安倍晋三元首相が銃撃され
死亡するというショッキングなニュースが駆け巡った
2022年。拳王は新日本プロレスとの対抗戦で話題となり、
YouTuberとしてもデビュー。7月にはGHCヘビー級王座
2度目の返り咲きと充実した一年となった。

1月18日増刊号の議題 〝イッテンイチ〟総括〈前編〉

大みそか感がなかったし、新年の感じも誕生日の感じもしなかった。その強烈な違和感はプロレス界に新しい1ページを刻み込んだ実感

――今回は変則的にNOAH増刊の連載番外編と本誌連載の連動企画として、NOAH1・1日本武道館大会総括を前編と後編に分けてお届けいたします。

拳王 やはりNOAH増刊にオレの連載を掲載しないわけにはいかないからか。

――もちろんです。1月1日の大会後…つまり拳王さんの誕生日に無理言って、話を聞かせていただきます。率直にいかがでしたか?

拳王 お酒が飲めるようになって、大みそかは16年間、ずっと飲んでたけど、昨年は初めてお酒を飲まなかった。大みそか感がなかったなって NOAHの選手&スタッフはみんな思ってたんじゃねぇのか。

――大みそかはどう過ごしたのですか?

拳王 近年は海外旅行してた。日本での大みそかは、酒飲んで、年が明けたら、その勢いでどっかに初詣にでも行ってただろうけど、昨年は静かにTVを見てたよ。

――何を見ていたのですか?

拳王 ボクシングとRIZINだな。井岡一翔vs福永亮次のWBO世界スーパーフライ級タイトルマッチ、面白かったよ。そういえば、解説にウルフ・アロン選手がいたよな。

――はい。

拳王 あと、お風呂入りながら、ABEMAの「ももいろ歌合戦」を見てたら、ファンキー加藤さんが出てたよな。ケンドー・カシンとかも出てきて、電流爆破やってて驚いたぞ。隣にはモザイクかけてもらいたいヤツもいたし。なんでアイツら、大みそかにちゃっかりABEMAに出てんだよ。

――いろいろ見ていますね…。

拳王 ファンキー加藤さんは年が明けて、CDTVにも出てたよな。ウルフ・アロン選手に加藤さん、**大みそかに地上波出まくってた人たちが元日に来てくれたのは、NOAHを世間やお茶の間に届けてくれてるような気がしたぞ。** アレは大きかった。加藤さんの生歌、最高だったし、ウルフ・アロン選手の解説はボクシングよりプロレスの方が面白かったしな。

NOAH7年8カ月ぶりの参戦で躍動したKENTA

——おっしゃる通りです。

拳王　大みそかも大みそか感なかったし、年が明けても新年の感じも誕生日の感じもまったくしなかった。でも、この違和感が非常に幸せなことなんだなって思うぞ。

——〝イッテンイチ〟を打ち出したＮＯＡＨの新しい生活様式なのかもしれません。

拳王　格闘技界が12月31日を始めた時はみんなこんな気持ちだったのかもしれないな。その強烈な違和感は裏を返せば、オレたちNOAHがプロレス界に新しい1ページを刻み込んでやったという実感なんだよな。

——そういう感覚は確かにありましたね。では、日本武道館で2度目の試合になりましたが、ご自身の試合についてはどうでしたか？

拳王　厳しい闘いになったが、楽しかったな。そう思えるってことはやっぱ清宮海斗は好敵手なんだよな。

——珍しく素直ですね。

拳王　これまでの清宮海斗と違ったぞ。

——どういうところから感じましたか？

拳王　アイツは去年、いろいろ悩んで考えて答えを見つけ出そうとしてきた。そうやって苦しんだ分だけしっかり成長してたし、1月1日に懸ける覚悟が見えたよ。昨年10月のN-1準決勝の時よりも確実に強かった。

——それでも、なぜ負けなかったのですか？

拳王　1月1日がオレの誕生日だからだ。**ハッピーバースデーパワーが炸裂したんだろうな。**

——えっ、またそんな適当なことを言って…。

拳王　それだけ紙一重だったって意味だ。ほとんど差はなかった。あえて理由を挙げるならば、誕生日だったたってことぐらいしか見つからない。1月1日でよかった。

——結果論ですが、'18年1月の清宮選手海外武者修行からの凱旋試合と同じくフィニッシュが右ハイキックでのレフェリーストップだったことが意味深いなと思いました。

拳王　とっさに出たけど、今日の清宮海斗は確かにあの頃のように自らの手で何かをつかみ取ろうとするギラギラ感があった。だから、奇遇にも同じ右ハイキックという幕切れになったのかもな。入場時に着てた赤い袴も会社チョイスじゃねぇだろ。**一瞬、金剛入りか⁉ってオレ自身も動揺しちゃったぞ。**

——自己プロデュースしてきましたね。

拳王　会社からエサを与えられてない証拠だな。今年の清宮海斗は何かやってくれそうだ。

——自身の試合以外で気になった試合は？

拳王　やっぱKENTAだろ。**新日本の闘い方と全然違うじゃん！　別人かと思った。**あのスタイルの闘いを新日本で見たいな。オレが追いかけてきたKENTAだった。ああいう殺気あるKENTAが見たかった。バックステージのカメラマンと恋人ごっこする気持ち悪い姿なんて見たくないからなってこと。

——拳王さんも対戦したくなったのでは？

拳王　まぁな。でも、これ以上の気持ちはまだ言わないぞ。いずれ機会があったら、だ。前編はこれぐらいにしておこう。本誌の後編では大会全体のことについて語っていくぞ。

1月19日号の議題

〝イッテンイチ〟総括〈後編〉

これまでまったく見えなかった新日本の背中が見えた。メイン後のマイクは完全にオレのフライングだ

——変則的にＮＯＡＨ増刊の連載番外編と連動してお届けするＮＯＡＨ１・１日本武道館

大会総括後編になります。

拳王　前編では大みそかの過ごし方、オレの試合について語ったけど、後編では大会全体のことを分析していくぞ。

――前編がプレーヤー視点なら、後編はプロデューサー視点ですね。では、NOAHにとって〝イッテンイチ〟はいかがでしたか？

拳王　発表から大会当日までオレが経験した中で一番ビッグマッチ感が出てた大会だった。

――確かに昨年8月15日の発表からしっかりと一歩ずつ積み上げてきましたよね。

拳王　昨年2・12日本武道館は'20年12月6日の発表から約2カ月での開催だった。今年の元日は4カ月以上あって**長期的なプランニングで臨めたのはでかかったよ。**ABEMAさんの盛り上げも最高だったし、会場の演出も〝今風〟で見てるだけでワクワクしてきたぞ。最高の空間だった。増刊号でも言ったけど、大みそかに地上波出まくってたファンキー加藤さんやウルフ・アロン選手が来てくれたのは、NOAHを世間やお茶の間に届けれたと感じたぞ。その結果がABEMAの視聴数にも表れてたよな。

――25万オーバーと聞いています。

拳王　ありがたい。でも、あらためて生観戦が一番だと思えた部分もよかった。

――それはどこから感じましたか？

拳王　まず入場ゲートや花道はシンプルだけど、迫力がとてもあり、あの空間自体に高揚感があった。そんな最高の空間でファンキー加藤さんのライブから始まって、あっという間の4時間半だった。**あの一体感は会場じゃなきゃ感じられないよな。**

――生観戦ならば、メイン後の拳王さんのマイクも会場全体で〝共感〟できましたからね。

拳王　これまで対新日本1・8横浜アリーナに関しては、会見や報道を通じてしかクソヤローどもにNOAHの思いを届けられなかった。でも、オレはどうしてもリング上から新日本が業界1位だっていう序列が気に食わないとマイクで言いたかったんだよ。

――なぜですか？

拳王　政治だってそうだ。一党独裁になったら、その国は確実に廃れていく。数年前から日本のプロレス界はそうなってた。新日本が業界1位を独走し始めて、プロレス界全体は活性化していったか？　潤ったか？

――…。

拳王　オレは新日本が業界1位と明確に言われるようになってからプロレス界は廃れていったと思ってる。実際に新日本のトップ選手たちがあぐらをかいて自分たちの置かれている立場が見えなくなってるんだから仕方ないよ。

――対抗馬がいると切磋琢磨しますからね。

拳王　オレの持論だけど、WWE（当時・WWF）だってWCWと〝月曜TVウォーズ〟をやってた時期が一番盛り上がってただろ。**新日本だって、全日本と二大メジャー団体時代が一番活性化してたんじゃねぇのか。**選手も今よりも幸せだったんじゃないのかと思う。

――そういう部分はありますね。

拳王　新日本の首脳部は金とともに自分たちが現状を打破し、発展するためにはどうすればいいのか考えた末にNOAHとの対抗戦に打って出た。世間にプロレスを広めていくためには、オレたちNOAHの力が必要不可欠だったんじゃないか。賢明な判断だと思うぞ。もう鎖国状態では広がりがないとわかってきたんだろうな。

――なぜ1・1日本武道館のメイン後というタイミングだったのですか？

拳王　〝イッテンイチ〟を終えて、これまでまったく見えなかった新日本の背中が見えたと思ったからだ。本来なら1・4&5後楽園後に言うべき言葉なのだろうけど、ついつい言っちゃったぞ。完全にオレのフライングだ。

1・1日本武道館でマイクアピールする拳王

——覚悟を感じました。

拳王 強い覚悟で発言したからな。これからも強い覚悟を持って闘っていくぞ。最後になるが、日本武道館大会成功したと言っていい。でも、課題もあったな。午後4時開始で4時間半。大会終了が午後8時半だろ。元日のその時間、店はほとんどやってなかったぞ。

——この連載を収録するために日本武道館周辺の開いている店を探しましたが、最終的にマクドナルドにたどり着きました。

拳王 記念すべき37歳の誕生日にGHCナショナル王者として日本武道館大会のセミファイナル。激闘の末、ベルトを守った元日決戦後のディナーは、マクドナルドのサムライマックだよ。

——す、すみません！

拳王 何年、オレの取材をしてんだ!? ケーキぐらい用意しておけよ。ちなみに、今、午後11時15分だ。このままいくと、オレの誕生日、ケーキも食べずに終わってしまうだろ。

——そうなりそうです…。

拳王 これだったら日本武道館で祝ってもらってたらよかったぞ。来年の元日は会場で祝ってもらうわ。あ、特別に'23年1月1日の大会名を教えてやるぞ。

——えっ、もう決まってるのですか？

拳王 大会名は**「ABEMA presents信念だよ、拳王大生誕祭vol.38」だ！**

——け、拳王さん…'22年初スベリです。

拳王 うるせー！

1月26日号の議題 GHCタッグ挑戦

アイツらにベルトなんて必要ねぇだろ。武藤&丸藤はベルトの存在を超えてる

——今週は新日本との…。

拳王 そんな終わったことよりも、もっと大事なことがあるだろ。1・16仙台でのGHCタッグ王座挑戦、1・22大阪のGHCナショナル防衛戦が決まったぞ。

——1・1日本武道館、1・5後楽園に続いて、今月、タイトルマッチ4試合ですね！

拳王 なかなかのハードスケジュールだな。

——GHCタッグ王座を奪取したら、もっと忙しくなりますね。

拳王 レスラー冥利に尽きるな。今回のGHCタッグ挑戦は征矢学が自己主張して決まった。そこが一番のキーになると思ってるよ。

——征矢選手の主張をどう思いましたか？

拳王 現状で満足したらダメだっていう危機感からのアピールだ。現在、NOAHのトップ戦線は、1・1日本武道館のセミ&メインを見ればわかるように、オレ、中嶋勝彦、潮

崎豪、清宮海斗の4人だ。あとはGHCタッグ王者組の武藤敬司&丸藤正道、そして、ZERO1世界ヘビー級王者の杉浦貴。そこに大物フリー選手が絡む。ここ最近、ほとんどメンツは変わってねぇよな。

——確かに。

拳王　そういう現状を鑑みて、すぐに行動を起こせるのは金剛たる由縁だよな。征矢だけじゃねぇ。GHCヘビーへの挑戦を表明したマサ北宮だって、元・金剛だ。やっぱいい嗅覚してるよ。

——奇しくもそうですね。では、最近の征矢選手についてどんな印象を持っていますか？

拳王　なんかマニュアル通りにやってる気がする。**プロレスラーとして型にはまるっていうのは非常に大事なんだけど、突き抜けるためには一番大事じゃない要素でもあるんだよ。**その意味では今回、挑戦表明は抜群のタイミングだった。あとはタイトルマッチで主張以上のファイトをどうやって見せるかだよな。はっきり言って、征矢が大爆発しないと武藤&丸藤には絶対に勝てないぞ。

——その心は？

拳王　あの天才2人はこういうシチュエーションを何度も経験して、いなすのも天才的だと思う。ただ**征矢学というプロレスラーの爆発力はどんな天才のコンピューターでも計り知れない時がある。**天才を超える特異な感性の持ち主だ。征矢は常人とは違うポテンシャルを持ってるんだ。

GHCタッグ王者の武藤&丸藤

——何となくわかるような気がします。

拳王　さらに、征矢は今、ベルトに飢えてる。GHCタッグ王者としてベルトの価値を高めていない武藤&丸藤じゃ止められないよ。

——なぜそう思うのですか？

拳王　アイツらにベルトなんて必要ねぇだろ。武藤&丸藤はベルトの存在を超えてるんだよ。アイツらの輝きがベルトの輝きを消しているように思う。しかも、GHCタッグの価値を高めるというよりも、自分たちの価値を高めることに重きを置いてるだろ。だから、ベルトがアクセサリーみたいになっていて、ありがたみも感じてねぇだろ。メジャー団体のベルトをコンプリートした武藤や丸藤にとってはGHCタッグなんて数あるうちの1つ。そんなヤツらにGHCタッグを持たせておくわけにいかない。

——それは新しい見解ですね。

拳王　天才タッグなのは認めるよ。だが、武藤&丸藤はベルトの存在や価値を皆無にしてしまう唯一無二のタッグチームだ。アイツらが持ってたらNOAHのためにならない。征矢が自己主張したおかげで、オレもようやくGHCタッグの存在を思い出した。征矢に感謝しなきゃいけないな。

——そこまで言いますか。

拳王　1・1日本武道館の初防衛戦だって、いい試合だったけど、普通のM'sアライアンスの同門対決だっただろ。なんかさ、勝敗で一喜一憂するタイトルマッチ感がなかったんだよな。
――試合後も両チームともに健闘を称え合って清々しい雰囲気でしたからね。
拳王　オレと征矢がGHCタッグを取ったら、確実にアイツらとはまったく違うチャンピオン像を築くことができるぞ。しかも、決戦の舞台が最高だな。あらためてどこに決まったのか言ってみろよ。
――宮城・仙台サンプラザホールです。
拳王　仙台と言えば、なんだ？
――牛タン、笹かまぼこ、ずんだ餅、萩の月あたりでしょうか？
拳王　古いな。
――えっ!?
拳王　テメー、知らねぇのか？　今や、**仙台と言えば「きいろいタコ」の黄色いキッチンカーだろ！**
――あの新崎人生選手プロデュースの！
拳王　1月16日、仙台サンプラザホール前、黄色いキッチンカー、お待ちしております！
――け、拳王さん、きいろいタコのスケジュールを見たら、1月16日は仙台駅前のショッピングモール「イービーンズ」1Fらしいですよ。
拳王　ガーン…ということは、クソヤローどもは仙台駅前できいろいタコを食べて、仙台サンプラザで金剛の応援という仙台プロレス観戦の黄金コースだな。

2月2日号の議題　言葉力

ノーコメントだって、してやったりなんだよ。新日本1・8横アリ、誰が一番のメッセージを発した？

――拳王さん、話題になっていますね！

拳王　**どうも言葉力がない拳王です。**

――そんなことないですよ！

拳王　週刊プロレスの連載をやらせてもらうようになって4年。言葉力がないオレの連載をこれだけ続けていただいて、申し訳ない…。

――そんな皮肉たっぷりな言い方を。

拳王　オレほど言葉を大切にしてるプロレスラーはいないと思ってたけど、それは過信だったようだな。

――…。

拳王　新日本プロレスって団体の名前だけで一部の無能なマスコミは優劣をつけちゃうんだからな。これからは普段、取材にも来なくて本質がわかっていない記者が自己満足の感想文を書きやすいように、リング上の試合で伝えて、バックステージのコメントであらためて説明するように心がけます。

――って、言いながら1・16仙台大会もノーコメントでしたけど。

拳王　（無視して）この件で、一部の無能なマスコミの記事に対して、リング上の闘いや試合後のコメントではなく、ツイートで反論しちゃった…。一番ださい手法を取ったことは後悔してる。

――そもそもなぜ新日本1・8横浜アリーナはノーコメントだったのですか？

拳王　大前提として、新日本との闘いよりもNOAHでの闘いが大切だから、何も語らなかった。試合に負けてコメントをすると、どんなに気の利いた言葉を言っても、新日本との対抗戦に引っ張られてるようなイメージを残す。それをさけたかったからだな。

――NOAHファン的にはリベンジしてほし

いと思っていますが…。

拳王　敗者が「リベンジさせろ！」と言えばいいのか？　最近は、戦前は憎しみ合ってても、いざ終わったら健闘を称え合うようなのが流行ってる。スポーツに限らず、ＹｏｕＴｕｂｅとかもそうだよな。結局、そういうのってすべて続編ありき。でも、**オレにとって対抗戦は続編なんてない。**そんな続編ありきで新日本とＮＯＡＨの対抗戦を見られてたとしたら、オレの言葉力が足りなかった。オレを筆頭にＮＯＡＨは選手＆スタッフ全員で、真剣にこの対抗戦一夜ですべてをひっくり返すつもりだったんだ。

――確かにそれだけの覚悟は感じました。

拳王　オレは新日本1・5東京ドームで言った通り、この対抗戦で勝って、天狗になってる新日本との序列を変えるつもりだった。だが、それはあの日では、できなかったよ。負けたヤツが何を言っても負けは負けだ。

――つまり、あえてノーコメントだったのですね。

拳王　業界1位の新日本とケンカして、ダブルメインという大切な舞台で負けた。オレは金剛のリーダーだ。戦争に例えたら、命を失ったようなもんだ。言い方は悪いけど、死んだんだからしゃべれるわけねぇだろ。それぐらいの気持ちであの対抗戦に臨んでた。

――戦前の言動からも伝わってきました。

拳王　オレとしてはプロレスに試合後のコメントは必要不可欠だと思ってる。でも、ＷＷＥを見てみろよ。バックステージコメントは基本的にないだろ。1・5後楽園でオレのＧＨＣナショナルに挑戦表明し、**1・22大阪で挑戦が決まった船木誠勝も指1本立てただけでその思いを伝えただろ。**すべてをリング上で伝えてるんだよ。格闘技、スポーツ全体を通してもそうじゃないかな。試合のパフォーマンスがすべて。コメントはあくまで補足だ。ついでに言えば、ＳＮＳはコメントの補足…つまり補足の補足だ。

――ただ、ノーコメントでこれだけ話題になるなんてさすが拳王さんです。

拳王　だろ！　このノーコメントだって、してやったりなんだよ。言葉を発しないこともプロレスでは言葉力になる。新日本1・8横アリ、誰が一番のメッセージを発した？

――ノーコメントの拳王さんです！

拳王　テメーはよくわかってるな。言葉は誰かに何かを伝えるためのツールだ。どんなに上っ面な言葉を発するよりも、こうやってオレの気持ちが伝わってるんだ。ノーコメントが一番雄弁だったってことじゃねぇのか？　実はノーコメントで騒がれるのも、オレがすべて狙ってたことなんだけどな。賛否両論で波紋を生む。それがオレの真骨頂だろ。

――拳王さんが一流である証拠です。

拳王　むしろ記事にしてくれて、ありがたいと思ってるよ。一部の無能なマスコミって言ったけど、オレはしっかりとこれからも向き合っていくつもりだぞ。

――優しいですね。

拳王　1月8日はあえて語らなかったけど、ＮＯＡＨの会場だったら、いつでもどこでも語ってやるぞ。**スポーツ新聞のみなさま、拳王の独占取材よろしくお願いします！**

新崎人生プロデュース〝きいろいタコ〟を食べながら「言葉力の勉強してるぞ」とただスポーツ新聞を読んでるだけの拳王

——コロナ禍なのでリモートでも…。

拳王　ダメだ。オレは電話が本当に嫌いなんだよ。フェース・トゥ・フェース。記者の顔が見えなきゃ本当の気持ちが伝わらない。アクリル板越しの対面取材でお願いします！

——いつどこでやりますか？　GHCナショナル防衛戦がある1・22大阪ですか？

拳王　それはノーコメントで！

2月9日号の議題　拳王的プロレス大賞2021

コロナ禍の中、たった半年でGLEATを ここまでの団体にした手腕は突出してる

——今週号は「プロレスグランプリ2021」の結果発表が掲載されています。

拳王　オレの予想は2つしか当たってなかったな。去年のプロレス界を賑わせたヤツらがランクインしてて、面白かったよ。

——では、今回は「プロレスグランプリ2021」について語りますか⁉

拳王　いや、違う。拳王的プロレス大賞2021の発表をすっかり忘れてたぞ。

——そうでした！　さっそくMVPから教えてください。'19年はジュリア選手、'20年は秋山準選手でしたが、'21年は…。

拳王　デレレレレレレレレ…鈴木裕之氏だ！

——えっ、GLEATを運営するリデットエンターテインメント株式会社の社長ですか？

拳王　そうだ。

——プロレスラーじゃないですよ！

拳王　何か文句あるのか？　拳王的プロレス大賞はプロレス界全体を見るから、プロレスラーだけが対象ではないし、選考基準はプロレス界を盛り上げたかどうか。ちなみに、自選は面白くないからNOAHは対象外だ。

——超私的な大賞ということですね。いろいろ怒られそうですが…。

拳王　怒られるのが怖くて、この連載やってられるかって。

——確かにそうでした…では、鈴木裕之氏のMVP選考理由をお願いします。

拳王　鈴木裕之氏はプロレス界に〝聖域なき構造改革〟を起こしたと思うんだよ。

——どういうことですか？

拳王　やはり日本のプロレス界って最低限のマナーというものがある。端からみてたら、そういうプロレス界の秩序をぶっ壊したように思う。フリーランスながらZERO1でエース級の活躍を見せていた**田村ハヤトを見事に一本釣りしたよな。**

——その後、ZERO1はGLEATと絶縁しました。

拳王　こんなに波風が立つ移籍劇は久しぶりだった。田村ハヤトの前にも大日本から河上隆一を「金銭トレード」で移籍させた。一応、

'19年7月の金剛興行で拳王は客席にいた鈴木裕之氏への感謝をマイクで語った

表向きには円満っぽいけど、裏ではいろいろあったんじゃねぇのかと考えてしまうよな。

――またそんなことを…。

拳王　GLEATはまさに令和のSWSだよ。実に刺激的だ。

――完全に楽しんでいますよね？

拳王　うるせー。昨年、鈴木裕之氏は次々と選手たちを入団させていき、#STRONG HEARTSなんか丸ごと抱えた。コロナ禍で苦しむプロレスラーたちに安定を与えたのも大きいよ。その上でプロレス界に新しい用語を作っただろ。

――何ですか？

拳王　もちろん「GLEATする」に決まってんだろ。誰かが辞めたら「アイツ、GLEATするんじゃねぇの？」とか普通に使われるようになった。拳王的流行語大賞があったらノミネートされてたよ。

――確かに。

拳王　GLEATの正式な旗揚げは昨年7月だろ。コロナ禍の中、たった半年でここまでの団体にした鈴木裕之氏の手腕はやっぱ突出してるよ。JR大阪駅に巨大看板を設置させたり、週プロにけっこう広告出したりしてるだろ。さすが広告代理店だ。イメージ戦略が本当にうまい。大会は毎回のように札止めでYouTube無料配信っていうのもでかい。よほどの資金力がなければできないぞ。

――NOAHも…。

拳王　'19年にリデットが親会社になってから、それまで負のスパイラルに陥っていたイメージを一新させて、期待感を生み続けられる団体になれた。そのあたりは間違いなく鈴木裕之氏の功績だ。**今のNOAHがあるのも鈴木裕之氏のおかげだよ。**

――泣かせることを言いますね。

拳王　まぁ、MVPはこれぐらいにして、次の賞にいくぞ。ベストバウトだ。本当はオレと中嶋勝彦のGHC2冠戦だけど、自選はなしだ。そうなると新日本8・24後楽園、大岩陵平vs藤田晃生。これは以前も語ったけど、あんなすごい新人のデビュー戦見たことがなかったよ。プロレスの原点を見た感じ。デビュー戦としてはパーフェクトだ。

――ほかの賞はどうでしょうか？

拳王　功労賞はDRAGONGATEの吉野正人さんだな。本当にお疲れ様と言いたい。それと殊勲賞は葛西純。映画「狂猿」から一大ムーブメントを起こした。後楽園ホールを一人で埋められる唯一無二の存在になりつつあるよな。

――女子はどうですか？

拳王　**AZM一択…と言いたいところだが、YuuRIだ。**JUST TAP OUTを退団して、スターダムと思いきや、ガンバレ☆プロレス電撃移籍…たまげたぞ。最近のガンプロはDDTが失ってしまった面白さや泥臭さが出てていい。昨年飛躍した団体の1つだよな。

――珍しく褒めるのですね。

拳王　いつも悪口言ってるわけじゃねぇぞ。

――そういえば、鈴木社長が新団体を旗揚げすることについて反対していましたよね？

拳王　それは今でも大反対だけどな！

2月16日号の議題　金剛・船木誠勝

M'sアライアンスみたいに世渡りが上手な軍団では息苦しかったんじゃねぇのか

――本題に入る前に、先週号でフジタ"Jr"ハヤト選手が「真っ赤な衣装着たヤツとやりてぇ」と語っていました。どう思いましたか？

拳王　ハヤトの気持ちは感じた。オレもオマエが復帰するのを待ってるからな。

――熱いですね！

拳王　でも、ハヤトについてはまた次の機会に深掘りすることにするよ。今回は金剛入りした船木誠勝について語るしかないだろ。

――よろしくお願いいたします。

拳王　正直、オレは船木さんが金剛に入るなんて思ってもみなかった。

――ですよね。まず1・22大阪で船木選手に敗れ、GHCナショナル王座を奪われました。昨年2月の日本武道館では勝ちましたが、その時とは違いましたか？

拳王　武藤敬司が以前「有酸素プロレス」とか「デフレ」とか言ってたよな。でも、アイツは最終的にNOAHのプロレスにどっぷり浸かって、しっかりと迎合してやがる。しかし、船木さんは違う。NOAHでも〝秒殺〟をやってのけた。

――というか、拳王さんが〝秒殺〟されたのですが…。

拳王　そこが最大のポイントだよ。昨年2月の日本武道館で闘った時よりも、1・22大阪で闘った時の殺気が段違いだった。試合当日はそこまで考えられなかったけど、少し冷静になってみたら、あの日、船木さんは試合前から強い信念が出てたんだよ。

――詳しく教えてください！

1・22大阪で船木とGHCナショナル選手権で闘った拳王

拳王　現代のプロレス界ってメインでタイトルマッチと言えば、20〜30分の激闘が当たり前だろ。そんな中、船木さんは世間やNOAHの常識にまったくとらわれずに、3分58秒でオレを仕留めた。そこにものすごい意味があるような気がするんだよな。

――相手が拳王選手だからこそ〝真剣〟を抜いてきたということですか？

拳王　貴様はオレの言いたいことがよくわかってるな。船木さんはあの試合を通じて、オレに何か伝えたいことがあったかもな。

――それはどんなことですか？

拳王　プロレスという闘いの神髄だな。昨年2月の日本武道館大会でGHCナショナル王座を懸けてやり合ったことによって、船木さんはプロレスに対する価値観がオレと相通じる部分があると感じたんじゃねぇのか。

――なるほど。

拳王　だからこそ、船木さんは一歩踏み込んだ意識で1・22大阪のタイトルマッチに臨んできた。オレは打撃に一番勝機があると思って闘ってた。完全にその上をいかれたなって反省してる。勝負ごとって一つの戦略、一瞬の判断を間違っただけで勝敗に直結するんだよ。負けてベルトを失った悔しさもあるけど、オレにとっては得るものも大きかった一戦だったかなって今になって思ってるぞ。

——GHCナショナル王座から陥落しましたが、ベルトを奪われた船木選手が金剛に入ってきたわけですからね。

拳王 試合を通して船木さんから学んだこともあるし、おそらく船木さんは勝っても負けても、金剛入りの意思があったんじゃないかなって思ってるよ。じゃなかったら、あれだけ金剛に対して共感してねぇだろ。

——とっさに動いたとは思えませんよね。

拳王 **船木さんは人間的に根が真面目なんだよ。**前だけ見て、一直線に進もうとする人なんだ。実際、新日本、UWF、藤原組、パンクラス、総合格闘技…常に自分の理想を追い求め、リングで闘ってきた。

——まさにラストサムライですね。

拳王 でも、M'sアライアンスのヤツらって武藤敬司、丸藤正道を筆頭に前だけを見てるようで、実は横も見てるし、ナナメからでも見てるし、何なら後ろも見てるからな。アイツら、世渡り上手で自分の信念と違うことでもうまく順応することができる。

——いい話にしっかり悪口を混ぜるのが拳王さんの真骨頂ですね。

拳王 船木さんはM'sアライアンスみたいに世渡りが上手な軍団では息苦しかったんじゃねぇのか。だから、同じような匂いのする金剛に入りたいと思った…と勝手に思ってる。世の中、長い物には巻かれろって感じで生きてる人間が多いだろ。でも、金剛は己の強い信念を貫いて愚直に一直線に進もうとしてるヤツらばっかりだぞ。世渡り上手なヤツは一人もいない。例えれば、みんな武骨で不器用な職人気質。そういう軍団の雰囲気が船木さんを呼び込んだんじゃねぇのかと分析してる。

——ちょっと前まで拳王さんはNOAHの老人ホーム化を拒んでいましたよね？

拳王 人間的にもプロレスラー的にも筋が通ってる船木さんなら、52歳っていう年齢なんか単なる数字でしかないよ。

——ちょ、ちょっと！　最近、筋が通っていない人でもいたような言い草ですね。

拳王 **それって覇王のこと？**

——…。

拳王 まぁ、覇王脱退問題については、タダスケに任せてある。2・9後楽園で原田大輔からGHCジュニア王座を取って、覇王の行動が間違ってたと証明するだろう。

2月23日号の議題　2月11日

8年前、佐々木健介が中嶋に敗れて引退を決意したように、オレが潮崎豪に勝って、アイツに引導を渡してやる！

拳王 2月11日も近づいてきたな。突然だけど、何の日か知ってるか？

——一般的には「建国記念の日」ですが、プロレス界的には07年以降、健介オフィス（DIAMOND RING）の旗揚げ記念日ですね。'14年には中嶋勝彦選手に敗れた佐々木健介さんが引退を表明して驚かせました。ちなみに、拳王選手がデビューする約1カ月前の'88年2月11日には、現・全日本の宮原健斗選手がデビュー戦をおこなっています。

拳王 まぁ、なかなかいい答えだ。大事なDIAMOND RINGの旗揚げ記念日に、デビュー前からお世話になってた師匠である佐々木健介に初めてシングルで勝ったにも関わらず、試合後、突然、引退を表明されて、中嶋の困った顔がいまだに忘れられないぞ。あんなの前代未聞だろ。

——確かに。

'14年2月11日、DIAMOND RINGでの健介vs中嶋

拳王　最近、中嶋は佐々木健介さんを彷彿とさせるラリアットやノーザンライトボムを奥の手として使ってるし、もしかしたら、すべてが今年の2月11日につながってるんじゃねぇのかと考えてしまうよな。今年、NOAHは2月11日に後楽園大会を開催するしな。

――意味深ですね。

拳王　金剛はダイヤモンドという意味も持ち合わせてる。DIAMOND RINGの若頭だった中嶋が金剛として2月11日を迎えるっていうのも運命的だ。

――今年の2・11後楽園で中嶋選手は征矢学選手と組んで、稲村愛輝&岡田欣也の生え抜き同期コンビと対戦します。

拳王　一見、何もなさそうなカードだけど、**2月11日の中嶋から目を離さない方がいいぞ。ついでに、マサ北宮も。**

――2人にとって2月11日は大切な日付ですからね。

拳王　プロレスラーにとって歴史は大事な要素だ。ちなみに、さっきオマエがいろいろ挙げてたけど、大事なことが抜けてたぞ。

――何でしょうか？

拳王　オレのお母さんの誕生日だ！

――そうなのですね！

拳王　よし、今回はお母さんについて語っていくぞ…と言いたいところだが、今年のNOAH2・11後楽園、オレはメインイベントで潮崎豪とのシングルが組まれたから、この一戦について語るしかないよな。

――お母様についてでもよかったですが、お願いします！　さっそく昨年12月に復帰してからの潮崎選手はどういう印象ですか？

拳王　普通。普通。それ以上でもそれ以下でもない。普通だ、普通。想像の範囲内だよ。

――は、話が終わってしまいました…。

拳王　いい意味で言えば、今まで通り、高いアベレージはキープしてるし、がんばってるのはわかる。チョップもすごい。でも、何かが決定的に足りないんだよ。

――潮崎選手は'20年、GHCヘビー級王者として、「I AM NOAH」という旗印のもとで方舟を力強くけん引し…。

拳王　そこだよ。ベルトを手放してから長期欠場→復帰っていうストーリーがあった時期はどうにかごまかしてたけど、**結局、潮崎はまだベルトを持っていなきゃダメなプロレスラーだった**ってことだよ。

――そのあたりを詳しくお願いします！

拳王　オレはたとえベルトがなくても、さまざまな話題を振りまいて、常に輝くことができるだろ。実際、これからもやろうとしてることがあって、今はいつ仕掛けるかタイミングをうかがってるだけだ。ベルトがなくても存在感を発揮できるか、できないかっていうのは、プロレスラーにとって超一流と一流の分かれ目になってると思うんだよ。

――なるほど。

拳王　潮崎は1・1日本武道館で中嶋に敗れて「I AM NOAH」を名乗ることができなくなった。その上、1・4後楽園で清宮海斗に敗れて再浮上の兆しを見せることができずに、シングル四番勝負を直訴した。じゃあ、どん底から何を発信するんだよって思いながら、1・27後楽園の杉浦戦を見たけど、はっきり言って、オレには何のメッセージも伝わってこなかった。

――愚直にプロレスと向き合い、這い上がろうという姿勢が感じられましたが…。

拳王　そんなの前からわかってることだよな。現在のＮＯＡＨは激流のように常に動きがある。少しでも乗り遅れたら、どんどん埋もれていくだけだ。新しい何かをこの大切な時に見せられない潮崎は、完全に乗り遅れてる。

――厳しい言葉ですね。

拳王　8年前、佐々木健介さんが中嶋に敗れて引退を決意したように、オレが潮崎豪に勝って、アイツに引導を渡してやる！

――刺激的な言葉が出てきたので、そろそろ締めましょう。最後に今年の2月11日に向けて意気込みをお願いします。

拳王　お母さん、お誕生日おめでとうございます！

3月2日号の議題　週プロ×ワンダ缶

これが大ヒットしたら、次はもっと若い世代にも響くようなヤツを作ってもらいたいよな

――全国のファミリーマートでパッケージに週プロの表紙が使用されたアサヒ飲料「ワンダ モーニングショット」が発売中です！

拳王　週プロ激推しだよな。さてはこれを議題にさせよう作戦か。

――作戦ではないのですが。

拳王　そもそも日本ってコンビニがもはやライフラインだからな。近所にコンビニがあれば、とりあえず生きていける。しかも、24時間営業だ。そこにプロレスがパッケージに使用されたワンダが常に置かれてるんだから、プロレスラーとしても嬉しいな。よし、今週はこれでやるか。プロレスファンもプロレスが日常的に行くコンビニに常にあるわけだから、誇らしいんじゃねぇのか。**最近、コンビニに週プロ置いてないしな！**

――痛いところを突いてきますね…。

拳王　そんな現在だからこそ、ワンダのパッケージにプロレスが選ばれたことって非常に大きいと思うぞ。世間とプロレスの懸け橋になってくれてるよ。

――ありがとうございます！

拳王　よく見たら、全日本系ばかりだよな。ジャイアント馬場、ジャンボ鶴田、天龍源一郎、三沢光晴、小橋建太、スタン・ハンセン、2代目タイガーマスク…全12種類7つもあんじゃねぇか。新日本系は藤波辰爾、前田日明、船木誠勝、橋本真也の4人。女子から豊田真奈美。どういうふうに人選したんだ?

拳王表紙のワンダ缶（編集部注・合成写真です）

——湯沢編集長が厳選しました。
拳王　なぜこの12選手になったのか聞きたいところだよ。オマエは何か知ってるのか。
——ノーコメントでお願いします。
拳王　なんだよ。面白くねぇな。**アントニオ猪木さんとか長州力さんはどうしたんだよ。現NOAHの武藤敬司もいないいな。**
——それは…。
拳王　大人の事情がありそうだな。金の匂いがプンプンしてくるぞ。プロレスファンはなぜこの人選になったのか知りたがってるぞ。
——話を変えて、拳王さんは何か集めているものはありますか？
拳王　ない。昔からずっとコレクター癖はまったくないぞ。**コレクター癖がある丸藤正道くんはコンプリートしてて喜んでツイートしてたな。**　なんか可愛かったぞ（苦笑）。
——この中で思い出の表紙はありますか？
拳王　それもない。オレが小学生ぐらいの頃だろ。ひと昔前の一番プロレスが流行ってた時代だよな。ジャイアント馬場さんや藤波辰爾が全盛期ではないところを見ると、90年代中心か。まぁ、この12選手にとって大きな転機になった表紙だってことぐらいはオレにもわかるぞ。で、なんで1年生がいるんだよ。
——金剛1年生の船木誠勝選手ですか。
拳王　そうだ。表紙のコピー「UWFに行きます」って何？
——新日本の選手として欧州遠征に行っていた船木選手が帰国前にUWF移籍を本誌で表明したという表紙です。
拳王　週プロmobileプレミアムで見たから知ってるよ。リバプールだろ。**1年生は19歳の頃から強い信念を持ってたのか。強い信念歴は33年じゃねぇか!?**　だから、赤いハチマキなんだな。ここだけの話だけど、この船木さんのワンダを飲むと強い信念レベルが1上がるらしいぞ。
——本当ですか？
拳王　冗談はさておき、いろいろ考えるとターゲットは40代後半以上ってことか。試しに飲んでみたら、けっこう甘かった。ブラック派のオレ的にはブラックにしてもらいたかったぞ。でも、船木さん缶は美味しかった。
——素晴らしい分析ですね。
拳王　これが大ヒットしたら、次はもっと若い世代にも響くようなヤツを作ってもらいたい。よし、さっそくプランニングしてやるぞ。
——お願いします！
拳王　このプロレス缶は金剛カラーだろ？
——はい、赤色です。
拳王　そこでだ。「ワンダ モーニングショット」金剛缶はどうだ!?と言いたいけど、7本しか作れないから、NOAH缶はどうだ？
——いいですね！
拳王　こういうのって肖像権の契約とかいろいろ面倒臭そうだしな。NOAHっていう団体だけならもろもろの手間も省けるし。NOAH缶、最高だろ。絶対に売れるぞ。
——そこまで考えているのですね。
拳王　**ファミリーマート様、アサヒ飲料様、NOAHとのコラボ缶、よろしくお願いします！**
——ちなみに、拳王さんはプロレス缶を作るのだったら、どの表紙がいいですか？　各選手のターニングポイントとなった出来事が表紙なのですが。
拳王　当然、リーグ戦優勝した時に決まっ…。
——えっ、みちのくからNOAHに移籍する時の表紙ではないのですか？
拳王　あるわけない。あんなチープな吹き出しの表紙は嫌に決まってるだろ。試しに修正して「拳王のFA宣言」の表紙でプロレス缶作るの、絶対やめろよ。
——えっ、フリですか？
拳王　絶ッ対、やめろよ。

3月9日号の議題 GHCタッグ、ジュニアタッグ

ジュニアのヤツらは裏切りとか遺恨とか軍団内のもめごとばかり。いまいちベルト争い集中できてねぇんじゃねぇのか

拳王 おい、GHCジュニアタッグ王座は呪われてるのかよ。

――どういうことですか？

拳王 先月、小川良成が新型コロナウイルス感染ではく奪され、今月は新王者の吉岡世起が負傷欠場で返上だ。そもそもGHCジュニアタッグって目まぐるしくチャンピオンが変わってるよな。いつからこうなったんだ？

――'20年5月にHAYATA選手がYO－HEY選手を裏切り、スティンガーに合流したあたりですかね。それからRATEL'Sが解散し、ジュニアが群雄割拠となり、ユニットの移籍が続出。ジュニアタッグは1年9カ月で9代も王者組が入れ替わっています。

拳王 言われてみれば、その頃からかもな。ジュニア戦線はオレでも追えないぐらい事件があるよな。全部、把握してるヤツいるのか。

――ボクは把握しています。

拳王 そこは把握してないと言っておけよ。まぁ、オマエのことなんてどうでもよくて、そもそもジュニアのヤツらってみんな芯がないんだよ。コロコロとユニットを替えすぎだ。**現在放送中の大河ドラマ「鎌倉殿の13人」と同じだよ。**同じ源氏や平氏でもこっちいったり、あっちいったり。みんな他人を出し抜いてでも上を目指そうとしてる。昨年下半期はHAYATAが源頼朝みたいになるのかなと思ったら、今年1月10日に原田大輔が天下＝GHCジュニアを取ってからまた荒れ始めた。ジュニアのヤツらは裏切りとか遺恨とか軍団内のもめごとばかりだから、いまいちベルト争い集中できてねぇんじゃねぇのか。強い信念を持ってるのは金剛だけだな。ベルトはいまだに取れてないけどな。

――先月、覇王選手が脱退しましたよね。

拳王 アレは強い信念を持っての行動だと思いたいな。それよりGHCジュニアタッグとともに、最近GHCタッグも呪われ始めたんじゃねぇのか。

――2月8日、武藤敬司選手が左股関節唇損傷で長期欠場のため、GHCタッグ王座返上を発表しましたね。

拳王 さすが武藤敬司だよ。股関節の治療に専念する中でも長州力さんと旅に行ってんだろ。ああいうふうに長州さんの相手ができるヤツなんて世の中で武藤敬司ぐらいだからか。今が一番楽しいんじゃねぇのか。

――日本テレビ「1億3000万人のSHOWチャンネル」のことですか？

拳王 プロレスの試合を欠場しても芸能でしっかりとNOAHをアピールしてくれてるのは本当にありがたいよ。

――言葉の上ではほめているようで皮肉も入っていませんか？

拳王 皮肉なんて入ってるわけねぇだろ。素直にほめてるぞ。NOAHのヤツって欠場すると、みんななぜかツイートやめちゃうだろ。武藤敬司みたいにバンバンやればいいんだよ。

――武藤さんは芸能の仕事もありますし…。

拳王 欠場期間の使い方もプロレスラーとして腕の見せどころだ。個性が大事。試合を欠場するからってみんな同じように表舞台から消えなくていいんだよ。武藤敬司や丸藤くんみたいにいいお手本あるだろ。プロレスラーとして発信方法はいっぱいあるぞ。

――昨年4月にコロナ感染して、本誌を通じ

て直筆の手紙を書いた拳王さんが言うと、言葉に説得力がありますね。

拳王　汚い字だったけどな。にしても、武藤敬司は1月1日の試合で負傷してたんだろ。

―はい。1・1日本武道館で左股関節を痛めていたと話していました。

拳王　オレと征矢学はそんな状態の武藤敬司と丸藤正道のGHCタッグ王座に1・16仙台で挑戦してベルトが取れなかったのか。

―そうなりますね。

拳王と大原は超危暴軍で一緒に活動していた過去がある

拳王　さらに悔しさが増したよ。あの試合、最後、武藤敬司はフランケンシュタイナーで征矢から3カウントを奪った。もしかしたら、**征矢の顔面から発生した怨念が武藤敬司の股関節をダメ押ししたのかもしれないな。**やっぱGHCタッグは呪われかかってる。

―拳王さんは結果論を悪口でこじつけるのが本当にうまいですね…。

拳王　文句あるのかよ。それでGHCタッグ王座はどうなってるんだ?

―現在、空位ですね。

拳王　GHCタッグまでこのまま呪われたベルトにするわけにはいかないぞ。

―ということは…。

拳王　征矢の怨念を取り払えるのはオレたち金剛しかいないだろ。必ずGHCタッグ王座を取ってやる。

―なんか人気マンガの「呪術廻戦」みたいですね。そうなれば、中嶋勝彦選手のGHCヘビー級王座、船木誠勝選手のGHCナショナル王座と合わせて、ヘビー級の全タイトルが金剛のもとに集まることになります。

拳王　そして、大原はじめも新たに加入したことだし、金剛ジュニアでGHCジュニアタッグ王座も〝解呪〟してやるよ!

―楽しみにしています!

拳王　行くぞー、ムイビエン👎!

3月16日号の議題　藤田和之GHCヘビー奪取&NOAH入団

飼いならされた〝家獣〟にならずに飢えた野獣のままでいてほしい

―藤田和之選手がGHCヘビー級王座を奪取し、NOAHに入団しました。

拳王　ビックリしたよ。とにかく藤田は**ビールの飲みっぷりがカッコイイよ。**藤田がビール飲んでるの見てたら、オレもジョッキでビール飲みたくなってきちゃうもんな。

―確かに豪快でしたよね。

拳王　まずはタイトルマッチ2日前の調印式が面白かったな。藤田は中嶋勝彦に頭からビールをぶっかけられても美味しそうにビールを飲みやがった。完全にオレの想定より一歩上いかれたよ。あんな絵を見せられたら、タイトルマッチへの期待感が高まるよな。100点満点中、120点だ。

――拳王さんも会見で戦前の熱を高めることをかなり重視していますからね。

拳王　中嶋がビールをかけたくなる気持ちもわかるよ。藤田のナメた態度は腹立つからな。その藤田を怒らせようとしたんだろう。でも、あんな対応されたら、腰抜かすしかないだろ。決戦2日前からメンタル面で完全に藤田が勝ってたかもしれないな。

――アレは精神的ダメージが甚大です。

拳王　でも、それに屈しない中嶋勝彦も金剛らしくカッコよかったけどな。結果はタイトルマッチで中嶋が負けて藤田がGHCヘビー級王者になった。もちろん強さは認めるし、とても緊張感のあるすごい試合だったけど、51歳がチャンピオンか。

――GHCナショナル王者も52歳の船木誠勝選手です。

拳王　おい、**船木さんは強い信念があるから、ほかの50代とは違うぞ。**

――どういうことですか？

拳王　船木さんは金剛入りを果たしたけど、NOAHの所属になったわけではない。おそらく会社から所属の打診もあったかもしれない。それでも船木さんはフリーのままだ。それって本人も言ってたけど、金剛入りの目的が「刺激」だったからだ。50代で所属になるってことは安住の地、終の棲家に入るようなもんだ。ひとまず会社から与えられたスケジュールをこなしていけば安定的な生活を送ることができる。そうすると、どうしても自分に対しても甘えが出てきて、強い信念を貫くことが難しくなる。船木さんはあえてフリーのままで金剛に入ることによって、甘え、安定という誘惑を排除し、逆に自分への刺激、挑戦に変えたんだ。

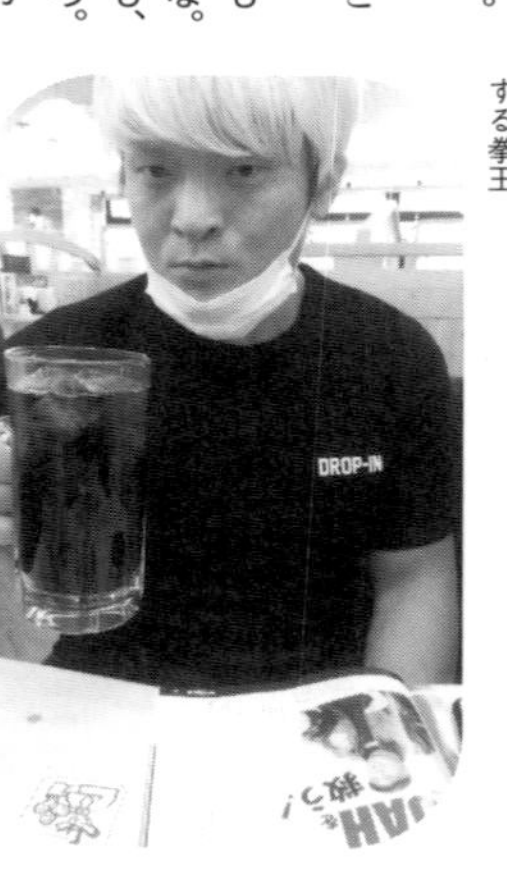

藤田の飲みっぷりに触発され、アイスコーヒーをジョッキで注文する拳王

――ストイックな船木さんらしいですね。

拳王　金剛の船木さん…カッコイイだろー。その一方の藤田は一夜明け会見で「これからはNOAH所属となり、生活も安定しましたので…」とか言ってただろ。入団して早々にそんな意識でいたら、同じ団体の一員としてはっきり言って困るよ。プロレスラーとしては落ち着いてほしくない。一夜明け会見はただ単にふざけてただけだ。自己満足、内輪受けのネタに走って、最も大切な次につながる期待感を生み出せていなかった。すでに所属になった弊害が出てきたんじゃねぇのか。100点満点中、20点だ。

――厳しいですね。

拳王　現在、プロレス界ナンバーワンを目指してるNOAHにとって、大物たちは闘いのスケール感を出すために必要不可欠だ。でも、大物ってギャラが高いし、みんな自己主張が強くて面倒臭いからなかなか使いづらい。大物たちにとっても、コロナ禍でどの団体にも簡単に使ってもらえないから戦場がほしい。コロナ禍になってからNOAHで大物たちが輝いてるのは、ほかに闘う場のなくなりつつあるハングリーな大物たちが生きるために死に物狂いで闘ってるからなんだよ。

――鋭い視点ですね。

拳王　**例えば、武藤敬司を見てみろよ。**昨年2月、GHCヘビー級王者になってNOAHに入団して、しばらくはとてつもない活躍ぶりだった。上半期のようなギラギラ感が持続されたら、おそらく昨年のMVPを取れたはずだ。しかし、下半期はどこかで所属になって安定した部分がリング内外にも出ていたんじゃないか。今はケガで休んでるし。これは同時期にどっかの団体に入った元NOAHの50代にも言えることだ。どうせ本人たちは必死で否定するだろうけどな!

——そこまで言いますか。また怒られますよ。

拳王 みんなが思ってることを言ってるだけだぞ。だから、藤田には武藤たちと同じ轍を踏んでもらいたくない。NOAH所属になっても飼いならされた〃家獣〃にならずに飢えた野獣のままでいてほしいよ。

——うまいこと言いますね。

拳王 そういう意味では**WWEを解雇されて路頭に迷ってNOAHに帰ってくる鈴木秀樹には最大限の警戒をしなければいけない**よな。

——3・13横浜のGHCタッグ王座決定トーナメント1回戦で杉浦貴&鈴木秀樹組と対戦しますからね。

拳王 NOAHはただ生活困窮者たちを救済してるわけじゃねぇんだよ。アイツにベルトをいきなり与えたらNOAHへの通行手形を渡すようなもんだ。常にハングリーでいてもらうためにも、オレと船木さんが勝ってやる。GHCタッグ王者になるのはオレたちだ。

3月23日号の議題 デビュー記念日

オレも〃ベテラン記念日〃に20周年興行を開催できたらいいな。場所はもちろん日本武道館だ!!

——今日3月2日はデビュー記念日ですね。おめでとうございます!

拳王 ありがとな。って、オマエに言われるまで意識してないから忘れてたよ。

——14周年になります。

拳王 中途半端だしな。NOAHに来たのが'14年。14年のうち8年以上がNOAHか。

——キャリアの半分以上になります。最近は記念試合とかやっていませんよね。

拳王 別にデビュー記念日だから特別な思い入れとかないからな。デビュー記念日を区切りに、よりプロレスに対して向き合うのも大切なことだけどな。毎年のように周年興行やるってのはどうかと思うぞ。

——と言いつつも、'14年に6周年記念試合でKENTA選手とシングルをやっています。

拳王 そんなこともあったな。

——'18年にはデビュー10周年記念試合でマサ北宮選手とシングルをやっています。

拳王 両方ともデビュー記念日近辺で地元の徳島に凱旋したから記念試合になっただけだろ。そういえば、**週プロの先週号でも徳島市立体育館がクローズアップされてたよな。**今は「とくぎんトモニアリーナ」という愛称なんだってな。全然ピンと来ないよ。アレってオレのデビュー記念日に合わせて、祝ってくれてるんじゃねぇのか。

——今読んでいるページの連載ですか? だとしたら、それは偶然です。

拳王 (無視して)それだけじゃないぞ。最近、週プロmobileプレミアムのバックナンバー配信でも、徳島市立体育館をかなりクローズアップしてくれてるだろ? アレもオレのデビュー記念日に合わせたんだろ?

——いえ、ちょうど'89年2月27日の新生UWF徳島大会前後のバックナンバーが配信されているだけです。

拳王 オレのデビュー記念日に合わせてにし

ておけよ。にしても、徳島大会で週プロの増刊が出ちゃうってすごい時代だよな。最近ではコロナ禍前から年に1、2回しか徳島にプロレス団体来ないもんな。てか、早く3月5日配信の「徳島動乱」の増刊号読みたいぞ。

——プレミアムのヘビーユーザーですね。

拳王　過去の週プロも面白いからな。みんなで読もう、週プロmobileプレミアム。みんなで見よう、レッスルユニバース。

——ちゃっかりユニバースの宣伝入れてきましたね。弊社の宣伝もありがとうございます。

拳王　だろ。てか6日に徳島でみちのくの大会あるけど、オマエらは取材行くのか？

——次号掲載です。最近ですと徳島大会＝みちのくの新崎人生選手というイメージですね。

拳王　そうだな。ん…いや「フクタレコード」の大将・福田典彦だろ。昔の週プロで読んだけど、'89年2月の新生UWF徳島大会も後援会の会長をやってサポートしてただろ。その大会、船木さんは出てたのか？

——いえ、船木誠勝選手は'89年4月に新生UWF移籍なのでニアミスで出ていません。

拳王　当時のUWF熱はすごかったみたいだな。**あの徳島市立体育館に4200人もの密航者たちが集まっただと…。**1日でチケットが1000枚売れたと書いているし、すごいな。'18年3月のオレの10周年は10分の1の420人ぐらいだったんじゃねぇか。

——公式発表では504人です。

拳王　そろそろNOAHでもまた徳島大会やりたいところだよな。

——なんかデビュー記念日というよりも、徳島市立体育館の話になりつつあります。

拳王　3月2日っていうよりも地元の徳島でデビュー戦ができたことの方が思い入れはあるからしょうがねぇだろ。生まれ育った地元でデビューできたなんて幸せ者だよ。

——そもそも拳王さんはあんまり日付や記念日に関して無頓着ですからね。

拳王　プロレス界って記念日とかよくフィーチャーされるけど、最強を求めてるオレにとっては単なる数字でしかないんだよ。それに考えてみろよ。1月1日に生まれてるんだぞ。誕生日が元日という究極の記念日かつ今年からNOAH日本武道館大会もおこなわれることになったんだから、そんなにデビュー記念日について思い入れがないのかも。

——確かに…何周年だと意識しますか？

拳王　まぁ、5年刻みかな。**デビュー5年で脱・新人、10年で一人前、15年で中堅、20年でベテラン、30年でレジェンド。**プロレス界だとそんなイメージがあるよ。

——10周年はGHCヘビー級王者でした。

拳王　来年の15周年はベルトを巻いた状態で〝中堅記念日〟を迎えたいよ。

——15周年興行やりますか？

拳王　少し前、丸藤くんは何周年でやったの？

——丸藤正道選手は'18年9月に20周年興行を両国国技館で開催しています。

拳王　ベテラン記念日か。オレもベテラン記念日に開催できたらいいな。

——いいですね。場所はもちろん…。

拳王　日本武道館だ!!

——徳島市立体育館じゃないのですか？

拳王　ま…間違いだ。そんなことより、記念日じゃないけど、3月13日は船木さんが53歳

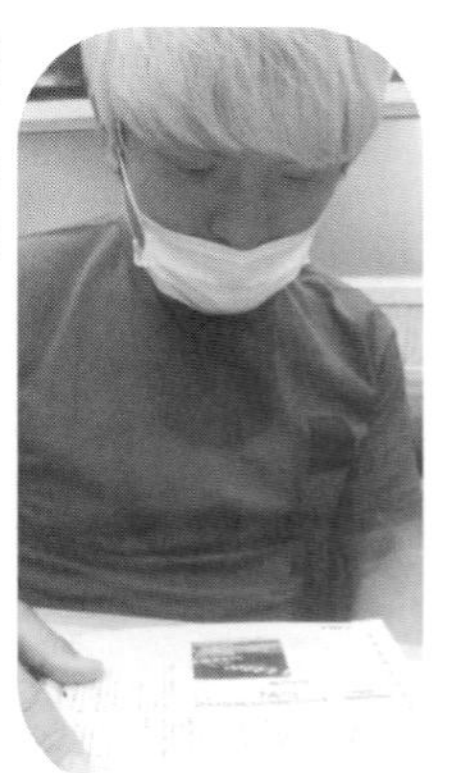
先週号を読む拳王

の誕生日だ。横浜武道館でＧＨＣタッグ王者になって、祝うぞ！

3月30日号の議題　両国国技館大会

コロナ禍ではマスマーケティングよりも、ニッチマーケティングの方が成功してる

拳王　そろそろ暖かくなってきたな。

——ようやくコートから解放されそうです。

拳王　春と言えば、なんだ？

——桜ですかね。

拳王　そりゃ、そうだけど、オレはプロレス界的という意味で聞いてるんだよ。

——ＷＷＥ「レッスルマニア」ですかね。

拳王　だいたい4月の第1週に毎年開催されるから確かにプロレス界の春を感じさせてくれる大会だよな。じゃあ、日本はどうなんだ？

——全日本「チャンピオン・カーニバル」ですかね。

拳王　歴史&伝統的には春の風物詩だけど、（取材時点では）まだカードも発表されてないから忘れてたわ。

——そういうフリをするということは、何かを言いたいことがあるのですか？

拳王　よくわかったな。今年の春、プロレス界は両国国技館大会ラッシュだ。4月29&30日のＮＯＡＨを筆頭に、3月19日の東京女子、3月26&27日のスターダム、4月9日の新日本、4月10日のＺＥＲＯ１。興行的にＮＯＡＨは負けるわけにいかないぞ。

——3月20日のＤＤＴだけをあえて抜かさないでください。

拳王　（無視して）こんな毎週のように両国大会が開催されるのってこれまでになかったんじゃねぇのか。コロナ禍になってから各団体、大箱で大会を開催する傾向にある。それは観客数の制限があるからビッグマッチでも１０００人ぐらい入れれば、ひとまず形になるからなんだろうな。今年の春の両国ラッシュはコロナ禍のプロレス界を象徴してると思うぞ。

——確かにそうですね。

拳王　春の両国と言えば、毎年、新日本がやってきたイメージが強い。だいたい3月の「ＮＥＷ ＪＡＰＡＮ ＣＵＰ」覇者が最高峰王座に挑戦して話題になってるよな。やはりＮＯＡＨ４・29&30両国にとって、最大のライバルになるのが新日本だろうな。

——さすが業界ウォッチャーですね。

拳王　ＮＯＡＨ絡みで言えば、昨年開催が予定されてたけどコロナ禍でできずに今年にスライドされたＺＥＲＯ１の旗揚げ20周年大会だよな。オールスター興行みたいになってる中、メインでＮＯＡＨの杉浦貴が世界ヘビー

'19年11月のNOAH両国大会は5523人（満員）だった

級選手権の防衛戦か。

――丸藤正道選手、ペロス・デル・マール・デ・ハポンも出場します。

拳王　ZERO1もなかなか強敵だな。でも、その2団体以上にスターダム2連戦が話題になってると思う。カイリ・セイン改めKAIRIがWWEから日本復帰か。今年の週プロの表紙を見ても女子の表紙が多い。東京女子を含めて**春に女子が両国3大会っていうのは、女子プロレスの勢いを如実に表してるんじゃねぇのか。**

――なぜ女子の勢いがあると思いますか？

拳王　オレたちNOAHや新日本はコロナ禍でも幅広い層にプロレスを伝えようとしてるが、世間的にはまだ飲食店やイベントの生観戦を敬遠してる。観客動員では苦戦中だ。一方の女子はオレらよりもディープな客層を狙ってるだろ。ヤツらはある意味で覚悟が決まってるというか、コロナ感染のリスクがあっても生観戦は外せない。

――興味深い見解ですね。

拳王　さらに、ディープな層は一人ひとりが積極的にSNSで情報を発信するからより盛り上がってるように見えるしな。コロナ禍のプロレス界においては、幅広い層を狙うマスマーケティングよりも、限定的な層を狙うニッチマーケティングの方が成功してるとオレは思ってる。東京女子ファンなんか〝地下アイドルヲタ〟からだいぶ流れてきてると思う。そんな**勢いのある女子VS男子という部分も春の両国ラッシュの見どころかもな。**東京女子両国にいたっては、ディープな層を狙うに相応しくない男女混合の試合も入ってるけどな。

――なるほど…最後のひと言は余計ですが。

拳王　そんなプロレス春の両国ラッシュ、オオトリを務めるのはNOAHだ。まだちょっと先だからカードは決まってないけど、初日がジュニアのみのビッグマッチということで話題を作ってる。プロレス界がジュニアで盛り上がる中、NOAHが真っ先にジュニアのみで興行するところがいいよな。はるか昔、丸藤君がNOAHを飛び越えて業界でジュニアの頂点を極めた。丸藤君みたいな圧倒的な存在が生まれれば、さらに面白くなるな。

――ジュニア勢の思いを会社もしっかりバックアップしていますね。

拳王　ニンジャ・マック、ドラゴン・ベイン、イホ・デ・カニスルプス改めアルファ・ウルフ…外国人選手も続々とツイッターで参戦表明してるよな。なんかジュニア勢の方が多い気がする。ヘビー級も4・30両国に向けてウカウカしていられないぞ。てか、会社は会社で29日だけ推しすぎだろ。まぁ、そういう時にオレの反骨心が燃えてくるけどな。

――おおっ！

拳王　NOAH両国大会は19年11月以来だ。その時にメインイベントを務めたのはオレだろ。オレが4・30両国を盛り上げてやるぞ！

拳王、動きます。

4月6日号の議題　レフェリー

会場の空気を読むのは大切だ。キャリアを積んでくるとレスラーより目立とうとする人は大嫌い

――NOAH4・3高崎で福田明彦レフェリーが引退となります。

拳王　よし、今回はレフェリーを語るか。

――福田レフェリーの印象は？

拳王　バスの運転手だ。リング撤収とかやってるから会場からの出発がオランジ号よりも

遅いんだよ。それから…。

—拳王さん！

拳王　なんだよ。あっ、レフェリーの話だったな！　さっそく忘れてたわ!!

—お願いします。

拳王　福田さんはレフェリーのキャリア35年の大ベテランだ。全日本の和田京平さんに次いで日本2位のレフェリー歴を誇り、旗揚げメンバーとしてNOAHを盛り上げてきた功労者だよな。

—その前にはリングスタッフを5年間やっていたので、業界歴は40年です。

拳王　プロレス界の生き字引だと思うよ。性格的にあまり多くを語らないけど。

—レフェリーとしてはどうですか？

拳王　カウントが特徴的かな。1と2の間がほかのレフェリーよりも長い。「ワ〜ン、ツ〜」ってゆったりカウントを数える声が耳に残ってるクソヤローどもも多いんじゃないか。あとなぜか選手、スタッフからイジられがちだ。それもこれも福田さんの個性なんだろうな。

—プロレスはほかのスポーツと違って、レフェリーにも個性がありますよね。

拳王　プロレスラーにとってレフェリーは試合の一部。非常に重要な存在だ。ロープブレークとか、反則とか、カウント2で返したとか、まだギブアップしていないとか…**試合のさまざまな〝情報〟を声や身振り手振りによって客席へと効果的に伝える役目も担ってる。**言わば、選手と観客の懸け橋だな。レフェリー次第で試合が面白くなったり、つまらなくなったりする。ゆえにレフェリーの個性が試合の盛り上がりに大きく関わってるからな。

—拳王さんとしては、どんなレフェリーが理想的ですか？

福田レフェリーと記念の2ショットを撮った拳王

拳王　会場の空気が読めて、目立ちすぎないレフェリーだな。

—どういうことですか？

拳王　レスラーもそうだけど会場の空気を読むのは大切だ。そして、レフェリーってキャリアを積んでくるとオーラも出てくるし、レスラーより目立とうとする人もいるだろ。試合自体を壊すようなレフェリングをする時があるから大嫌い。

—例えば誰ですか？

拳王　「めちゃ日本女子プロレス」の岡村四郎だ。アイツは最悪のレフェリーだな。

—懐かしい！　でも、ナインティナインの岡村隆史さんが全日本女子プロレスの阿部四郎ばりの悪徳レフェリーをバラエティー番組でやっていたやつですよ。

拳王　例えばだ。岡村四郎にはだいぶ笑わせてもらったよ。結局、勝敗を決める3カウントも反則の5カウントも場外20カウントもすべてレフェリーのさじ加減だろ。プロレスはルールがグレーだからこそ面白いっていうのをうまくお笑いに落とし込んでたよな。

—ですね。

拳王　でも、岡村四郎は選手たちより自分が目立ってた。あくまでもレフェリーは縁の下の力持ち。観客の意識を常に選手たちに集中させつつ、さりげなく一緒に試合を盛り上げる。さじ加減が重要なんだ。そういう部分ではあんまり目立たない福田さんはオレにとってやりやすいレフェリーの1人だな。

――ほかにやりやすいレフェリーは？　NOAHには中山真一レフェリー、西永秀一レフェリー、塚越佳祐レフェリーといますが。

拳王　NOAHのメインレフェリーである中山は外せないよな。昨年11月の中嶋勝彦戦、一昨年8月の潮崎豪戦。オレは60分フルタイムを2度闘ってるけど、両方とも中山レフェリーだった。昨年の「プロレス大賞」ベストバウトを受賞した武藤敬司vs潮崎豪のレフェリングもやってたよな。**これまで西永レフェリーが世界一のレフェリーだと思ってたけど、中山レフェリーも確実にその領域に入ってくるかもな。**

――どんなところがいいのですか？

拳王　中山&西永両レフェリーは試合を絶対に邪魔しない。フットワークが軽いから交錯する心配もないし、絶妙な出入りのレフェリングによって選手たちの底力を引き出してくれるんだよ。劣勢を強いられてしんどい場面で「まだいけるか!?」「立て！」「いけ！」となんか声を掛けられると、なんか応援されてる気がするんだよ。あとは試合が白熱してくると必死になるところもいい。NOAHにはいいレフェリーがそろってるから、若い塚越もぜひ見習って続いてほしいよな。

――塚越レフェリーは25歳です。

拳王　レフェリーも新陳代謝しなければ業界が活性化しないからな。スポットライト浴びて続けたいと考えてるレフェリーもいる中、**福田さんはNOAHのため、プロレス界の未来のために、勇退の道を選ばれた**と個人的に思ってるぞ。これからもバスの運転手&リングスタッフとして一緒にNOAHを盛り上げていきましょう。35年間本当にお疲れ様でした！

4月13日号の議題　先週のビッグマッチラッシュ

東京女子はプロレスファンをターゲットにしなくていい。スターダムと試合で競り合わずにアイドル路線でいけ

拳王　先週はビッグマッチラッシュだったな。オレたちNOAHは3・21福岡。新日本は「NEW JAPAN CUP」中盤戦の3・15岡山～3・21長岡、全日本は3・21大田区か。

――またシレッとDDT3・20両国を外さないでください。

拳王　（無視して）3団体ともにタイトルマッチ、トーナメントの山場だったよな。

――どの試合が気になりましたか？

拳王　全日本の三冠ヘビー級選手権はチャンピオン・カーニバル前だからか、あんまり気にならなかったな。NOAH以外で言えば、**オカダ・カズチカvsCIMAかな。**両者ともにトーナメントを勝ち上がってこのカードが実現した時、プロレスに絶対はないんだなって思ったよ。闘龍門&DRAGON GATEからの歴史を考えたら、この2人が関わるなんて思わなかった。プロレスってこういうドラマがあるから面白いよな。まぁ、藤田和之vs田中将斗のGHCヘビー級選手権も異次元遭遇だったけど、昨年の年末にシングルが実現してたからな。

――今回もすごい試合でしたが…。

拳王　残念ながら表紙を飾ることはできなかった。前々週のNOAH3・13横浜もGHCタッグ王座決定トーナメント、Eitaの

上が荒井優希。下がタダスケ。

GHCジュニア初戴冠があったが、スターダムが表紙だったよな。

――は、はい。

拳王　それで先週のビッグマッチラッシュの中で、週プロの表紙を飾ったのはどこの団体だったか言ってみろよ。

――東京女子です。

拳王　これだけ表紙候補がある中で東京女子になった現実に納得してる自分に驚いてるぞ。去年までだったら全否定だっただろうな。

――なぜ納得しているのでしょうか？

拳王　前々回の連載でもちょっと言及したように、女子プロレスの勢いだな。去年から明らかに見逃せなくなってきた。決定的だったのが「プロレスグランプリ2021」の好きなプロレスラーだ。1位の棚橋弘至、2位の内藤哲也に続いて、荒井優希が3位だった。さらに東京女子勢はけっこうベスト50にランクインしてただろ。あの投票結果はだいぶインパクトがあったぞ。東京女子の躍進は荒井優希個人の人気がかなり影響してると思ってる。正直、現実をまざまざと思い知らされた。まあ、この投票結果も当然だろうな。

――SKE48としてかなりの知名度ありますからね。

拳王　それだけじゃないぞ。**荒井優希はプロレスに対しても強い信念を持ってる。入場ガウン見ればわかるだろ。アレ、絶対に金剛のタダスケを意識してるだろ。**

――それはないと思いますが…。

拳王　それでオレなりに先週のビッグマッチラッシュの中、東京女子が週プロの表紙を飾ったことについてじっくり考えてみたんだよ。それで一つの答えにたどり着いた。

――教えてください！

拳王　プレーヤー目線で語るとNOAH、新日本、全日本はひいき目なしにすれば、プロレスのクオリティーはそこまで優劣がつけがたい。東京女子は昨年よりとてもレベルは上がってるが、スターダムと比べると少し劣ると思う。それなのに、プロレス専門誌の表紙になることが普通になってきた。これは現在のプロレス界を語る上でかなり大きいと思ってるぞ。

――どういう意味でしょうか？

拳王　**東京女子の試合でAZM vs スターライト・キッドみたいな試合は見ることができない。**

――また悪口ですか？　では、東京女子も試合のクオリティーを上げ…。

拳王　違う。まったく逆だ。このままでいい。これからも東京女子はプロレスファンをターゲットにしなくていいんだ。スターダムと試合のクオリティーで競り合わずにアイドル路線でいった方が、どんどんと新しい市場を切り開いていけるんじゃないかな。極論言えば、伊藤麻希や荒井優希みたいな存在をあと10人ぐらい生み出せればいい。

――なるほど。

拳王　スターダムは美しくて強い女性たちが勝利至上主義のプロレスをするということが売りだ。東京女子が今からそっちに向かない方がいい。そっちを向いたら失敗すると思うぞ。おそらく甲田哲也代表はわかってるはずだと思う。週プロの表紙に「東女純真」ってあったように、汚れなきアイドル路線を突き進んでほしい。そういえば、この前の3・19両国国技館大会で〝純真〟にまったく相応しくない不純なシングルマッチが1試合だけあったけどな。そこだけが懸念点だな。

――…。

拳王　まぁ、いいや。これからも各団体のビッグマッチラッシュは続いていく。オレたちNOAHも負けていられないぞ。4・30両国国技館でオレと中嶋勝彦のGHCタッグ王座挑戦も決まったし、金剛がNOAHを引っ張っていってやるからな！

4月20日号の議題

いずれGHCヘビー奪取→NOAH就職という青写真を描いてるんじゃねぇか

鈴木秀樹

――4・30両国でGHCタッグ王座挑戦が決まりました！　今回の連載では王者組の1人、鈴木秀樹選手について語ってもらいたいです。

拳王　週プロに連載を持つ者同士の対決だな。NOAHに参戦するようになってから同年デビューって知って驚いたぞ。

――WWEを解雇されて、NOAHに戻ってきましたが、どんな印象ですか？

拳王　WWEに行く前はタイトル戦線に絡まなかったけど、帰国後の3・13横浜でGHCタッグ王座決定トーナメントを制してチャンピオンになり、3・24後楽園で船木さんのGHCナショナル王座に挑戦。再雇用されてからはタイトル戦線にいきなり参入してるよな。NOAHで生き抜くために本気になった感じがするよな。

――鋭いご指摘です。

拳王　だから、正直、本気になった今の鈴木秀樹は怖いなって思ってるよ。WWEに行く前、'19年7月に潮崎豪、'20年2月に中嶋勝彦とシングルで闘って、どちらも30分引き分け。勝っても負けてもいいからリスクある勝負を仕掛けることだってできたはずだ。でも、自分が汚れるのが嫌だったからか、あれだけの実力を持ちながらも、なぜかNOAHでは一歩踏み込んだ闘いをせずに、タイトル戦線にも踏み込んでこなかった。あの頃はまったくオレの視界に入らなかったよ。3・13横浜前のリモート会見でもフザけてたよな？

――は、はい。

拳王　自分でつまらないことを言ってるってまだ気づいてないんだよ。〝氷結相撲〟とか全然クソヤローどもに届いてないし、伝わってないと思う。だいたい元IGFのヤツらって自分の真面目なプロレス観をあえてあまり出さずに、ひとまず悪ふざけでお茶を濁してるひねくれ者ばかり。**フザけることをプロレスラーの美徳としてる部分あるだろ。**はっきり言えば、リング外のおふざけとリング上のストイックなファイトのコントラストが通用するのも、プロレスマニアだけなんだよ。もうそろそろあのノリはみんな飽きてるぞ。

――…。

拳王　ケンドー・カシンと藤田和之はもう

鈴木は08年11月デビュー。拳王の8カ月後輩

キャリアも年齢も積んでるから修復不可能だ。"人間"藤田和之なんて操り人形かロボットみたいで一切面白くない。しかし、鈴木秀樹はまだ後戻りできる。ここらへんでもっとストレートにプロレスと向き合った方がいいと思ってた。オマエはもうおちゃらける必要なんてないぞ。リング外の言動を含めて、NOAHでプロレスの保守本流を突き詰めていった方がいい。なんなら赤いパンツはくか?

——えっ!?

拳王 冗談だよ。あんまりほめたくないけど、丸藤正道や杉浦貴はリング外でふざけててもちゃんと締めるところは締めてる。そういう部分を鈴木秀樹にも見習ってほしい。

——ですね。ちなみに、対戦相手としての印象はどうでしょうか?

拳王 やっぱビル・ロビンソン直伝のクラシカルなレスリングはすごいよ。船木さんとの対戦では、目まぐるしい攻防が主流となってる**現代のプロレス界において強烈なアンチテーゼになったんじゃないかな。** ああいう本物の闘いなら、どんな時代のファンに対しても伝わるよ。まさにゼニを取れる技術だ。ちょっと嫉妬しちゃったぞ。あとナチュラルにでかいのが強みだな。あれだけでかいのにパワーファイターにならずに技巧派っていうのも魅力。最初からNOAHで活躍してたら、とんでもない選手になってたと思うぞ。

——そこまで評価しているのですね。

拳王 でも、体格や技術よりも怖いのは気持ちの部分だな。今は必死に仕事を取りに来てる感じ。**帰国後はNOAHに軸足を置いてるし、飢えたフリー特有のギラギラ感が出てる。** 4・8後楽園の中嶋勝彦戦は本当に楽しみ。

——すごい試合になるでしょうね。

拳王 オレも4・9後楽園で杉浦貴とシングルだ。負けていられないな。そうそう、鈴木秀樹についてオレは気づいちゃったんだよ。

——突然、意味深に…何ですか?

拳王 アイツは最終的にたぶんGHCヘビー級王座奪取を狙ってると思う。

——NOAHの頂点のベルトですからね。

拳王 それだけじゃない。最近は違う面も持ってるだろ。

——どういうことですか?

拳王 フリー選手が取るとどうなる?

——! 昨年2月に武藤敬司選手、今年2月に藤田和之選手がGHCヘビー級王座を取った直後にNOAH所属となりました。

拳王 それだよ。鈴木秀樹もいずれGHCヘビー奪取→NOAH就職という青写真を描いてるんじゃねぇか。昨今のプロレス界は非常にフリーに厳しいからな! オレが絶対にそうはさせないけどな。

——拳王さんだって今年1・16仙台で征矢学選手とGHCタッグ王座に挑戦。3・13横浜では船木誠勝選手と同王座決定戦トーナメント1回戦敗退。満を持して中嶋選手と臨む4・30両国でまたもベルトを取れなかったら、存在意義が問われますからね。

拳王 うるせーっ! 絶対に鈴木秀樹を倒して、ベルトを取ってやるからな!!

4月8日号の議題 YouTube

もしライブ配信とかやったら、言っちゃいけない業界の裏事情とか全部しゃべっちゃうんだろうな…

拳王 今日はいつもこの連載を読んでくれてるクソヤローどもに重大な発表があるんだ。

――なんですか。珍しくかしこまって…。

拳王　拳王YouTube始めます！

――本当ですか!?　つ、ついにやるのですね。

拳王　4月13日の会見で正式発表されるぞ。

――チャンネル名は決まっているのですか？

拳王　もちろん。その名も〝拳王チャンネル〟だ！

――ものすごく普通ですね。

拳王　うるせーっ！　週プロ読者は全員チャンネル登録して、毎日1回は必ず見るように。

――なぜやろうと思ったのですか？

拳王　数十年前からgoogleで検索することを「ググる」って言ってただろ。もはやインターネットは人々にとって欠かせない。これまでは文字や写真が主流だったからググればよかったけど、ネットの高速化によって動画もいつでもどこでもスマホで見ることができる時代になった。現代では何か興味のあることを調べる際、若い人たちはググるのではなく、YouTubeで検索するだろ。NOAHをもっともっと若い世代に広げていくためにも、YouTubeは欠かせないツールになる。NOAHの中で一番、動画コンテンツに適した選手はオレしかいないだろ。

――有田哲平さんを筆頭にみんなが拳王さんのモノマネをしたくて仕方がないというのが何よりの証明ですね。

カメラを向けると急に〝日本YouTuber界のパイオニア〟HIKAKINさんのマネをする拳王

拳王　それに時代の流れを読む能力はNOAHでオレが一番だ。先頭を切って新しいことにチャレンジするのはいつもオレだろ？

――確かにNOAHの日本武道館大会が実現不可能だと言われていた頃から常に言い続けて、最終的には実現させましたからね。

拳王　オレが行動を起こせば、NOAH、プロレス界が動くんだよ！

――最近だと格闘家も積極的にYouTubeやっていますからね。

拳王　今はYouTubeの四角い画面から四角いリングという導線ができつつある。現役の総合格闘家やK－1ファイターはかなり力を入れてるだろ。

――一番有名なのは朝倉未来&海兄弟ですね。

拳王　プロレスラーでYouTubeやってるのは誰だよ？

――パッと思いつくのでは、アントニオ猪木さん、長州力さん、獣神サンダー・ライガーさん、前田日明さん、蝶野正洋さん…。

拳王　みんな引退したヤツらばっかじゃねぇか！　それじゃダメなんだよ。プロレス以外の格闘技では朝倉未来&海兄弟、那須川天心、安保瑠輝也とか各ジャンルを背負う現役のトップ選手たちがちゃんとYouTube界でも先頭に立ってる。プロレスラーも過去のレジェンドに負けてる場合じゃないだろ。**過去のレジェンドの方が数字持ってるってプロレスの現状をオレが絶対に覆してやる。**

――現役トップ選手では高橋ヒロム選手ぐらいですからね…。

拳王　オレが今年中に過去のレジェンドも含めて、プロレス界ナンバーワンYouTuberになってやるぞ！

――おおっ！　ちなみに、拳王さんはどんなYouTubeを見ているのですか？

拳王　**やっぱ中田敦彦のYouTube大学だな。あとは、ひろゆきの切り抜き。**

――全然、格闘技と関係ないですよね。

拳王　タイムリーな話題について思考を巡らせる時にけっこう役に立つんだよ。最近で言えば、ウクライナのゼレンスキー大統領関連の動画が面白かったよ。

――両者の動画は地上波のTVとかではなかなか知ることができない実情などについても鋭い考察を巡らせていますからね。

拳王　オレがもしライブ配信とかやったら、言っちゃいけない業界の裏事情とか全部しゃべっちゃうんだろうな…。

――や、やめてください！　この連載でも過激な発言を8割以上カットしているのをわかっていますよね？

拳王　ちょっと前も某団体からクレームが入ったみたいだしな。

――そういうことを言うから怒られるんです。

拳王　すでにYouTubeではとんでもないことを計画してるぞ。まぁ、プロレス界は確実にひっくり返るだろうな。

――では、目標としてはどのあたりですか？

拳王　朝倉未来…いや、もっと上を目指す。**夢は大きくローガン・ポールだ！**

――今年のWWE「レッスルマニア38」にも出場した炎上系YouTuberですね。

拳王　そうだ。リープフロッグがメチャクチャ上手だった。あと去年6月にはフロイド・メイウェザーとボクシング対決やってただろ。オレもメイウェザーとボクシング対戦してやるぞ！

――それはぜひ見たいです！

拳王　打倒ローガン・ポールでいくぞ。来年の「レッスルマニア39」にオレが参戦してるかも……って、その前にまずは超えないといけないチャンネルがあった。

――何のチャンネルですか？

拳王　「しろっぺの大冒険」だ！

――そ、それって登録者数1000人ちょっとしかいない元NOAH所属選手・友寄志郎さんのチャンネルですよね…。

5月4日号の議題　尾川堅一との対談後記

昔、一緒にあの道場で練習してたかわいい後輩との対談が雑誌に掲載されるなんて…はっきり言って、感動してるぞ！

拳王　いつもこの連載で言うことはほぼ実現しないけど、ついに実現したな。

――はい！　IBF世界スーパーフェザー級チャンピオン・尾川堅一選手との対談が小社発行「ボクシング・マガジン（2022年5月号）」に掲載されました。

拳王　ベースボール・マガジン社様、いつも本当にありがとうございます…っていうか、オマエが動いてくれたのか？

――いえいえ、尾川選手の世界奪取の大活躍と拳王さんの日々の活躍のおかげです。こちらこそ、ありがとうございます。それと実現しなかったら拳王さんに、後からなんて言われるかわからないからです。

拳王　最後のは余計だろ。でも、ありがとな。

――これからもご活躍を期待しています。あらためて説明しますと、尾川選手は拳王さんにとって明治大学日本拳法部の3年後輩なんですよね。

拳王　昔、一緒にあの道場で練習してたかわいい後輩との対談が雑誌に掲載されるなんて…はっきり言って、感動してるぞ！　ジャン

ルは違うけど、オレはプロレス界のトップ、尾川はボクシングで世界チャンピオンだ。

――ちょっと裏話をすれば、昨年11月、当時、GHCナショナル王者の拳王さんが尾川選手のIBF世界スーパーフェザー級ベルト奪取を記念して、チャンピオン対談をぶち上げたことがきっかけでした。そこからもろもろの調整&交渉をしているうちに今年1月に拳王さんが船木誠勝選手に敗れて、GHCナショナル王座から陥落…。

拳王 そんなこと言わなくていい！

――す、すみません…。

拳王 **オレだって本当は赤いベルトを持って、赤いベルトのチャンピオン同士で対談したかったわ。**

――勝負ごとですから仕方ないですよ。

拳王 テメーが早く動かないから悪いんだからな。でも、まぁ、いいよ。尾川とは卒業してからも年に何回か飯に行ってる仲だし、学生時代もかわいがってた後輩だし。オレが試合を見に行ったり、向こうも見に来てくれたりしてるからな。オレがチャンピオンじゃなくても、お互いがプロでやってる時に、こうやって対談って形で雑誌に残せたのは本当に感慨深いよ。

――ありがとうございます！　我々としてもボクシング・マガジンと週刊プロレスがコラボできたのは、両雑誌の歴史から考えても意味深いことなんですよ。

拳王 どういうことだ？

――ボクシング・マガジンと週プロは、1957年1月から1972年7月まで15年間「プロレス&ボクシング」という一つの月刊誌だったんです。

拳王 それは初めて知ったぞ！　オレと尾川のおかげだな。

――今回の連載ではせっかくの対談なので、ボクシング・マガジンで使えなかった写真を

ふんだんに使いつつ、後記的な感じでお届けしようと思います。実際に対談してみてどうでしたか？

拳王　尾川はまったく学生時代と変わらないと思うぞ。世界チャンピオンになっても調子に乗るわけでもなく、調子に乗らないわけでもなく…っていうか、昔からずっと調子乗ってたからかな。

——拳王さんは大学に入ってきた頃の尾川選手について「変なヤツとしか覚えてないです（笑）。まともではなかったです」と答えていました。

拳王　野菜を食べなかったしな。何よりも1年生なのに、同級生を新弟子のように扱ってた。なぜかアイツはオレら4年生と一緒になって、一般で入ってきた1年生に〝愛のこもった指導〟してたんだよ。

——ただ昔から拳王さんは尾川選手の素質を見抜いていたんですよね。

拳王　パンチが誰よりも堅かった。砲丸投げの鉄球で殴られる感じだったよ。

——一緒に練習していて、どちらが日本拳法では強かったのですか？

拳王　なんとかオレが勝ってたぞ。プロレスでも強いけど日本拳法でも強かったからな。でも、**もしオレが弱かったら、4年生で主将なのに1年生の尾川に新弟子扱いされてたかもな。**アイツだったら、やりかねない…。

——拳王さんは卒業後、プロレスの道に進みましたが、尾川選手からボクシングの道に進むことは相談されていたのですか？

拳王　されていないけど、アイツはプロ向きの性格だなって思ってた。どこかぶっ飛んでないと大学卒業してプロスポーツの世界なんかいかないよ。大卒でサラリーマンの方が断然安定して稼げるしな。アイツの親も最初は反対してたって対談でも言っていたし。見てみろよ、オレもぶっ飛んでるだろ？

——相当ぶっ飛んでますよね！

拳王　うるせーっ！

——すみません！

拳王　まぁ、アイツも最初は飯を食っていくのも大変だったと思うよ。でも、ようやく33歳で世界チャンピオンになって、大きな成功を手に入れたから本当によかった。これからはもっともっと稼いでもらいたいよ。

——拳王さんは現在も明治大学日本拳法部のコーチをやっていますし、後輩たちにも夢を与えられましたね。

拳王　プロの世界っていろいろ苦労もある。もしかしたら、オレも尾川も夢破れて細々とした人生を送ってたかもしれない。まっとうに大学卒業してサラリーマンやった方がいい人生を送れる可能性は高いだろう。でも、こうやって全国で売ってる雑誌で対談して、母校に錦を飾れるのは、プロを選んだオレと尾川にしかできないことだからな。

——対談の後には金剛Tシャツを渡していま

したよね?

拳王　アイツのコスチューム見たか?　強い信念を感じさせる赤だ。ヒョウ柄は昔、オレもコスチュームに使ってた。それでベルトが赤だろ。思わず金剛Tシャツを渡してみたら、尾川も袖を通して、けっこうノリノリでポーズを決めてたよな。SNSでも金剛入りましたって投稿してたし。

——タッグチームみたいでした。

拳王　ホントいい思い出になったよ。4・30両国でGHCタッグのベルトを取って、尾川に絶対いい報告してやるぞ。

——それは楽しみです!　ちなみに、ボクシングは興味ありましたか?

拳王　昔から好きだったよ。

——ボクシングをやろうと考えましたか?

拳王　オレはK－1だな。K－1もプロレスもどっちも最初は食えない職業だろ。だったら、本当にやりたいプロレスをやろう、好きだった団体でやろうと思って、みちのくプロレスに入門した。**もしK－1にいってたら、オレの人生どうなってたんだろうなって考えることもあるよ。**でも、もし成功しても、プロレスラーになりたかったなって人生を悔やんでたと思う。今は本当にやりたいことをやってるから後悔なんてまったくないぞ。

——いいこと言いますね。ほかには対談で印象に残ったことはありましたか?

拳王　対談は明治大学で「明大茶」を飲みながらやったんだよ。ボクシング・マガジンにも「明大茶」を2人が持ってるショットが掲載されてる。しかし、アレは2本目なんだ。

——そうでしたね…。

拳王　対談に来てくれたNOAHの当時レフェリーで現スタッフ&ドライバーの福田明彦さんが気を利かせて「明大茶」のラベルをはがしてくれたんだよ。対談中にオレと尾川の前に割り込んできて、いいことやってます!みたいなドヤ顔を浮かべてた。アレは面白かったぞ。

——福田さんらしいエピソードです。

拳王　この号が発売された後ぐらいにYouTube「拳王チャンネル」で尾川との対談が配信されるはずだから、福田さんがラベルをはがした「明大茶」にも注目だ。

——4月15日からYouTube「拳王チャンネル」を開設したからって、前回の連載に続いて、宣伝するのはやめてください!

拳王　バ、バレちゃったか!?　週プロ読者は毎日1回視聴&高評価&チャンネル登録、何卒よろしくお願い申し上げます!

おがわ・けんいち／1988年2月1日生まれ。愛知県豊橋市出身。2歳から父に日本拳法を習う。明治大に進み1年で全日本学生拳法選手権優勝。2009年、全日本拳法総合選手権3位。卒業後ボクシングに転向、帝拳ジムからデビュー。2011年に全日本新人王。2015年に日本王座獲得。2022年、2度目のIBF王座決定戦で世界王座獲得(すべてスーパーフェザー級)。173㎝の右ボクサーファイター。

5月11日号の議題 NOAH4・29&30両国

ニンジャ・マックの映像を見たけど、確実にやばい。こんなにワクワクする未知の外国人選手は久しぶり

—いよいよNOAH春のビッグマッチ4・29&30両国2連戦が迫ってきました!

拳王 今週は拳王的見どころを語っていくぞ。

—よろしくお願いいたします! 率直にどのカードが一番気になっていますか?

拳王 やっぱニンジャ・マックだろ! 映像で見たけど、コイツは確実にやばいぞ。こんなにワクワクする未知の外国人選手は本当に久しぶりだよ。

—プロレス界的に言えば、リコシェ、ウィル・オスプレイ級かもしれません。

拳王 しかも、シルク・ドゥ・ソレイユに出てたらしいじゃねぇか。**シルク・ドゥ・ソレイユ大好きレスラーと言えば、オレだろ!**

—劇団四季も好きでしたよね?

拳王 もちろん。日本に来たシルク・ドゥ・ソレイユはここ5年ならすべて行ってるぞ。ニンジャ・マックはあんな中でやってたのか…。もしかしたら、初対面じゃないかもしれないな。

—シルク・ドゥ・ソレイユのパフォーマーだったなら身体能力抜群ですね。

拳王 相当、鍛錬してるだろうし、多くの中から選ばれし猛者だな。シルク・ドゥ・ソレイユ出身プロレスラーって今までいたか?

—聞いたことはありませんね。

拳王 そんなヤツがNOAHに来るんだぞ。これはすごいことだ。しかも、4・29両国の相手はドラゴン・ベインとアルファ・ウルフだろ。アイツら、前回来日した時、とんでもない空中殺法を連発してたよ。

—本当にすごかったですよね。

拳王 アイツらのシングルは未来を感じさせた。しかも、後楽園ホール大会だけじゃなくて、東北巡業の地方大会でもバンバンに動きまくって、すごい技を次々と繰り出してたからな。NOAHに急に来なくなっちゃったから、大きな団体と契約したかと思ってた。

—普通にコロナ禍で来日ができなかっただけですよ。

拳王 し、知ってるよ。あれだけ危なっかしい技を2年以上やりまくってもケガしないっていうのもすごい。ベインとウルフの試合をまたNOAHで見ることができるのも嬉しいけど、そこに4・29両国ではニンジャ・マックが加わって3WAYだ。世界のプロレス界がたまげるような大空中戦になっちゃうんじゃねぇのか! 楽しみすぎるぞ!!

—確かに…3WAYという形式でこの新世代ハイフライヤーたちが対戦したら…。

拳王 そうなんだよ。シングルマッチだと全開で動きまくってたら、どうしても動きが止まる場面がやってくる。でも、3WAYだと2人が疲れてても1人が動ければ、試合はハイスピードで進んでいく。しかも、3人はみんな若いし、怖いもの知らずだ。そういうこ

拳王はシルク・ドゥ・ソレイユの大ファン

とを考えたら、**究極のノンストップバトルが拝める**と思うぞ。レスラー目線で見ても、あり得ない試合になるんじゃねぇかって期待感があるよ。

——興味深い見解です。

拳王　あと、アイツら外国人選手だ。日本語がわからないから「立ち入り禁止」の文字とかも読めないだろう。**両国国技館のとんでもない場所からのハイフライをやっちゃうかもしれないぞ。**

——ベインとウルフは無鉄砲ですからね…。

拳王　アイツらの3WAYは確実に大会場で映えるぞ。ベインのケブラーダみたいな空中殺法は2階席の後ろから見ても興奮するんじゃねぇのか。アイツら鉄柵があろうが、危険を顧みずに飛んじゃうからな。それもまたバカっぽくていいんだけど。

——ほかに楽しみなカードは？

拳王　マイケル・エルガンも気になるけど、サイモン・ゴッチかな。元WWEスーパースターが珍しく新日本ではなく、NOAHを選んでくれた。しかも、いきなり船木（誠勝）さんのGHCナショナル王座に挑戦か。これはレスラー目線でもかなりハードルが高い試合になりそうだ。

——どういうことですか？

拳王　船木さんは確実に自分の世界に引き込んでくる。そんな中でサイモン・ゴッチは自分の持ち味をどこまで出せるか試されることになる。**船木さんはまったく空気を読まずにサイモン・ゴッチを秒殺しちゃうかもしれないぞ。**

——普通、初参戦の外国人選手相手だとまずはどんな感じかじっくりと様子を見るのがセオリーですが…。

拳王　船木さんにそんな常識が通用するわけねぇだろ。

——今年1・22大阪のメイン、しかもタイトルマッチで秒殺された拳王さんが言うと説得力がありますね！

拳王　うるせーっ！　よし、そろそろオレ自身の試合について語るぞ。あの強いGHCタッグ王者チーム・杉浦貴&鈴木秀樹からベルトを取るのは…オレと中嶋勝彦だ！

——け、拳王さん、もうそろそろ行数が…。

拳王　なにぃぃぃぃ！

5月18日号の議題　サイバーフェス6・12さいたま

最初に動くのはやっぱオレしかいないんだよ。私、サイバーフェスの広告塔に就任いたします！

——DDT5・1横浜に乗り込みましたね！

拳王　サイバーファイト・フェスティバルさいたまスーパーアリーナ大会が6月12日に開催されるからな。そんな大舞台が迫ってきているのに、NOAH、DDT、東京女子、ガンプロ…誰も何も動いていないだろ。NOAH4・29&30両国が終わって、次の日にDDT横浜があることは知ってたから、そこに行ってやろうと決めてた。本当はGHCタッグのベルトを持って乗り込みたかったけど…。

——4・30両国で負けてしまいました。激闘の余韻冷めやらぬ翌日に、ああいう行動に出るとは素晴らしい愛社精神ですね。

拳王　サイバーファイトにじゃないぞ。親会社のサイバーエージェントに対する愛社精神だから勘違いしないでくれよ。**藤田晋社長、今年もまたこの季節がやってまいりました。**これから約1カ月ちょっとお付き合いお願いします。

——…。

拳王　NOAH4・29&30両国もものすごい演出だっただろ。両国国技館って国技である相撲のために作られてる会場だからなのか、豪華な演出をしにくい会場だ。そんな会場でもあんな空間を作ることができたのは親会社がブシロードではなく、サイバーエージェントだからこそだ。やっぱ日本のエンターテインメント最高峰の会社だな。大会前のプロモーションも精力的にやってくれた。SNSなどを活用して、5年前じゃ考えられないぐらい今風の仕掛けをたくさん打ち出しただろ。オレの拳王チャンネルだって、ABEMA完全バックアップだから、いつも最高の画質で提供できてる。そんな**サイバーエージェント様の〝御恩〟に報いるには〝奉公〟するしかないだろ。**

――鎌倉時代の武士の主従関係のようですね。

拳王　こういう時に最初に動くのはやっぱオレしかいないんだよ。私、拳王はサイバーフェスの広告塔に就任いたします！

――おめでとうございます！

拳王　そこでオマエに質問だ。なぜほかの連中が動かないか知ってるか？

――まったくわかりません。

拳王　サイバーファイトの社長である高木三四郎のせいだ。アイツが目先のことしか考えていないし、周りはイエスマンだらけ。自発的に行動を起こせない雰囲気に社内全体がなってるんだよ。

DDT5・1横浜で佐々木大輔とにらみ合った拳王

――また怒られますよ。なぜそんな高木社長とのシングルを要求したのですか？

拳王　アイツをプロレス界から追放するためだな。オレとのシングルが決まったら業界追放を懸けてもらうつもりだったし。

――拳王選手は何を懸けるのですか？

拳王　リングネームだ。負けることは絶対にないけど〝拳王〟を懸けるつもりだった。

――拳王さんがリングネームを懸け、高木三四郎選手の社長退陣とプロレスラー引退を懸け…。

拳王　おい！　オマエまで何を言ってるんだよ。アイツはプロレスラーじゃないから引退じゃねぇだろ。だから、正式な〝試合〟でもない。シングル…いや、**高木三四郎の業界追放を懸けた決闘だな。**

――…。ちなみに、なぜあのタイミングで乱入したのですか？

拳王　チケットを買って入ったら、誰の試合か全然わからなかったけど、試合後に行こうって思ってた。それでオレがマイクでしゃべってたら、まだ佐々木大輔が引き揚げずに場内にいたみたいだな。

――では、ダムネーション狙いというわけではないのですね。

拳王　別に誰が試合をしてるかなんて知らなかったし、まったく気にしてなかったからな。DDTの中で唯一、佐々木大輔だけは見る目があるかなと思ってた。アイツの感性は一目置いてたんだけど、高木三四郎のことを「三流レスラー」と認めてたのはショックだった。あの佐々木大輔でさえもDDTに毒されてるようだったから、残念でならなかった。高木三四郎は五流レスラーでもない。プロレスラーと認めてはいけないんだよ。

――では、高木選手は何でしょうか？

拳王　裸の王様以外何物でもないだろ！

――…。結果としてサイバーフェス6・12さいたまで佐々木大輔戦が決まりました。

拳王　まず名前が最低だ。ここでプロレス界あるあるを言ってやるぞ。**この業界「佐々木」も「大輔」もロクなヤツはいないんだよ！**ウチの原田大輔もジュニアだけのビッグマッチをぶち上げて、あれだけ事前のプロモーションがんばってた。獣神サンダー・ライガーの罵倒という最高のお膳立てもあったよ。それなのに、最も大切なNOAH4・29両国の試合、当日のライガーへの対応でまったくダメだった。あの大会で一番インパクトを残さないといけないのは、ニンジャ・マックじゃなくて、原田大輔だったんじゃねぇのか。本気のNOAHジュニアで売ってたのに、両国では弱気のNOAHジュニアになってたしな。

――厳しいですね。

拳王　プロレス界でホント大輔って名前にロクなヤツはいないよ…。

――け、拳王さん、アナタの本名は…。

拳王　中栄大輔だよ！

――今回で2回目になります。

拳王　去年も出るつもりだったんだけど、NOAHの日程と重なってたから無理だった。今年はこうやって参戦が正式に決まって、木村さんを応援することができるぞ。

――木村さんとはプライベートで親交があったのですよね。

拳王　ファンのクソヤローどもは知らないかもしれないけど、メチャクチャ親交があるぞ。

――そういえば、拳王さんと飲んでると自然と木村さんも一緒にいたことがありましたね。

拳王　コロナ禍になってからはほとんどなくなったけど、昔は週に2、3回遊んでたぞ。

――そんなにですか⁉

拳王　**周りからは〝付き合ってる説〟が出るぐらいよくしてもらってたぞ。**

――ボクも聞けなかったのですが、付き合ってるのかと思ってました。

拳王　うるせー、付き合ってないわ！　ただ週に2、3回お酒を飲んで、一緒に登山したり、海に行ったりしてただけだ。ひまさえあれば連絡してたぞ。

――ご提供いただいた写真もペアルックでカップルみたいですね。

拳王　ちょうど沖縄の有名Tシャツ屋「SO

5月25日号の議題　木村花メモリアル5・23後楽園

大きな敵と闘ってる木村さんにいつも感動をもらってるから、どうしてもこの「バグース！」には出たかったんだよ

――木村花メモリアル「バグース！」5・23後楽園への参戦が決まりました。

拳王　お世話になってる先輩の木村響子さんの力になりたい。その一心で参戦するぞ。木村さんは誹謗中傷をなくすために、侮辱罪の厳罰化を訴えて日々闘ってる。別に自分の利益や名誉が目的じゃない。急速に発展してきたSNS社会に法制化がまったく追いついていない中で悲しい事件が二度と起きないようにするために、だ。はっきり言ってゴールの見えない闘いだよ。時間もお金も相当かかる。だけど、木村さんは過酷な闘いにプロレスラー魂で立ち向かってる。オレは大きな敵と闘ってる木村さんにいつも感動をもらってるから、どうしてもこの「バグース！」には出たかったんだよ。

UKO」のマブイ君でおそろいだったな。

―拳王さんの顔がいつもと違いますね。

拳王 これは木村さんのスマホで撮ったからビューティープラスだ。

―レアですね！

拳王 そういえば、一日に2回もマジで怒られたこともある。もう新人ではないのに一日に2回もだぞ。

―なぜ怒られたのですか？

拳王 それは絶対に言えない。

―…ちなみに、木村花さんとの接点はありますか？

拳王 ほぼないかな。リング上で言えば、'16年8月7日の木村花デビュー記念興行に参戦したぐらいだ。あの日、花ちゃんは木村さんとシングルで対戦してたけど、本当にいい女子プロレスラーだったよ。ビジュアルもフィジカルも申し分ないし、木村さん譲りでハートも負けん気も強い。それでいて天性の華も持ち合わせて、**あの悲しい事件さえなければ、今頃、女子プロのトップに立ってただろう。**

'20年、高尾山に一緒に登った拳王と木村さん

―本当にその通りですね。

拳王 あの大会でオレは朱里と組んで、望月成晃&岩谷麻優と対戦した。望月成晃とはその時が初対決。今では敵だけど、同じNOAHで闘う間柄で去年11月にはGHCナショナル選手権もやった。岩谷麻優も当時はまだスターダムの3、4番手だったけど、いずれトップになるなと思ったよ。今では女子プロレス界の棚橋弘至と言っていい存在だ。

―女子との対戦は珍しいですね。

拳王 本当は女を蹴るなんてやりたくなかったけど、ちゃんと試合をしなきゃ木村さんに怒られそうだったから、思いっきり蹴ってやったぞ。でも、岩谷ってやられっぷりがいいんだよ。やられてる姿に色気があるのはすごい。アレは練習じゃ身に着かない。プロレスラーとして天性の才能があるよな。朱里は今、スターダムで赤いベルトを持ってる最強の女子プロレスラーだ。こんないいカードは木村さんしか組めなかったよ。

―今では考えられないですね。

拳王 6年前は20分時間切れ引き分けだった。**オレも朱里も望月成晃も岩谷麻優も今では業界のトップレスラーだ。ぜひとも今回の「バグース！」ではあの続きをリングでやりたいよ。**

―えっ、拳王さんのカードはもうすでに決まっていますよ。

拳王 そうなのか。まぁ、オレが出るんだからもちろんメインイベントだろ？

―いえ、第1試合です。

拳王 じゃあ、どんな試合が組まれてるんだよ。オマエはオレのカード知ってる？

―は、はい…。

拳王 もちろんトップレスラーと対戦だろ？誰だか教えてくれ。

―めんそ～れ親父とシングルです。沖縄プロレス'10年6・26那覇以来12年ぶり2度目の一騎打ちですよ。木村さんじゃなければ絶対に組めない注目のエモいカードですね。

拳王 な、なに！ **めんそ～れ親父はトップはトップでも、しょっぱい方のトップレスラーじゃねぇか!! あり乾杯♪**

6月1日号の議題　大田区総合体育館

NOAHがベルトよりも武藤敬司に重きを置いてるという現状が悔しい

――今週もプロレス界は話題が尽きませんが、何について語りますか？

拳王　目前に迫ってきた大田区総合体育館だな。すごく思い入れのある会場だ。

――NOAHは2度目の進出です。前回は'15年12月23日でした。

拳王　**鈴木軍との最終決戦だったよな。**NOAHの存亡を懸けた大一番で丸藤正道が鈴木みのるからGHCヘビー級王座を取り戻して、団体解散を回避することができた。NOAHの歴史を振り返っても大きなターニングポイントになった大会だったな。

――素晴らしい大会としてNOAH史に刻み込まれています。拳王さんはタッグチーム〝ケンオーハラ〟の大原はじめ選手とパートナー対決でした。

拳王　元〝ケンオーハラ〟の2人が現在は金剛にいるっていうのも運命的だな。あの大会は観衆も3210人の超満員。本当にいい雰囲気だったって記憶がある。

――戦前から拳王さんも重要な役割を…。

拳王　超危暴軍の一員として、京浜急行「梅屋敷」駅から大田区総合体育館までの行き方を、まだ初々しさの残る北宮光洋と一緒に動画で紹介してやったぞ。

――YouTuberとしての片鱗を見せつけていましたね！

拳王　うるせーよ。でも、懐かしいな。大田区総合体育館は非常にキレイでプロレス向きの会場だ。快適に観戦できるからぜひ足を運んでほしいよ。いつもクラブチッタ川崎に行く時、第一京浜（国道15号線）で大田区総合体育館の前を通るたびに、またいつか試合がしたいなって思ってた。ちょっと行ったらOKストアあるし。

――そこで昔、アルバイトをしていました。

拳王　知ってるからわざと言ったんだよ！　当時アルバイトの女子高生が可愛かったなんてどうでもいいんだよ。

――記憶力いいですね。お恥ずかしいです。話を戻して試合するのは'15年12月以来6年5カ月ぶりですが、実はけっこう会場には行っているのですよね？

拳王　日本拳法の大会に応援しに行ったし、尾川（堅一）のボクシングも見に行った。でも、大田区総合体育館の控室ってプロ野球とかサッカーのスタジアムのロッカールームみたいでカッコよくて、テンション上がるんだよ。だから、選手として行きたいなってずっと思ってた。

'15年12月に北宮と大田区総合体育館までの行き方の動画を撮影した拳王（写真提供・NOAH）

―NOAHではコロナ禍で昨年、一昨年と大田区総合体育館大会が中止になっています。

拳王　ようやく今年は開催できそうで何よりだよ。3大GHCタイトルマッチに武藤敬司復帰戦と豪華な試合が組まれてるぞ。

―拳王さんはどこに注目していますか？

拳王　武藤敬司復帰戦がメインに組まれたってことだな。逆に言えば、3大GHCがメインを取れなかった。NOAHがベルトよりも武藤敬司に重きを置いてるという現状が悔しいよ。拳王vsサイモン・ゴッチがメインでもよかっただろ。

―…。

拳王　武藤敬司は欠場しても武藤敬司。4カ月休んで戻ってきても同じポジションっていうのは、オレたち世代にとっては悔しさしかないよ。サイバーファイト・フェスティバルの広告塔として言わせてもらうと、GHCヘビー級選手権〈王者〉潮崎豪vs小島聡〈挑戦者〉の前哨戦も、武藤敬司復帰戦を彩る一部になっちゃった。武藤敬司のネームバリューはやっぱり絶大だなってあらためて思うよ。

―当日の試合で見返すしかないですね。

拳王　4・29両国で面目丸つぶれだったNOAHジュニア勢がいかにして這い上がっていくのかっていうのも楽しみだよ。もちろん金剛ジュニアもここから再浮上を虎視眈々と狙ってるぞ。

―近藤修司選手が加わりましたからね！

拳王　本当に心強いアイツが来てくれたよ。でも、ここは**あえて近藤修司の力を借りずにタダスケ&Hi69&大原はじめの奮起に期待だ。**特に覇王とのリングネームはく奪&髪切りマッチで敗れたHi69はメチャメチャ燃えてるぞ。金剛ジュニア初のベルト獲得はこれからHi69がどうやって汚名を返上していくかに懸かってる。大原も8月28日のカルッツかわさき大会が発表されたから、気合入ってるだろうし。

―拳王さん自身の試合については？

拳王　そこで聞きたい。サイモン・ゴッチってどんな選手だよ？

―元WWEスーパースターです。

拳王　それで？

―クラシカルなテクニックを持つ選手です。

拳王　それも知ってるよ。NOAHでどんなインパクトを残したんだよ？

―4・30両国では船木誠勝選手のGHCナショナルに挑戦して実力者ぶりを見せました。

拳王　でも、まだまだ本領発揮してねえだろ。オレがサイモン・ゴッチの色をすべて引き出してから勝つぞ。**あんな奇抜な髪型してるんだから、試合でももっと弾けさせてやるよ。**

6月8日号の議題　小島聡

ビッグネームだからってすんなりとGHC挑戦表明を受け入れたのはおかしい

―今週は小島聡選手でどうですか？

拳王　ほかにはないのか？

―NOAHvsDDTはどうですか？

拳王　それ、いいな！　オレはサイバーフェスの広告塔だからな。

―でも小島選手も「サイバーファイト・フェスティバル」6・12さいたまのメインで潮崎豪選手のGHCヘビー級王座に挑戦します。

拳王　小島の方がよさそうだな。なんでだ？

―サイバーフェスでメインイベンターを務めるビッグネームですよ。

拳王　ビッグネーム？　そういう考え方がダ

メなんだよ！　マスコミのそういうところが業界をダメにしてるんだよ。

――小島選手は4・30両国で大物Xとして現れ、その勢いでGHCへの挑戦を表明。史上4人目のグランドスラムに王手をかけて…。

拳王　それに、会社もビッグネームだからってすんなりと挑戦表明を受け入れた。おかしいだろ。GHC管理委員会はどうしたんだ。新日本プロレスから突然参戦したら、GHCヘビー級王座の挑戦権って手に入るのかよ。そんなに簡単なもんじゃねぇだろ。オレたちNOAHのヘビー級で闘う者全員が常に狙ってるんだぞ。誰も異を唱えないからオレがあらためてここで言ってやる。そんなことをやってるとNOAHの未来なんて見えないぞ。

――いきなり激論ですね…。

拳王　今のNOAHファンははっきり言って中年が多い。それは50代が活躍してるからではないかと思う。未来を見据えるならば、20代、30代が活躍して、若いファン層を獲得していかなければいけないんだよ。なんなら子供があこがれる存在にならないと未来はないと思うぞ。女子プロレスを見てみろ。次から次へ新しい選手が台頭してきて、新しいファンを獲得してるだろ。

――藤田和之選手がコロナ感染でGHCヘビー級王座を返上した時、王座決定戦に名乗りを上げたのは清宮海斗選手だけでした。小島選手の挑戦表明にも横やりを入れる選手もいませんでした。拳王選手自身が…。

4・30両国でNOAHのTシャツを着て潮崎に挑戦表明した小島

拳王　オレは4・30両国のセミでGHCタッグ王座挑戦が決まってた。だから、GHCヘビー級王座決定戦に名乗りを上げたくても上げることができなかった。そのタッグ選手権で敗れてしまったからメイン後、GHCヘビー級王座に挑戦表明できるわけがない。小島が名乗りを上げたのを見て、恥を忍んでも割り込んで、挑戦者決定戦に持ち込めばよかったとすごく後悔したけどな。

――後の祭りですね。ただ、こうやって異論を活字にすることも勇気あることですよ。

拳王　でも、一番の問題は現在のNOAHが老人の自己主張を優遇する感じだ。それによって若い選手たちは悪い意味で空気を読んでる。5月18日のNOAH会見だって目立ってたのは藤田和之、小川良成、武藤敬司だろ。4・30両国で珍しく決起した清宮だって会見で「武藤さんから吸収したいことがまだあります」とか言ってたよな。違うだろ！　オレが清宮の立場だったら「オレが武藤敬司からピンフォールを奪って引きずり降ろす。GHCの前哨戦もすべて食ってやる」ぐらい言って、**出席者全員にファイアーキック決めてるぞ。**

――実際に5月10日のサイバーフェス会見で佐々木大輔選手に決めていましたね。

拳王　実はあの後、会見場からメチャクチャ怒られたぞ！

――そりゃ、そうですよ…。

拳王　GHCヘビー級王者の潮崎含め、会見での発信力を見直した方がいいぞ。もう1つ、みんな重大なことを見逃してるんだよ。

――なんでしょうか？

拳王　**グランドスラムってパワーワードでオブラートに包まれてるけど、アイツがGHCヘビー級王者になったら新日本プロレスにN**

OAHの至宝が流出するということだ。着眼点をみんなズラされてるぞ。

――確かに。

拳王　アイツは新日本では若手の壁…いや、踏み台だろ。それがNOAHに来てチヤホヤされたら、眠らせてた力を発揮したな。プロレスラーは周囲の環境が整えば最大限の力を発揮できる生き物。そういう意味では新日本の闘いに一時的に見切りをつけて、老人が活躍しやすい雰囲気になってるNOAHへのレギュラー参戦という決断をした小島の嗅覚をほめざるを得ないな。

――51歳ではなく、若者たちがやらねば…。

拳王　そこだよ。**昔、若者たちは言いたいことも言えずにあがいてた。**学生運動がいい例だよな。でも、今の若者たちは言いたいことがあっても発信力がないし、言いたいことが言えなくても、すぐに周囲の環境に流されて、まぁいいか…とチャンスを逃す。強引にでも周囲の環境を変えて、言いたいことを言って、やりたいことをやればいいんだ。もし、それで怒られても本望だろ。

――いつも率先して言動で周囲に波紋を投げかけ、時に怒られている拳王さんならではの提言ですね。

拳王　どうやって発信力の足らない若い選手たちが声を上げればいいか教えてやろうか？

――お願いします！

拳王　YouTube「拳王チャンネル」のコメント欄に書き込めばいいんだよ！　発信力の足らないプロレスラーたちのお悩み相談待ってます!!

6月15日号の議題　サイバーフェス6・12さいたま②

学芸会、お遊戯会を先頭に立ってやってるのが秋山準だ。オレは悲しいぞ

――今週の議題は何にしましょうか？

拳王　サイバーフェス6・12さいたまに決まってるだろ！

――5月頭にやったので、ほかにしましょう。

拳王　バカヤロー！　オレはサイバーファイトフェスの広告塔だろ。今週もやるぞ。②だ。

――よろしくお願いします！

拳王　プロレス週刊誌の人気連載で毎週アオれるのもオレくらいだろ!?　しかも1ページ丸ごと。そろそろ広告塔の公認を会社からもらいたいくらいだよ。週プロ1ページで思い出したけど、去年8月、高木三四郎は裏表紙に土下座の写真を掲載して「レッスルユニバース初月無料なので観てください」とかやってたよな。その1カ月後にはレッスルユニバースがリニューアルして会員登録し直さなければいけなくなった。社長ならそのことを知ってたはずだ。多額の広告費をかけて。タイミング悪すぎだろ。せめてリニューアルしてからだろ。己の自己満足のためだけに無駄遣いするような社長にこのサイバーファ…。

――ちょ、ちょっと拳王さん、サイバーフェスの話をしてください！

拳王　おお、そうだったな。サイバーフェスについて語ろうとすると、どうしてもアイツが社長としていかに無能かということを指摘したくなっちゃうぞ。

――サイバーフェスが近づくと社長へ苦言を呈すのが恒例になっていますね。

拳王　五月病みたいなもんだ。で、まず何について語ろうか。

――前回は佐々木大輔選手中心に語ったので、今回は違うカードについてお願いします。気になっている試合はどれですか？

拳王　秋山準だな。会見の映像をチェックしたんだけど、秋山は違うユニットである樋口和貞と組むんだろ。よほど自分の団体でやってることにプライドがないんだな。だから、学芸会っぽいんだよ。DDTのヤツらはみんな芯が通ってない。佐々木大輔だって急に「DDTを背負う」と言い始めただろ。プロレスは闘いなんだよ。日々やってる闘いをサイバーフェスだからと言ってなかったことにするなんてお遊戯会だ。**去年も言ったけど、やっぱDDTはプロレスじゃない。**あんな団体と一緒にされたくないと常に強く思ってるけど、秋山の言動しかりサイバーフェスが迫ってくると、DDTの情報が耳に入ってくるからイライラして仕方がないよ。とても子どもたちに見せられない下品な試合が多いし。

高木三四郎が土下座する週プロ裏表紙をにらむ拳王

――相変わらず厳しいですね…。

拳王　その学芸会、お遊戯会を先頭に立ってやってるのが秋山準だ。オレは悲しいぞ。

――どうしてですか？

拳王　オレはてっきり秋山が全日本プロレスでジャイアント馬場さんから受け継いだプロレスをDDTに教え込んでいくものだと思ってた。ヘッドコーチに就任したんだろ？　確かに**アイツがKO-D無差別級王者だった時はDDTを変えようとしてることが伝わってきた。**だが、ここ最近はそんな感じしない。むしろ、DDTに迎合しようと裸の王様に媚びへつらってるようだ。全日本プロレス社長の座を離れてまでDDTでやりたかったのはそんなことなのか？　生活するためには何かを犠牲にしなくてはならないと思う。でも、プロフェッショナルのレスラーとしてのプライドだけは捨ててもらいたくない。

――深い考察ですね。

拳王　相変わらず丸藤正道は世渡り上手だからどっちつかずのスタンスでいるけど、ここは秋山にバカにされた小峠篤司の爆発に期待してるぞ。ここ最近の小峠はしょっぱくて、まったく爆発してないけどな。

――小峠選手をほめているのか、けなしているのか、わかりませんよ。

拳王　DDTとの対抗戦はオレが佐々木大輔に、小峠篤司が秋山から勝って2連勝だ！

――もう1試合、岡田欣也&藤村加偉vs小嶋斗偉&高鹿佑也の一戦があります。

拳王　実はその試合は心配してるんだ。NOAHはプロレス界の伝統を重んじすぎて昔気質の指導をしてる。だから、なかなかデビューにたどり着けるヤツが少ないし、デビューしても若手時代はノビノビとできていない。

――そうなのですか⁉

拳王　NOAHは育成方法に大きな問題があると思う。今の若者はゆとり世代だろ。DDTはノビノビやらせすぎて、まったく礼儀もなってない人間ばかりだけど、個人個人の個性を大事にして若手でも大きく成長していると思う。そっちの方が今の時代に合ってるのかもしれない。その差がサイバーフェスの若手対決で試合を通して出ちゃうんじゃないかと心配してるよ。

――さすが明治大学日本拳法部のコーチ！

拳王　今の時代、運動会の徒競走で順位もつけない教育が多い。**基本はほめて伸ばす、だ。青山学院大学を箱根駅伝常勝軍団に導いた原晋監督だって、**

そう言ってたよ。

――第1試合から注目ですね。

拳王　そうだ。おい、岡田、藤村、オマエらはな、本当にいい選手だ。普段NOAHでもまれてるオマエたちなら、絶対にDDTの若手に負けないぞ！　オマエたちは強い。

――さっそく〝ほめて伸ばす〟を実践ですね。

拳王　DDTとの対抗戦はこれで全勝だ！

6月22日号の議題　サイバーフェス6・12さいたま③

オレはNOAHだけじゃない。プロレスというジャンルを背負う。だから、佐々木大輔、オマエが負けたら、DDT解散だ

――「サイバーファイト・フェスティバル2022」6・12さいたまの広報部長就任おめでとうございます！

拳王　サイバーエージェントがオレのことを認めたってことだよ。じゃあ、今週もやるか。議題は当然、サイバーフェス③だ。

――ですよね。

拳王　オレの試合…佐々木大輔とのシングルはノーDQルールのハードコアマッチになったぞ。週プロのインタビューも読んだけど、想像通りだ。普通だった。何も背負ってない。**小峠篤司以下だよ。**本気さが伝わってこない。

――興味深い見解です。

拳王　佐々木大輔とはここまでいろいろあったけど、一番気になったのはオレの「学芸会」発言をアイツが「人生は学芸会。人生は楽しんだもん勝ち」と論点をズラしてたことだよ。

――なぜですか？

拳王　よくぞ、聞いてくれた。では、あらためてなぜオレがDDTを「学芸会」「お遊戯会」と批判してるのかを再定義しておきたい。

――よろしくお願いします。

拳王　DDTはプロレスというジャンルの価値を落とした罪深い団体だ。

――どういうことですか？

拳王　NOAH、新日本、全日本、DRAGONGATE…日本の主要団体はしっかりと守るべき部分を守ってきた。老若男女誰が見ても**〝プロレスはプロスポーツ〟**だと伝わる闘いをいつどんな時でも続けてる。時にファニーな試合もあるが、ジャイアント馬場さん時代のファミリー軍団vs悪役商会のように、それもちゃんとしたプロレスという闘いの枠内だ。時代が変わろうとも根本はまったく変わっていない。

――もちろんです。

拳王　しかし、DDTはプロレスではない。学芸会、お遊戯会だ。もっと言えば、演劇だ。プロレスはとてつもなく包容力があるジャンルだが、最低限守るべき秩序はある。DDTはその根本を無視してるからプロレスではないんだよ。サイバーフェスを多くの人たちに見てもらいたいが、自分の知り合いにDDTをオレたちと同じプロレスとして見てもらいたくない。それにフェロモンズの試合とか老

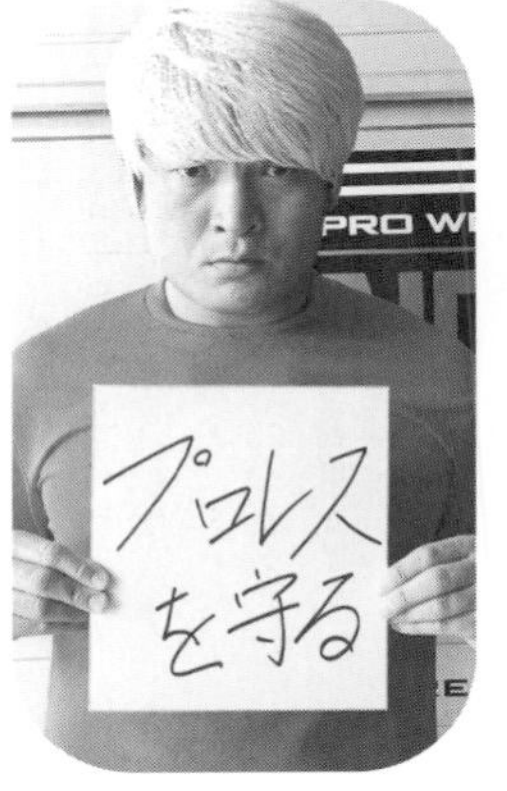

DDTからプロレスを守ると誓った拳王

若男女問わず楽しめないだろ。DDTのヤツらは自己満足でプロレスのタブーに踏み込み続けて、悦に浸ってるみたいだけど、実は長い目で見ると、プロレス業界にとってはものすごいマイナスになってる。オマエらは暴露本みたいな存在なんだよ。自分で自分の首を絞めてることに気づいてないのか。

——相変わらず厳しいですね。

拳王　**なぜ竹下幸之介や遠藤哲哉が評価されないのか知ってるか？**DDT所属だからだ。どんなにいい選手でも演劇団体にいたら、プロレスラーとして認められないだろ。飯伏幸太、ケニー・オメガ、石川修司、入江茂弘らも本当の意味で業界に評価されたのは、DDTを退団したからじゃないのか。

——そこまで言わなくても…。

拳王　いやいや、世間の視線って厳しいぞ。週プロを読んでるようなプロレスファンは「DDTだから…」で納得するだろうけど、プロレスを普段見ない人たちには、**演劇のDDTもNOAHや新日本とかと一緒のプロレスと見られてしまう。**もうすでにそういうふうな風潮になりつつあること自体、メチャクチャ悲しいぞ。多くのプロレスラーはオレと同じようにDDTとだけは一緒にしてほしくないと感じてるんじゃないか。

——もうそのぐらいに…。

拳王　いや、まだ言いたいことが山ほどあるぞ。この佐々木大輔戦はオレの中で、NOAH vs DDTの対抗戦ではない。DDTから日本のプロレスを守るための闘い。ノーDQルールのハードコアマッチにしたのも、オレはアイツのすべてを受け止めた上で勝つからだ。アイツはオレとのタイマンに恐怖を感じたからセコンド介入、イスやスタンガン攻撃をしてきたんだろ。オレがこの試合で本当のプロレスとは何かを見せてやる。プロレスラーは何でも受け止める。佐々木大輔の演劇すらも受け止めた上で、プロレスラーとしての強さで倒してやるから楽しみにしておけ。

——承知しました。

拳王　以上のことをすべて踏まえて、オレは6・12さいたまの佐々木大輔戦について1つ提案したいことがある。

——何ですか？

拳王　アイツはDDTを背負うんだろ。オレはNOAHだけじゃない。プロレスというジャンルを背負う。だから、佐々木大輔、オマエが負けたら、DDT解散だ。**ついでに高木三四郎は社長退任&業界追放だ。**

——では、拳王さんが負けたら…。

拳王　日本のプロレスが終了だ。今後はプロスポーツではなく、演劇となる。ABEMAの格闘チャンネルではなくドラマチャンネルで中継されるかもな。まぁ、オレが負けるわけないけどな。

——そこまでの覚悟なのですね。

拳王　オレがDDTからプロレスというジャンルを守ってやるぞ！

6月29日号の議題　海外と日本のスポーツ観戦

日本のプロレス界が集客に苦しんでるのは、声援できないってことが大きいと思う

拳王　この連載でも登場したボクシングIBF世界スーパーフェザー級・尾川堅一の防衛戦見たか？　すごかったな。

——6月5日にイギリス・ウェールズのカー

ディフで地元のジョゼフ・コーディナに右ストレートを浴びてKO負けとなりました。

拳王　ものすごい結末だった。勝負ごとだから勝敗は仕方ないけど、それよりもオレは会場の雰囲気が印象に残ったぞ。

――どういうことですか？

拳王　完全に会場が仕上がってた。互いの入場から大盛り上がりで声援がひっきりなしに飛び交ってたよ。やっぱ格闘技観戦ってこれだよなってあらためて思わされた。

――日本ではまだ声援は禁止ですからね。

拳王　同じボクシングで比較すると、日本で6月7日におこなわれた**井上尚弥vsノニト・ドネア戦もけっこう声が出てたけど、やっぱ何か物足りなかった。**尾川の試合前なんか国歌を観客全員が歌い始めて、曲が終わってもずっと歌ってたし、ものすごい雰囲気だったよ。完全アウェー。まさに敵地だった。日本国歌が始まっても歌って、何ならブーイングまで飛ばしたからな。ああいう雰囲気もエンターテインメントの一部だよ。

――サッカーの代表戦とかの国歌斉唱も試合を盛り上げますからね。

拳王　まぁ、格闘技の場合は観客が殺気立ってるからよりいっそう熱くなるよな。プレーヤーとしても声援や会場の雰囲気は重要だし、時に勝敗に直結する。鋼鉄のメンタルを持つオレでもあの時の尾川と同じシチュエーションに立たされたら、さすがに相当きついぞ。

――試合後、尾川選手も「（雰囲気に）のまれたことに尽きる」と語っていました。

拳王　しかし、プロレスラーはブーイングを力に変換する能力がある。オレなら完全にヒールに徹して、観客をアオりまくってやったぞ。対談した時にそういうメンタルの作り方を教えておけばよかった。

自宅のTVで尾川vsコーディナ戦を観戦した拳王

――それだけライブスポーツにとって声援は欠かせない要素ですよね。

拳王　なんで日本のプロレス界が集客に苦しんでるのかっていったら、声援できないってことが大きいと思うよ。もうみんながコロナと共存していこうっていう中でプロレスだけ置いていかれてる気がする。

――確かに。

拳王　闘龍門6・3後楽園で**ウルティモ・ドラゴンが「マスク越しだったら大声で騒いでください」と言ったら、数分後に後楽園ホールから怒られて、すぐ禁止になった**らしいな。

――よく知っていますね。

拳王　もちろんだよ。プロレスはほかのスポーツよりも声が重要。3カウントや決めゼリフの合唱、チャント、コール&レスポンス、ブーイング、罵声、ヤジ…。拍手もありがたいけど、熱狂的な空間を生み出すのはクソヤローどもの声以外に考えられないよ。

――DDTでは7・7新宿、8・14後楽園とソーシャルディスタンスを保った座席配置かつ不織布マスク着用で声出しを解禁します。

拳王　…。

――ＤＤＴについてはもう語らないのですね…。気を取り直して、Ｊリーグでも声出しの解禁に向けて動いていると報道がありました。

拳王　海外のプロレス界でも、声出しは当たり前だろ。

――おっしゃる通りです。

拳王　日本も本気で声出しについて考え始めた方がいいと思うぞ。**同時に飲食も本格解禁してほしい。**会場に来て、お酒を飲みながら、飯を食いつつ〝整えていく〟のも楽しみの1つ。お腹が満たされて酔いが回っていきながら観戦熱も盛り上がっていくだろ。

――水分補給だけではさみしいですからね。

拳王　そりゃ、そうだろ。大会はだいたい2～3時間、ビッグマッチになれば3時間超え。平日だったら会社帰りに急いで会場に向かって、好きなもんを飲み食いできなかったら、正直、行きたくないってなるかもしれない。

――コロナ禍によってＴＶ観戦のあり方も確立されてきました。

拳王　特にＮＯＡＨならだいたいの大会をＡＢＥＭＡやレッスルユニバースで楽しめるからな。家で酒飲んで飯食ってマスクなしで大声出しながらプロレスを見た方がいいって思ってるクソヤローどもも少なくないだろ。本当は生観戦が一番なんだけどな。

――ですね。

拳王　日本人って真面目すぎるんだよ。右向け右の文化というか、今はみんなが自粛警察みたいになってけん制し合ってる。居酒屋とかコロナ禍以前の雰囲気に戻ってきたし。絶対に守らなきゃいけないことはあるけど、**もうちょっと気楽にプロレス観戦してもいい**と思うぞ。

――ＮＯＡＨでは8月より観客収容率１００％大会も開催していきます。

拳王　その試みもすごくいいが、オレ的にはガイドラインに従ってソーシャルディスタンス仕様で声出し大会をやってもらいたいな。ＮＯＡＨはコロナ禍のプロレス界でさまざまな試みを先頭に立ってやってきた。アフターコロナも仕掛けていくぞ。

7月6日号の議題　7・16日本武道館

いい人は腹黒い。小島は典型的なあざといヤツだ。心の中では新日本でベルト戦線に絡みたいと思ってる

――7・16日本武道館でのＧＨＣヘビー級王座挑戦が決まりました。

拳王　日本武道館と言えば、拳王だろ。サイバーファイト・フェスティバル6・12さいたまのメインで、どちらが勝っても次の挑戦者として名乗り上げようと思ってた。潮崎豪には2・11後楽園のメインで勝ってるし。

――いよいよＧＨＣヘビー級王座に狙いを定めたのですね。

拳王　**実はオレ、ＧＨＣヘビー級選手権2戦連続無敗なんだよ。**

――'20年8月に潮崎豪選手、昨年11月に中嶋勝彦選手にＧＨＣナショナル王者としてダブルタイトル戦を挑み、どちらも60分フルタイムドロー。確かに2戦連続無敗です。

拳王　次も絶対に負けないぞ。

――ただその前は'18年3月に杉浦貴選手にベルトを取られて同年6月にも奪還失敗。清宮海斗政権下の'19年1&11月と4連敗…つまり、6戦連続未勝利ですね。

拳王　うるせーっ！　次こそ勝ってＧＨＣヘビー級王者になってやるから見てろ!!

――勝てば、4年4カ月ぶり2度目のＧＨＣヘビー級王座戴冠となります。

拳王　日本武道館のメインという最高の舞台だからな。オレは常に先を見てる。サイバーフェスもそうだったけど、この7・16日本武道館も真っ先にアクションを起こしたぞ。

——今回も広報部長に就任しますか⁉

拳王　すでにそういう意気込みだ。

——挑戦表明マイクも素晴らしかったです。

拳王　満を持して、ずっと思ってて、いつか出そうと温めてた「NOAHは新日本の天下り先じゃねぇんだよ」を叫んでやったぞ。

——NOAH公式YouTubeでは再生回数15万超え（6月18日現在）。武藤敬司選手、藤田和之選手ほか元・新日本のレジェンドがNOAHで活躍している現状を風刺したマイクでしたが…。

拳王いわく「殺し屋、悪人みたい」な小島の鋭い視線

拳王　オレの〝パンチライン〟がまったく効果がなかったぞ。小島聡の人柄に勝てなかった。天下りしてきても、ニコニコして憎めない51歳のオッサンの人柄に。まぁ、あの日はサイバーフェスだ。NOAHの会場だったら「よくぞ、拳王、言ってくれた！」ってなったかもな。

——NOAHファンだけでなく、DDT、東京女子、ガンバレ☆プロレスのファン、ニュートラルなプロレスファンもいましたからね。

拳王　圧倒的にアンチ拳王が多い会場だって、すっかり忘れてたわ。特にあの日の対抗戦でDDTはNOAHに3戦全敗。そのフラストレーションもすべてオレにぶつけられ、小島に対する支持に変換されてた。

——そんなこともないと思いますよ。

拳王　いや、少なくとも**あの日、マイクでは小島に完敗**だと素直に認めるしかない。オレのマイクへのアンサーはいきなり「もう少し年長者を労われよ」で笑いを取られて「早く帰ってくれ。オレのせっかくのエンディングがもうちょっと。めったにないチャンス。やっとベルト取ったんだよ」という自虐的なオチで一気にクソヤローどものハートをわしづかみにされた。新日本プロレスの言葉力を見せつけられたぞ。

——今年1月の対抗戦後にも聞いたような言葉ですね。

拳王　あれからオレも言葉力について見直して、サイバーフェス4日前のNOAH6・8後楽園では秋山準らDDT勢をマイクで完封してやったのに…。やっぱ人間力の差が出ちゃったんだろうな。小島に対して、オレはこんなにも薄っぺらかったのかと痛感させられたぞ。

——あの日、グランドスラムを達成した小島選手にマイクで勝てる選手なんていませんよ。

拳王　**プロレスって先入観が7、8割。**31年間の年輪であのキャラクターを創り上げた小島をほめるしかないよ。アイツはベビーフェースの教科書みたいなプロレスラーだ。NOAHのリングに上がるようになってから、ツイッターとかでも積極的にNOAHのことを発信してたし。グランドスラムという大きな結果も出した。真摯で対戦相手に敬意を示す。愚直にプロレスに打ち込んでるのも日本人好み。誰にでも愛される小島のキャラクターはタイトルマッチでも脅威になるよな。

——けっこう大絶賛ですね。

拳王　ただし、いい人っていうのは腹黒い。小島は典型的なあざといヤツだ。GHCへビー奪取してもNOAHに入団しなかったのが答えだろ。心の中では新日本でベルト戦線に絡みたいと思ってるのだろうな。オレがマイクでしゃべってる時の小島の目を見たか? 殺し屋、悪人みたいだったぞ。悪人の目をしながらGHCヘビーのベルトを踏みつけてるからな。本当の小島聡を7・16日本武道館でリング上にあぶり出してやる。

——晴れの日本武道館初メインですからね。

拳王 いや、オレは日本武道館のメインで最後に入場するのが目標。来年1月1日の日本武道館で目標を達成するための過程だと思ってる。小島の腰からベルトを引っぺがすと同時に化けの皮もはいでやるからな!

7月13日号の議題 6月三大王座全移動

全日本、新日本が次世代に進んでるのに、NOAHだけ時代に思いっ切り逆走してる

——6月のプロレス界、NOAH&新日本&全日本ですべて最高峰王座が移動しましたね。

拳王 新日本ではジェイ・ホワイトがオカダ・カズチカからIWGP世界ヘビー級王座を奪取。全日本ではジェイク・リーが宮原健斗から三冠ヘビー級王座を奪取。NOAHでは小島聡が潮崎豪からGHCヘビー級王座を奪取。何か1つだけおかしいよな。

——どういうことですか?

拳王 新日本と全日本は現在の絶対的なエースから期待の次世代がベルトを取った。どちらも団体の看板となるようなライバルストーリーを築いていくであろうカードだ。NOAHだけは絶対的なエースである潮崎豪が、過去の栄光にすがる新日本からの天下りしてきたベテランに屈した。このような結果じゃ、明るい未来が見えないよ。

——鋭い指摘ですね。

拳王 特に全日本はジェイクが台頭してきたことによって、宮原一強時代から次のステップに進もうとしてる。青柳優馬がチャンピオン・カーニバルを初制覇し、野村直矢が外敵として戻ってきた。着実に新しい風が吹きつつあるよな。なんか**ちょっと前の全日本とはだいぶ変わってきた印象がある。**一時はルチャっぽい感じで軽快な闘いが多かったけど、ようやく従来のヘビー級の重みを感じられる団体になってきたぞ。

——全日本は今年50周年で9・18日本武道館も決まっていますからね。

拳王 他団体なんてどうでもいい。日本武道館と言えば、NOAH7・16日本武道館だろ。

——では、新日本のベルト移動についてはどういう見解でしょうか?

拳王 新日本も今年は50周年イヤー。年始からオカダが引っ張っていくのかと思われてた。そこでまさかの番狂わせ。G1前に勢力図が一変したよな。ジェイもそうだけど、コロナ禍で今まで来日できなかった外国人選手たちが次々と結果を残してきたっていうのもポイントだ。ワールドワイド…**まさにニュージャパン・ワールドだな。**

先週号の週プロ裏表紙がNOAHでご満悦の拳王

――うまいこと言いますね。

拳王　外国人選手については、NOAHでもクリス・リッジウェイ、レネ・デュプリ&イホ・デ・ドクトル・ワグナーJr.、マイケル・エルガン…外国人選手のハングリーな姿勢が結果に表れてるよ。コロナ禍を支えてきたオレたち日本人選手も負けていられないぞ。

――外国人選手が日常的に来日できるようになったことで、日本人選手といい相乗効果が生まれてほしいところですね。

拳王　NOAHも7・16日本武道館にロブ・ヴァン・ダム、ニンジャ・マックが参戦してくるからな。ECW直輸入マッチも楽しみだし、初来日の〝ニンジャ・マックのライバル〟ダンテ・レオンも気になるぞ。だが、オレにとってみれば、一番大事なのは小島聡からGHCヘビー級王座を取り戻すことだ。全日本、新日本が次世代に進んでるのに、NOAHだけ時代に思いっ切り逆走してる。それが明確にわかった6月の三大王座移動だったよな。この流れを止めるのはオレしかいないだろ。武藤敬司と藤田和之政権では挑戦することができなかった。今回こそNOAHは新日本の天下り先じゃないと証明するぞ。

――なぜNOAHが現在のようにベテラン選手が活躍する場になったと思いますか？

拳王　ベテランにチャンスが回ってくるのが多いからだ。今回の小島聡だってそう。NOAHでの実績がないけど、ビッグネームだからと言って無条件でタイトル戦線に絡める。タイトル戦線に絡むと憎たらしいのがベテラン勢だ。普段は眠らせてるポテンシャルを遺憾なく発揮するからな。今回も新日本じゃ若手の踏み台だった小島聡が潮崎豪を倒すなんてGHCタイトル管理委員会も想像できなかっただろうな。このような結果から若者たちの順番が先送りになる現象が起きている。

――いつ頃そうなったのでしょうか？

拳王　コロナ禍前だな。

――NOAHが最後に未来を見せたのは…。

拳王　'19年11月の両国国技館だな。

――王者・清宮海斗vs挑戦者・拳王のGHCヘビー級選手権ですね。

拳王　1年を通してオレと清宮の闘いを紡いで、大舞台で花開いて観客動員にも直結した。

――5523人（満員）でした。

拳王　新しい芽で時代を創り上げていくと未来も結果もついてくるってことだな。稲村愛輝だってZERO1の火祭り出場が決まったんだろ。去年、ケガして完走できなかった悔しさを晴らせよ。オレも'17年の火祭りをきっかけにしてNOAHヘビー級でトップ戦線に食い込んだ。稲村には火祭りの熱さをあのでっかい肉体にため込んで、NOAHの起爆剤になるぐらいの気持ちでいてもらいたい。オレは火祭りで優勝できなかったけど、その年の「グローバル・リーグ戦」で優勝して、GHCヘビー級王座初戴冠を成し遂げた。誰もがそういう活躍を待ってるぞ。清宮だって、7・16日本武道館で武藤敬司とシングルだろ。

――清宮選手にはぜひとも武藤選手を介錯して、未来を見せてもらいたいところですね。

拳王　す、すみません…**〝かいしゃく〟ってどういう意味ですか？**

7月20日号の議題　武藤敬司引退

7・16日本武道館は引退ロード第1弾じゃない。〝脱・武藤〟の始まりだ

――今週の議題は武藤敬司選手の引退にしましょう。来年の春での引退を発表しました。

率直に聞いた時にどう思いましたか？

拳王　一生引退しないと思ってたから、よくその決断ができたなって。「プロレスとはゴールのないマラソンと言った自分ですが…ゴールすることに決めました」。すごくいい言葉を考えてきたな。何も考えてなさそうで、やっぱ感性がいいんだろうな。天才と言われてる由縁がわかるな。

——ＮＯＡＨにとって武藤選手の引退はどういう意味を持つと思いますか？

拳王　いいニュースだろ。はっきり言えば、今まで武藤敬司に頼り切ってた。

——どういうことですか？

拳王　昨年2月に11年ぶりとなる日本武道館大会を開催できたのも、その前年4月から武藤敬司がＮＯＡＨのレギュラーになってたからだ。実際にメインでＧＨＣヘビー級王座に挑戦して見事にベルト奪取。確かにあのネームバリューは今のＮＯＡＨにとって、とてつもない武器になってる。だが、そういう考えがよくない。日本武道館大会だけじゃないぞ。すべてが武藤敬司を中心に回ってたような気がするし、実際にそうじゃないと大きな話題を作れていなかった。オレはずっとオジサン世代で盛り上がってるＮＯＡＨに苦言を呈し続け、何度も抗ってきたが、結局のところは大きな流れを変えられなかった。正直、悔しいよ。だからこそ、7・16日本武道館には、あるテーマを持って臨もうと決めた。

——何ですか？

拳王　〝脱・武藤〟だ。

——過去にどこかで聞いたことがある気がしますが、ものすごくキャッチーですね！〝脱・武藤〟の始まりだ。

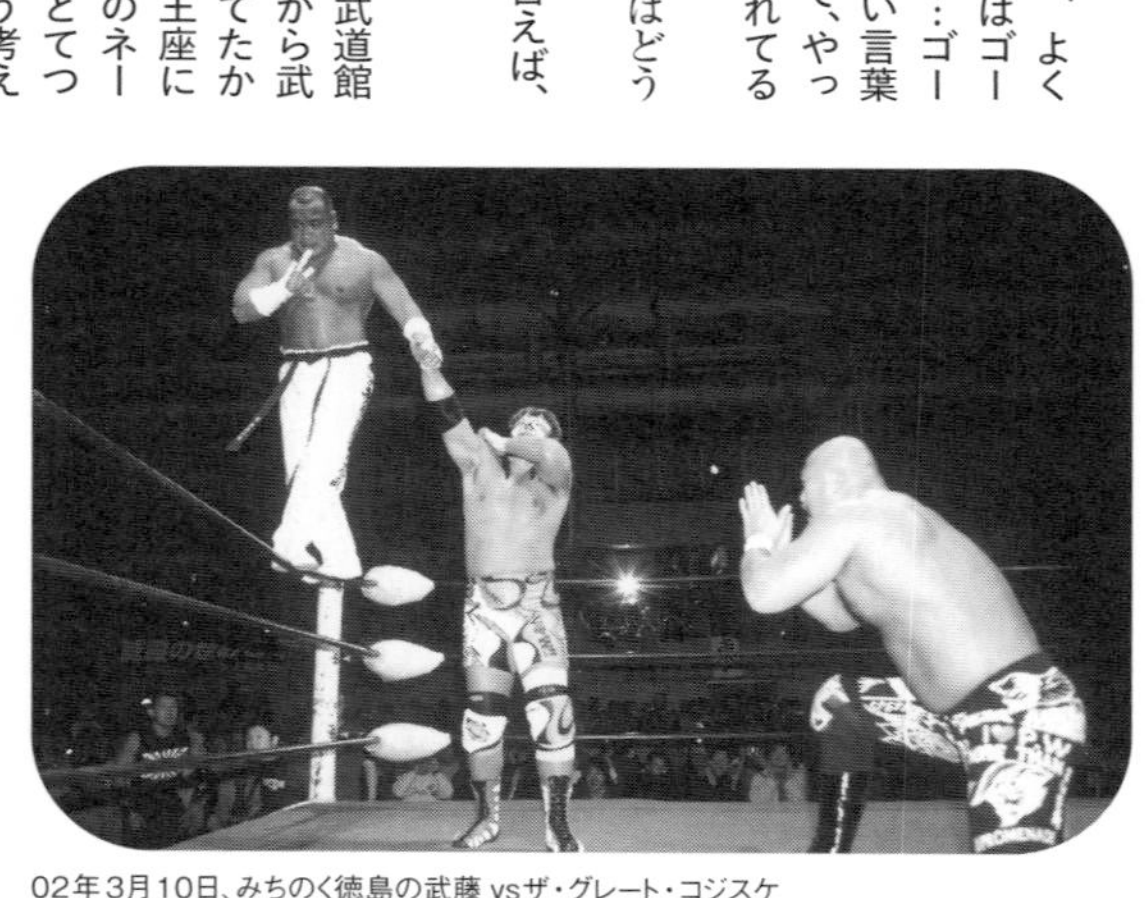

02年3月10日、みちのく徳島の武藤 vsザ・グレート・コジスケ（当時、のちのザ・グレート・コスケ）

拳王　引退ロード第1弾じゃない。〝脱・武藤〟の始まりだ。というよりも、脱・レジェンド路線だな。ここらへんで本気を出さないとＮＯＡＨの未来はないと思ってる。武藤さんの引退ロードには普段ＮＯＡＨを見に来ない人たちも来るだろ。そういう人たちにＮＯＡＨはしっかり世代交代できてると証明するいいチャンスになる。もちろんその先頭に立つのは7・16日本武道館大会でＧＨＣヘビー級王者に絶対になってやるこのオレ、拳王だ。

——いきなり話をまとめてきましたね…。

拳王　〝脱・武藤〟ロードをチャンピオンとして引っ張っていく。いいビジョンができたな。**最終的にはオレがＧＨＣヘビー級王者として武藤敬司の挑戦を退けてＮＯＡＨの世代交代は完遂されるぞ！**

——カッコイイ締めをいただいたのですが、まだ行数があるので、あらためて武藤選手のイメージを語ってください。

拳王　なんだよ、せっかく気持ちよく決めたのに。まぁ、いいよ。武藤敬司のイメージか。**現役の中で最も世間に伝わるプロレスラーだな。**6月12日、引退を発表したら、サイバーフェスの話題をすべてかっさらった。Ｙａｈｏｏのトピックスにも入ったしな。ほかの試合も業界内で何かと話題になって、一部をざわつかせたけど、対世間という意味では完全に武藤敬司だ。そこは素直にすごいと思ってるよ。そんな現役選手はいるか？

——藤波辰爾さんぐらいでしょうか。

拳王 丸藤正道、オカダ・カズチカ、棚橋弘至、内藤哲也、真壁刀義、人気女子選手…みんなまだプロレス界内ビッグネームだろ。業界の殻を突き破った存在は武藤敬司だけ。そんな唯一無二のプロレスラーが引退するわけだ。武藤敬司の引退でポッカリと空いた穴は絶対にオレが埋めてやるぞ。

——よろしくお願いいたします！

拳王 あっ、武藤敬司の印象で大切なことを言い忘れてたぞ。

——なんですか？

拳王 ファンの頃、みちのく徳島大会に武藤敬司が来た時があって、その時、オレが徳島で生観戦した中で一番お客が入ってたんだよ。みちのくの徳島大会は新日本よりも入ると有名だったんだけど、ちょうど新日本を退団して全日本所属になった武藤敬司が参戦したらいつものみちのく徳島大会以上に入ってた。まざまざと知名度の違いを見せつけられた。オレ、2階席で見てたんだけど、花道がなくなるぐらい人でごった返してたからな。クソヤローどもをかき分けながらリングに向かう武藤敬司はカッコよかったぞ。

——スーパースターですね。

拳王 ところで、その試合でダサいマスクマンがいたんだよ。

——みちのくだから、ザ・グレート・サスケ選手でしょうか？

拳王 違う。サスケみたいなオレンジ色のマスクをかぶってて、でかかった記憶があるぞ。「いっちゃうぞバカヤロー」って言ってた。

——それって小島聡選手がマスクをかぶったザ・グレート・コスケ選手じゃないですか⁉ 当時はコジスケと言われていましたよ。

拳王 そうだったのか！　いいことを思いついた。小島聡のGHCヘビー級王座はオレが必ず奪う。そうすれば新日本に帰らなきゃいけない。でもG1にもエントリーされてなかったし、どうせ新日本には居場所がないだろ。だったら、オレが王者権限でオマエにNOAHでいいポジションを用意してやる。

——まさか…。

拳王 7・21後楽園からザ・グレート・コジスケでNOAHの前半戦を盛り上げてくれ！

7月27日号の議題

WWE vs WCWの月曜夜視聴率戦争ならぬ、NOAH vs 新日本のABEMA視聴数戦争だ

いざ7・16日本武道館

——GHCヘビー級王者・小島聡選手とのバックステージが話題になっていますね。あらためて振り返っていきましょう。最初は6・24横浜でスクワットでした。

拳王 リング上のマイクで「とっとと帰って7月16日のために今からスクワットでもしておくわ」って言っちゃったからな。バックステージで本当にやってやったぞ。小島は腰抜かしてたよな。

——バックステージに戻ってきた小島選手もしばらくあ然と見ていました。

拳王 ニヤニヤしながら「コイツは普通じゃない」って顔でこっちを見てたよ。完全にビビッてた。それでアイツが動けずにフリーズ

してるから、こっちから突っかけてやったぞ。1000回やるつもりだったのに。

——しかし、その後の口喧嘩で小島選手の返しも見事で拳王さんも押し込まれる場面も…。

拳王　かわいいオッサンだなって思ったよ。オレも普通じゃないけど、やっぱ小島も普通じゃないよ。

——7・2郡山のバックステージでは小島選手をKOして、その横で腕立て伏せをやって挑発しました。

拳王　元気をアピールするために、スクワットに続いて、腕立て伏せをやったんだよな。

——小島選手は「試合後の方が元気じゃないか。試合中にその元気を出せ」と語ったのにも関わらず、翌7・3山形のバックステージではライオンプッシュアップを披露します。

拳王　50超えたオッサンが黙々とライオンプッシュアップをやってるんだぞ。**アレは完全にやられた。思わず笑っちゃったよ。**でも、小島は「新日本プロレス伝統のライオンプッシュアップ」って言ってたけど、あんなの誰でもやってるだろ。新日本のベテランが〝伝統〟って言ったら、そういう固定観念が生み出される。卑怯だし、面白くない。そういう言葉にすぐにプロレスファンがなびくこと自体に腹立つよ。ライオンプッシュアップなんてアマチュアの日本拳法時代からやってた。明治大学拳法部の合宿で何千回もやってたわ。

——！

拳王　あまりにもムカついたから拳王チャンネルで**ある場所に殴り込みに行ったぞ。**止められたけど。詳しいことは拳王チャンネルを見てもらうとして、最終的に上野毛の多摩川でライオンプッシュアップ100回やった。

——3分40秒で100回という驚がくのハイペースでしたね。

拳王　本当だったら1000回やりたかったのだが、配信的にスタッフに100回ぐらいがいいって念を押されたからな。小島はリツイートしてたし、相当ビビッたと思うぞ。「コイツ、マジでやってるよ」って。また心理戦で精神的に追い込んだぞ。7・16日本武道館まで拳王チャンネルは7月9日から毎日更新中だ。ジワジワと精神的にいたぶってやるぞ。

——YouTube「拳王チャンネル」の宣伝はともかく、前哨戦はリング上、バックステージだけではないのですね。

拳王　7・3山形で**小島のライオンプッシュアップを見たけど、20回でプルプルしてた。**オッサンだから腰の柔軟性もなくて全然反れていなかった。あれ以上続けて、もしギックリ腰とかになったら、7・16日本武道館のタイトルマッチが消滅しちゃうから、優しさで止めてやったよ。リング上で倒して、アイツからベルトを取りたいからな。

——7月16日、日本武道館のメインでGHCヘビー級王座を奪還しなければいけませんからね。同大会はABEMAで午後3時30分から無料生中継も決まっていますし。

拳王　ABEMAと言えば、新日本がついに仕掛けてきやがったな。

——やはり知っていましたか。

拳王　当たり前だ。7月16日午後5～9時、

野毛を訪れた拳王

新日本はABEMA格闘2チャンネルで「G1 CLIMAX32」開幕戦を無料生中継するらしいな。これまで新日本はABEMAで中継されることがあっても後楽園ホール大会規模が中心だった。しかし、今回は年間最大のドル箱シリーズ開幕戦。注目度抜群のビッグマッチだよな。これは日本武道館のメイン同様、ABEMA格闘チャンネル上でもNOAH vs 新日本だ。ABEMAは視聴数がリアルタイムで数字として出る。絶対に負けられないよ。

—これまでNOAHはABEMAと二人三脚でやってきましたからね。

拳王 ついに本気でNOAH潰しを挑んできやがった。1995年9月から始まったWWE（当時・WWF）vs WCWの月曜夜視聴率戦争ならぬ、7月16日はNOAH vs 新日本のABEMA視聴数戦争だ。シビアに比較されるだろうな。

—うまいことを言いますね。

拳王 無党派層のクソヤローどもは両方見ながらふるいにかけて面白い方を見るだろうな。面白いのは確実にNOAH日本武道館大会だ。7月16日、リング上でオレが小島聡からGHCヘビー級王座を奪って、ABEMA上で無党派層、新日本ファンの心を奪ってやるぞ。

8月3日号の議題 復帰戦

欠場中は露出が減るから物理的な存在感は薄れる。でも、一流はそれを圧倒的な生き様でカバーするんだ

—みちのく7・1後楽園でフジタ〝Jr〟ハヤト選手が復帰しましたね。

拳王 週プロの表紙になってたよな。めでたいよ。でも、なんで名前が逆だったんだ？

—リング上のマイクでは「拳王、高橋ヒロム」の順でしたが、週プロの表紙では「ヒロム、拳王へ対戦要求」でした。

拳王 おかしいだろ。事実を伝えろよ。そしてハヤト戦優先順位第1位は高橋ヒロムじゃなくて、拳王だろ。ライオンマークの見えない圧力か？

—いえ、そうでは…。

拳王 じゃあ、なんだよ。

—それはともかく、試合は見たのですか？

拳王 話を流すなよ。試合はもちろんサムライTVオンデマンドでチェックしたぞ。

—どうでしたか？

拳王 ハヤトはみちのくで唯一スターのオーラを出せる選手だよな。いい意味で復帰前と雰囲気は変わらなかったぞ。

—5年ぶりの本格的な試合でタイトルマッチに挑戦して、ベルトを奪取するってすごいことですよね。

拳王 おいおいおい、オレはすごくないと思う。なぜならオレはハヤトのことをよく知ってるからな。**ハヤトは前から並みのプロレスラーじゃ絶対にできないこ**

みちのく7・1後楽園大会の復帰戦で東北ジュニア王者となったハヤト

とをいっぱいやってきただろ。何も変わらないいつものハヤトだ。ハヤトだったら、どんな困難でも乗り越える。いつだってそういうプロレスをしてきた。

――試合中の動きはどうでしたか？

拳王　それもいつも通り。ガンを克服したから前よりも…って言うヤツがいるだろうけど、オレとしては一流のプロレスラーのフジタ"Jr"ハヤトのいつも通りだ。ただプレーヤー目線から見れば、蹴り足が逆の左だったのは苦しそうだったな。そこも気持ちでもっていくのがハヤトなんだよ。ハヤトが輝きすぎて王者のMUSASHIにまったく目がいかなかったな。

――どうしてですか？

拳王　やっぱ気持ちかな。ハヤトと対戦する際に一番心がけてるのは気持ちで絶対に負けないことだ。気持ちで負けた時点ですべて印象をもっていかれる。その意味ではMUSASHIはハヤトより少し劣ってたな。

――厳しいですね。

拳王　ああいうスターのオーラを持つ色気のある選手とやる時は、とにかく気持ちだけは負けちゃいけないんだよ。雰囲気とかでは勝ち目がない。せめて気持ちだけでも常に勝たないと勝負にならないぞ。

――ハヤト選手べた褒めですね。

拳王　（無視して）MUSASHIがハヤトに負けてはいけない気持ちの部分だが、そこも負けてたように見えた。それだけハヤトの復帰戦に臨む心意気がすごかったってことだな。欠場をプラスにするのも、マイナスにするのも、その選手次第。ハヤトは欠場中の悔しさ、苦しさ、葛藤、生き様といった赤裸々な思いを発信することによって、ファンの心をつかんだ。MUSASHIもやり方次第ではみちのくを守ってきた者の意地で対抗できたはずだよ。

――復帰戦というドラマをどういうふうにリング上の闘いに投影していくかもプロレスラーとしての表現ですね。

拳王　FREEDOMS7・10後楽園で復帰した竹田誠志だってそうだよ。欠場理由が何であれ、欠場中もファンと一緒に苦しい時間を闘ってきた。それを復帰戦で爆発させたよな。欠場中は露出が減るから物理的な存在感は薄れる。でも、一流のプロレスラーたちはそれを圧倒的な生き様でカバーするんだって教えてもらったよ。そこでだ。復帰戦のプロフェッショナルいるよな!? それは丸藤くんだ。丸藤くんが次、どうやって復帰をするのか非常に楽しみだよ。

――丸藤正道選手は5・21大田区を最後にヒザ負傷によって戦線離脱となっています。

拳王　日本…いや、**世界屈指の復帰戦の大御所だろ。みんな丸藤くんの復帰戦は大いに期待するしかないよな。**

――皮肉にしか聞こえませんが…。

拳王　欠場中もいろんな部分で発信を続けてる丸藤くんをオレはだいぶ評価してるぞ。

――上から目線ですね。

拳王　NOAHの選手は情報発信がみんな下手だからな。吉岡世起とか今年2月に右踵骨骨折で2カ月欠場して、シレッと戻ってきただろ。アレはもったいないなって思った。カッコイイし、身体能力もすごくて、動きもいい。素材としては申し分ないけど、何か決定的なもの…**吉岡は自己プロデュース能力が足りない。**今回ももっとうまく欠場期間を使えば、いい物語を描けたはずだよ。丸藤くんを見習ってほしいぞ。

――拳王さんも昨年5月にはコロナ感染からの復帰も物語に仕上げましたからね。

拳王　まぁな。要するに、プロレスって包容力があるジャンルだから何でもできるってことだ。同時に、何でもできるからこそ難しいとも言えるけどな。

8月10日号の議題 GHC奪取からのN−1

N−1はNOAHでシングルナンバー1を決めるんだろ。GHCヘビー級王者が出なかったらナンバー2しか決められない

—GHCヘビー級王座4年4カ月ぶりの戴冠おめでとうございます！

拳王 最高の気分だよ。

—ベルトが現在のデザインになって初めてとなりますが、どうですか？

拳王 個人的な意見を言えば、前よりもカッコイイよな。デザイン的にどこかで馴染みもあるし、日本プロレス界最高峰のベルトに相応しいデザインだ。

—拳王さんにとてもお似合いです！ そういえば、試合後に四方にベルトを掲げていたじゃないですか。ベルトの上下が逆だったと気づいていましたか？

拳王 当たり前だろ。ここだけで明かすけど、アレはわざとだよ。あまりにも嬉しすぎて、あまりにも興奮しすぎて、ベルトを自分の方に向けてたら、客のクソヤローどもに向けるのが逆になった…わけじゃねぇぞ！

—えっ、では、どうしてですか？

拳王 **失敗って人の記憶に残るもんだし、語り継がれていくだろ。**激闘の末に4年4カ月ぶりにGHCヘビー級王者になりましただけでは話題がすぐに消える。だからこそ、あえてクソヤローどもにとってベルトが逆だとわかりながらも、日本武道館の隅々までアピールしてやった。あとで当日の映像や写真を見て「この時、拳王がベルトを逆に持ってたのは…」って居酒屋トークができるだろ。物語やエピソードがあった方が記憶に残りやすい。すべては全部、オレの手のひらの上で転がされてるんだよ。

7・16日本武道館で奪取したGHCヘビー級ベルトを逆さまに客席へと誇らしげにアピールする拳王。わざとのように見えない

—絶対にあとづけですよね？

拳王 違うに決まってるだろ！ ABEMAの解説で丸藤（正道）くんが誇らしげに指摘してたけど、あそこまでちゃんと計算してたぞ。

—またまた…。まぁ、それは置いておくとして、GHCヘビー級王者としてN−1出場が決まりました。

拳王 N−1ってGHCヘビー級王者が出ないというイメージがある。優勝者が挑戦するっていうのが定番だった。でも、オレはそんな甘っちょろい慣習を覆すぞ。GHCヘビー級王者がN−1に出ないと意味がない。N−1はNOAHでシングルナンバー1を決めるんだろ。GHCヘビー級王者が出なかったらナンバー2しか決められないだろ。

—おっしゃる通りです。

拳王 今年のN−1は本当の意味でNOAHのシングル一番を決めるリーグ戦だ。しかも、北は仙台、西は広島まで全国各地を回る。一段とグレードの上がったN−1になること間違いないだろ。

――GHCヘビー級王者として初防衛戦もまだですし、リスクがありますが…。

拳王　**リスクを背負うのはオレの専売特許だ。**改革するにはリスクを背負うのは当然だ。リスクがないとまったく面白くないだろ。過去にGHCナショナル王者として2度、GHCヘビー級王者に2冠戦を仕掛けてるし。

――確かに。GHCヘビー級王者のN－1出場は、'20年の潮崎豪選手以来2年ぶり2度目となります。

拳王　おいおい、オレと潮崎を一緒にするんじゃねぇよ。潮崎は何も考えないでただ出ただけだけど、オレは考えに考えた上でのN－1出場だ。ついでに、チャンピオンとしてN－1に出なかった清宮海斗、丸藤くんとかとも比べるな。ちなみに、GHCヘビー級王者として初のN－1制覇を成し遂げた後のプランまでちゃんと考えてある。

――ぜひ教えてください！

拳王　今年のN－1はNOAHの未来を担うべき選手たちがエントリーされなかった。そこで**稲村愛輝と岡田欣也でN－1シリーズ中、毎大会で〝オレたちのN－1〟としてシングルをおこなってもらう。勝ち星が多かったヤツに、オレのGHCヘビー級王座への挑戦権を与えるぞ。**

――おおっ！　すごいプランですね。

拳王　ネームバリューのあるオッサンをいっぱいエントリーさせれば、ABEMAの視聴数とかには響くかもしれない。今年のN－1は50代が5人、40代が3人、30代が4人、20代が4人。イホ・デ・ドクトル・ワグナーJrはNOAHの一員と言えるかもしれないけど、20代の日本人は清宮だけだ。このままじゃ、確実にNOAHの明るい未来なんか見えないだろ。

――それだけNOAHヘビー級戦線の層が厚くなってきたということですが…。

拳王　確かに稲村や岡田は最近与えられたチャンスを試合内容的には生かしてはいるけど、まだ明確な結果を残すところまでいっていない。首脳陣として評価できない気持ちもわかる。

――本当にあと一歩なんですよね。

拳王　しかし、日本プロレス界の歴史をひも解いても、シングルリーグ戦は若い選手が飛躍する場だ。それがないのはさみしいから、オレがNOAHの未来を創り出してやるぞ！

8月17日号の議題　ファンイベント

なかなか大会を開催できない地方のクソヤローどものニーズを満たすためにも、ファンイベントを積極的に開催すべき

拳王　今週の議題は何にする？

――ファンイベントでどうですか？

拳王　7月23日に名古屋、24日に仙台でファンミーティングをやったしな。

――少し前ですが、7月9日には有明で金剛トークショーもやりました。ファンイベントについてはどんな考えを持っていますか？

拳王　NOAHって昔からけっこうファンイベントをやらない団体だなって思ってた。日常的にやってたのはグッズ売店サイン会ぐらいか。最近、やたらとファンイベントをやり始めたっていう印象があるな。

――確かに。

拳王　ファンイベントって普段はリング上で

沖縄でのファンイベントでは海を泳ぐ拳王と会えるかも!?（写真提供・拳王）

しか見ることのできない選手たちを生で見ることができるのが、クソヤローどもにとっては嬉しいよな。

――団体にもよりますが、ここ最近のNOAHでは試合以外でファンが選手たちと直接触れ合う機会は少ないんですよね。

拳王 リング上のキャラクターとかもあるし、選手の人となりや素とか伝わりづらいかもしれない。こういうインタビューとかも編集されたものが活字として出るわけだし、生配信ではないYouTubeもこちらが発信したい部分だけが編集され映像になる。でも、ライブのトークショーとかって選手本来の性格や魅力がウソ偽りなく出ちゃうよな。

――今回、名古屋&仙台でファンイベントをやってみて、実際にどうでしたか？

拳王 今回は有料なのにいっぱい来てくれて、素直に嬉しかったぞ。コロナ禍になってからNOAHの試合は首都圏中心になった。そんな中でも地方にあれだけ待っていてくれるクソヤローどもがいると確認できたのが何よりも大きかった。プレーヤーとしては**8・17仙台、8・27名古屋でのN-1公式リーグ戦によりいっそう力が入っちゃうよな。**

――仙台は潮崎豪戦、名古屋はアンソニー・グリーン戦です。両日のイベントに来たファンも同じ気持ちだと思いますよ。

拳王 ただトークショーには欠点がある。

――えっ、何ですか？

拳王 ああいうトークショーだと**その選手が好きなクソヤローどもしか来ないわけだから、何を言ってもそれなりにウケる。**同じ日に大阪、広島でファンイベントをやった潮崎豪と清宮海斗はバカだから間違いなく自分が面白いと勘違いしてるだろうな。

――相変わらずひどいことを言いますね。2日間で特に印象に残ったことはありますか？

拳王 名古屋のトークショーで「名古屋の飯はオレに合わない」と言い切ってやったのは気持ちよかったな。

――忖度なしですね。

拳王 あと「どこの海が好きですか？」って質問が来た。最高の質問だろ。じゃんけん大会で勝たせてあげたくなったぞ。

――そういうやり取りも醍醐味ですよね。

拳王 なんなら大会をやる前にまずはファンイベントから開拓していくっていうのもアリだよな。だいたい大会決定後にプロモーションでファンイベントって順番だけど。

――どこか行きたい土地はあるのですか？

拳王 もちろん沖縄に決まってるだろ！

――愚問でしたね…。

拳王 NOAHは22年の歴史上、沖縄大会を一度も開催してないだろ。沖縄のクソヤローどもは絶対に生のNOAHを待ってるぞ。北海道だって3年以上行ってないし。

――NOAHは'19年4月以降、北海道での大会をおこなっていません。

拳王　NOAHはコロナ禍になってからABEMAでの無料放送、レッスルユニバースでの生中継が増えた。さらに、ツイッターやYouTubeにも力を入れて、積極的に情報を発信してるよな。それによって、北は北海道から南は沖縄まで日常的に映像でNOAHに接してるクソヤローどもが以前よりも確実に増えてるはずだ。

――おっしゃる通りです。

拳王　つまり、コロナ禍以降の2年5カ月でNOAHは日本全国に潜在的なクソヤローどもを育て続けてきたんだよ。そんなヤツらにとってNOAHがなかなか地方大会を開催しないのはフラストレーションになってる。そこでファンイベントの出番だ。なかなか大会を開催できない地方のクソヤローどものニーズを満たすためにも、ファンイベントを積極的に開催すべきだと思ってる。だから、オレが先頭切って、沖縄に行ってやるぞ！

――それ、ただ沖縄に行きたいだけでは…。

拳王　（無視して）トークショーだけじゃないぞ。**クソヤローどもと一緒に海を見る企画をやってもいいし、餃子酒場530での食事会とかいろいろできるぞ。**

――夢が広がりますね。

拳王　オレが沖縄でのファンイベントを定期的に開催して、クソヤローどもを増やし続け、最終的には大会開催にたどり着くぞ。

――よろしくお願いします！

拳王　第1回拳王大感謝祭2022in沖縄、近々開催するぞ。

――決まってもないのに言うと怒られますよ。

拳王　うるせー。地方開催第一歩踏み出すぞ！

8月24日号の議題　N-1 VICTORY 2022

GHCヘビー級王者としてN-1を制し、ナショナルも取れば、シングル年間グランドスラム達成。プロレス大賞MVP確実だ

――いよいよN-1開幕が迫ってきました

拳王　もちろん今週はN-1について語るぞ。当然、オレが狙うのは史上初GHCヘビー級王者としてのN-1制覇だ。

――Aブロックにエントリーされました。どの一戦がカギになると思いますか？

拳王　いろんなところで言ってるけど、8・28川崎の藤田和之戦しかないだろ。オレにとって昨年3月にGHCナショナル王座を奪われた相手だしな。それと藤田は今年4月までGHCヘビー級王者で負けてベルトを落としたわけじゃない。コロナで返上しただけだろ。その後、王座決定戦を制した潮崎豪、小島聡ってチャンピオンになってきたけど、やっぱ藤田に勝たないと暫定感が否めないんだよ。個人的なリベンジを果たすため、正規のGHCヘビー級王者になるため…**オレは藤田を倒すのに2つの目的があるんだよ。**

――いきなり素晴らしい見解ですね。

拳王　藤田に勝ってAブロック1位突破になる。BブロックはGHCナショナル王者の船木（誠勝）さんか、N-1連覇中の中嶋勝彦のどちらかが上がってくるはずだ。金剛で一番を決める大会…K-1にしてやるぞ。

――7・22後楽園の試合後コメントでも「K-1」は言っていましたね。

拳王　それぐらい今のNOAHは確実に金剛

が席巻してるだろ。明確な結果を出して、シングルではすべてのタイトルを取ってる。これでN－1も取れば、名実ともにNOAHの頂点を制したと言い切れる。

――間違いないですね。

拳王　それとオレは2人に借りがある。船木さんには今年1月のGHCナショナル選手権で〝秒殺〟されたし、中嶋には昨年11月の2冠戦で60分フルタイムドローだったからな。船木さんにも中嶋にもきっちりと借りを返すつもりでいるぞ。オレにとっては今年のN－1、リベンジが大きなテーマの1つだな。

――GHCヘビー級王者としてのN－1制覇が史上初だから闇雲に言ったわけでなく、そこまで物語を描いていたところにしびれます。

拳王　オマエは何を言ってやがるんだ？

――えっ⁉

拳王　さらに先まで用意してるぞ。

――本当ですか！　ぜひ教えてください‼

拳王　今年のN－1、**開幕前に復帰したのになぜか高みの見物を決めてるヤツがいるだろ。**

――丸藤正道選手ですか？

拳王　正解だ。丸藤くんは過酷なN－1をシレッと出ないで確実に美味しいところを狙ってるに違いない。それならば、お望み通り、史上初のGHCヘビー級王者としてN－1覇者になったオレが次期挑戦者に指名してやる。

――おおっ！

拳王　舞台も決まってる。武藤敬司の引退ロード第2弾がおこなわれる9・25名古屋・愛知県体育館だ。拳王vs丸藤くんのGHCヘビー級選手権で間接的な勝負を仕掛けてやるぞ。

――いろんな意味での世代闘争ですね。

拳王　そして、丸藤くんの挑戦を退けたら、その場で次期挑戦者を逆指名するつもりだ。

――誰ですか？

拳王　武藤敬司だ。

――えええええええーっ！

拳王　GHCヘビー級王者として史上初のN－1覇者となり、丸藤くんの挑戦を退けたオレならば美味しいから絶対に受けるだろ。武藤敬司現役最後のタイトルマッチでオレが引導を渡してやる。去年6月にグレート・ムタにやられた借りもあるし。

――そこもリベンジですね。

拳王　もちろん。舞台は引退ロード第3弾。プロレス格闘技こけら落とし大会の10・30有明アリーナ。最高のシチュエーションだろ。

――け、拳王さん、それって先日公開されたYouTubeと同じ内容じゃないですか

拳王　バレちゃった？　でも、ちゃんと連載用にその先も考えてある。

――なんですか？

拳王　武藤敬司戦で防衛したら船木さんとの2冠戦だ！

なぜかポケモンセンターの前でKENTA自伝「足跡」を読む拳王

—得意のダブルタイトルですね！

拳王　3年連続3度目の2冠戦を仕掛けてやる。GHCヘビー級王者としてN－1を制して、GHCナショナルも取れば、NOAHのシングル年間グランドスラム達成になる。それも史上初だろ。

—夢が広がりますね。

拳王　ここで語ったことをすべて成し遂げれば、'22年度プロレス大賞MVP確実だろ。

—おそらく！

拳王　**史上初のGHCヘビー級&ナショナル2冠王者として、来年1・1日本武道館のメインで最後に入場するぞ。**

—そこまでつなげてきましたか!?

拳王　そういえば、最近、とあるプロレスラーの自伝を読んだんだよ。そしたら〝あのお方〟のことがけっこう書かれてたな。

—KENTA選手自伝「足跡」では森嶋猛さんがたびたび登場しますね。

拳王　それで名言を思い出した。

—まさか…。

拳王　**武藤敬司、引退前に…かかってきなさい！　かかってきなさい!!**

8月31日号の議題　前田日明

ついに禁断の扉を開く時が来てしまったようだな。N－1中にオレの拳を披露できるかもしれないぞ

—YouTubeで前田日明さんとコラボしたらしいじゃないですか!?

拳王　後日配信予定だけど、今回は前田さんについて語るか！

—お願いします！　実は会うのが初めてではないのですよね？

拳王　初めて会ったのはオレが大学生の時だ。フクタレコードの大将との食事会に前田さんがきてた。近くで見たら大きすぎてプロレスラーはやはりスゲーなって驚いたのを今でも覚えてるぞ。

—何か話したのですか？

拳王　ただ写真を撮ってもらっただけだな。その後もちょこちょこ会ってたけど、ちゃんとお話しさせてもらうのは今回が初めてだ。

—プロレスラーとしての前田さんにどんな印象を持っていますか？

拳王　それはやっぱUWFだろ。オレがプロレスファンになった時にはリングスだったし、'99年に引退しちゃったから、ひと昔前の人って感じだな。でも、自分で行動を起こして、いろいろあった中で新しい団体を作ったパワーっていうのはすごいなって思ってたぞ。

—どんな話をしたのですか？

拳王　**船木さんと仲良くなる方法だな。**

—共通の話題ですからね。前田さんと船木誠勝さんは新生UWF、ビッグマウス・ラウドで行動を共にしていました。

拳王　笑いながら「オレと船木はコミュ障だからな」って言ってた。「オレも船木と仲良くなったのここ最近だから」とも言ってたな。家族の話をすれば会話が広がるってアドバイスしてくれたから今度やってみるぞ。

—プロレスの話はしたのですか？

拳王　もちろん。3分の2ぐらいはやばすぎる発言でカットだろうけどな。

—どんな話をしたのですか？

拳王　今のプロレスラーと昔のプロレスラーの違いを聞きたかったから聞いたぞ。前田さんは「昔は家から一歩外に出たら、プロレスラーになってた」って言ってた。確かに今は

上が現在の拳王と前田日明さん、下が大学時代の拳王と前田さん

そういうヤツいないよな。

――前田さんクラスになると稼ぎも違いますし、世間的な有名人ですからね。

拳王　やっぱ稼ぎが違う部分は大きいかもな。昔のプロレスラーは大成して稼いだ人が多い。だけど、それと同じぐらい大失敗してる人も多い。**長州力さんなんて何度モメても最終的には稼ぎまくってるからな。**どういうことなんだよ。

――それだけ魅力があるということですね。

拳王　プロレスラーも人間力だな。オレもプロレスラーとして大成して大金を稼いでやるぞ。

――話を戻して、前田さんと話して感銘を受けたことはありましたか？

拳王　「全員をだませなきゃプロレスラーじゃない」ってことかな。前田さんはマスコミとかもだましてたらしいし、アントニオ猪木舌出し事件の時、坂口征二さんなんかは人間不信になっただろ。それも今と昔の違いとして挙げてた。今のプロレス界は選手、スタッフ、関係者、マスコミ、ファン…すべてが〝なあなあ〟になってる。「プロレスラーを全員呼んでミーティングやりたい」らしいぞ。

――ぜひやってもらいたいです。

拳王　**前田さんの言う通り、今のプロレス界は〝なあなあ〟になってる部分もある。**まだしっかりしてる団体もあると思うけど、6月が近づくにつれて、オレが季節病のごとく何度も連載で指摘してきたように、業界全体を見たら否めない。それに危機感を覚えてるヤツらがこの業界にどれぐらいいるんだよって思いはオレにもずっとあったから、ものすごく共感したぞ。だから、これからはオマエのことも積極的にだましていこうと思ってるぞ。

――事前に言わないでください…。

拳王　これから楽しみにしてろ。あっ、そういえば、日本拳法の世界チャンピオンなのに、それをプロレスに生かしてないのは宝の持ち腐れだと言われたぞ。

――どういうことですか？

拳王　前田さんが例に出してたのはタイガー・ジェット・シン。アイツはヒンディー語できないのに適当にそれっぽい言葉を話してミスター高橋さんが適当に訳してた。カナダ人なのにインド人のキャラクターを作って、一気にトップに駆け上がっていった。そういう部分の自己プロデュースをしないともったいないと言われたぞ。

――蹴りは使っていますが、そもそも、なぜ日本拳法を武器にしてこなかったのですか？

拳王　突き＝パンチはプロレスで反則だろ。もしもオレが本気を出したら、どんな相手でも一発で倒しちゃうからな…。

――前田さんはそういうものをプロレスに落とし込むべきだと言っているのですね。

拳王　でも、本当にその通りだと思うぞ。ついに禁断の扉を開く時が来てしまったようだな。N－1中にオレの拳を披露できるかもしれないぞ。

――それは楽しみです。

拳王　楽しみはそれだけではないぞ。N－1制覇、そして拳王チャンネル前田さんとのコラボ動画後日配信をお楽しみに！

9月7日号の議題 N-1序盤振り返り

自己プロデュースを覚えた野獣…さらに倒しがいが出てきたな

――「N-1 VICTORY」開幕しました。今回は序盤戦を振り返っていきましょう。さっそく開幕2連勝でしたね！

拳王 勝つには勝ったけど、反省点も多い勝利だった。だが逆に気が引き締まったぞ。

――3戦目では田中将斗選手に敗れてしまいました。5年ぶりのシングルでしたが？

拳王 年齢的には向こうの方が衰えてるはずだけど、まったく感じなかったぞ。強かった。田中戦では敗れてしまったけど、次の潮崎豪戦で勝って3勝目。GHCヘビー級王者として初のN-1制覇に着実に近づいてるぞ。

――自身の試合以外で気になったことは？

拳王 毎大会、シングルマッチ6〜8試合あるけど、どの公式戦も色が違うから興行のパッケージとして飽きないよな。

――確かにその通りです。

拳王 出場全16選手全員がいろいろ考えて日々の公式戦に臨んでる証拠だろうな。いつも以上に頭を使うし、相手や星取り状況によって、さまざまな闘い方をしなければいけないから、まったく気が抜けない。プレーヤーとしてはそれが充実感につながってるけどな。

――具体的に印象に残った選手はいますか？

拳王 色という部分ではアンソニー・グリーンの存在はでかいと思うぞ。

――どこを見てそう感じましたか？

拳王 空気感だな。いかにも外国人選手って雰囲気やテンポだし、最近のNOAHにはあまりないテイストの試合をしてるから大会の中で特に映えてる。新日本で言えば、ロッキー・ロメロみたいなタイプだな。近年のNOAHでいうとコルト・カバナ以来じゃねぇか。

ババヘラアイスを食べる拳王

――なるほど。

拳王 一昨年、去年と外国人選手をN-1に呼べなかったけど、やっぱりいると全然違う。ジャック・モリスを見てるとものすごく嫉妬心が強くなるよ。顔面偏差値のな。そういうさまざまな要素で外国人選手がいると華やかだよ。最初は無名すぎるだろと思ってたけど、いざ始まってみたら、これまで実績のあるヤツらがエントリーするよりも、グリーンやモリスみたいな未知の選手たちで本当によかったと思ってる。

――常連になってきそうですね。

拳王 グリーンの試合を見てると、NOAHに足りなかった部分が浮き彫りとなってきた。

――どういうことですか？

拳王 陽気さだよ。本来であれば、小峠篤司やYO-HEYが担わなければいけないのに、なぜかほかのNOAHジュニアと同じように愛社精神の塊キャラクターを演じちゃってるだろ。あの2人はもっともっと〝陽〟の輝きを出せるはずだ。なんで自分のいい部分を消してるんだ。全然わかってないよ。

――鋭い見解ですね。

拳王　まぁ、NOAHジュニア正規軍なんてどうでもいいんだよ。それだけグリーンが空き家を埋めたということだ。8・27名古屋の対戦が楽しみだよ。

――ほかに印象に残った選手はいますか?

拳王　藤田和之だな。新しいコスチューム、めちゃくちゃ似合ってるよな。さすがレスリング全日本チャンピオンだよ。ダブルショルダーがパッツよりも全然いい。ショートスパッツよりも全然いい。あそこまでしっくりくるプロレスラーも今の時代なかなかいないんじゃねぇのか。ヤングライオン時代も黒のショートタイツだったし、下手したらレスリング時代以来じゃねぇのか。アレには**清宮も一本やられただろ**。

――8・11横浜で清宮海斗選手もコスチュームを大幅変更しました。

拳王　なんだよ、あの2週間ぐらいですぐに作った安っぽいコスチュームは…。全然似合ってないし、意味もわからない。完全に自己プロデュース失敗だ。

――そこまで言いますか。

拳王　だが、そう言わせるために、波紋を起こさせるためにあのコスチュームにしたのなら、アイツはプロフェッショナルだけどな。清宮に関して、それはないとして、藤田はコスチュームを変えただけではなく、ヒゲと日焼けで荒々しさも出してた。プロレスの〝プ〟の字もわかっていない、自己プロデュースなんてしないヤツなのかなって思ってたけど、ちゃんとやってきたから見直したぞ。自己プロデュースを覚えた野獣…さらに倒しがいが出てきたな。

――最終公式戦の8・28川崎で対戦します。

拳王　やっぱりこのAブロックでも異質なオーラを放ってるし。絶対にオレが勝って、Aブロックを突破してやるぞ。

――これまでの公式戦で気になった試合はありましたか?

拳王　8・13大阪の船木誠勝vs中嶋勝彦だ。純粋に試合として面白かった。序盤、黙々と削り合って、後半は気力の勝負だったな。

――激闘の末に船木選手が勝利を収めました。

拳王　試合後のマイク&コメントもしびれたぞ。船木さんがBブロックを勝ち上がって、オレもAブロックを勝ち上がって、N-1決勝でGHCヘビー級&GHCナショナル2冠の統一戦か…面白すぎるだろ。昨年の拳王vs中嶋勝彦に続いて、今年も決勝は金剛対決で決まりだな。**9・3エディオンアリーナ大阪・第1競技場、船木さんとN-1&GHCヘビー級&GHCナショナルの三冠戦だ!**

9月14日号の議題　大好きだぁ!
外見だけの問題ではなく、実は中身も最悪だって気づいた

――今週はN-1公式戦の結果が出る前にこの連載を収録しております。今週の連載で何より深掘りしなければいけないのは、8・17仙台の潮崎豪戦で勝った後の「オレは仙台のクソヤローどもが大好きだぁ!」発言です。

拳王　週プロに仙台に縁があるから「大好きだぁ!」発言につながったと書かれていたな。

――えっ、違うのですか!?

拳王　そういう気持ちもどこかにあった。

――みちのくプロレスは仙台というよりも岩手県を中心に活動していたので、記事を書いていて違和感があったのは否めませんでした。ただそこは確認するのが野暮だと…。

拳王　オレは仙台のクソヤローも大好き

だぁ！　そこに嘘偽りはないぞ。

――なぜ「大好きだぁ！」と叫んだのですか？

拳王　逆に聞くぞ。なんでだと思った？

――率直に思い当たったのは、新日本の棚橋弘至選手の「愛してまーす！」ですね。

拳王　まぁ、昨今のプロレス界的にはそういうふうになるよな。

――急に言うからビックリしましたよ。拳王さんは「大好きだぁ！」なんて言うキャラクターではないですよね？

拳王　そう思われて仕方がないよ。だが、コロナ禍でも平日の仙台サンプラザホール大会に、あんなにも集まってくれたクソヤローどもを前にしたら、ついつい普段の締めではなく、「ありがとう」以上の言葉で感謝を伝えたくなったっていうのが本音だな。

――それはなぜですか？

拳王　よく聞いてくれたな。東北の人ってイベントに対する腰が重いんだよ。それを知ってるから、思わずこみ上げるもんがあった。前提として、このN－1が始まってから開幕戦の8・11横浜がメインで藤田和之が潮崎豪に勝って、締めはノーマイク。8・13大阪は中嶋勝彦に勝った船木誠勝さんが渋いマイク。8・14広島はオレに勝った田中将斗が外敵ながら男らしいマイク。N－1は確かにプロレス界に誇れる武骨なファイトが繰り広げられてるけど、何か足りないもんがあるなって感じてたんだよ。

――なるほど。

拳王　ここでオレがいつものようにアジテーションだけで大会を締めたら、N－1はとっつきにくい男臭いシングルリーグ戦だなって思われちゃう危険性もあった。年齢層高いプロレスファンだけに響くようなN－1じゃいけないんだよ。**もっと20代、30代にも響くようなことを発信していかないといけない**と思って、キャラクターをかなぐり捨てて、あえてわかりやすい言葉を選んだ。

――そこまで考えていたのですね！

拳王　GHCヘビー級王者はそういうシリーズ全体のバランスまで加味した上でマイクの言葉選びもしてるってことだよ。あの日の仙台大会が一期一会だろうな…。

――さすがですね！　8月25日深夜放送の「ヒロミ・指原の〝恋のお世話始めました〟」でフラれたから、番組で言えなかったワードを使ったのかとも思っていました!!

拳王　やっぱバレてた？

――告知の段階からけっこう話題になっていましたからね…。

拳王　ちなみに言っておくけど、あの番組の収録はN－1前だ。成功してN－1にかわい子ちゃん連れてくるつもりだったんだけどな。

――一昨年、清宮海斗選手が同番組に出演した時にボロクソ言っていましたよね？

拳王　そんなこともあったな…。

――拳王さん、メロメロでしたよね？

拳王　**グラビアアイドル・原つむぎ**

左が原つむぎさん。「ヒロミ・指原の“恋のお世話始めました”」はABEMAビデオにて配信していた

ちゃんのHカップ見ただろ！ マジでたまらなかったぞ!! そりゃ「大きい人って擦れてたら、立ちやすくない？」って質問もしちゃうよ。

――地上波放送の合コン番組で初対面の人にいきなり乳首の話はどうかと思います。

拳王 全然、大丈夫な話だろ。それぐらいの下ネタは普段から言ってるし。

――清宮選手に「オレは自然に女と愛を育んだ」と言っていましたが、それが自然な会話なのですか？

拳王 うるせー。何か悪いか？ 目の前に美味しいもんがあったら食いつくだろ。プロレスで例えると、8人タッグマッチで勝てそうな時にパートナーに遠慮せずに、いつもどんな試合でもオレは勝つつもりでいるからな。

――カッコイイことを言っていますが〝恋センワ〟では見事なまでの惨敗でしたよ。

拳王 **やはり37歳、独身、モテないプロレスラーだったのか…。**

――普段はどうしているのですか？

拳王 今後は大好きな女がいたら、あんまりしゃべらないようにしようと思ってるぞ。オレは顔面偏差値が低いと思ってたけど、外見だけの問題ではなく、実は中身も最悪だって37歳になって初めて気づいたかもな。

――拳王さん、そんなことないですよ。人生の大逆転ホームラン待っています！

拳王 そんなことよりもN-1決勝は大阪大会だ。大阪来てくれた人が本当のオレのファンだと思っています。

――どこかで聞いたことある言葉ですね。

拳王 9・3大阪に来てくれるクソヤローどもが…オレは大好きだぁ！ 大好きだぁ!!

9月21日号の議題 「N-1 VICTORY」総括

いずれ〝野獣〟の藤田和之を必ず倒してやる。もちろんGHCヘビー級ベルトを懸けて、だ

――N-1が終わりました。GHCヘビー級王者として史上初の優勝はできませんでした。

拳王 悔しいしか出てこないよ。新しい目標ができたからよかったって部分もあるけどな。

――新しい目標ですか？

拳王 やっぱり藤田和之を倒さなきゃいけないってあらためて強く思ったぞ。

――8・28川崎での最終公式戦で敗北。昨年3月のGHCナショナル選手権のリベンジに失敗し、シングル戦績2戦2敗となりました。

拳王 N-1中の藤田和之を見てたら、ものすごく物足りなかった。ラリアット一つ見ても、すごく気持ちが入ってないように見えた。弱々しいというか、対戦相手に思いやりを持ってやってるのが伝わってきて、全然面白くなかったぞ。オレがやる時は絶対に〝野獣〟に戻してやろうって思って公式戦に臨んだ。

――弱々しく見えませんでしたが…。

拳王 そんなことないだろ。公式戦をレッスルユニバースで見直してみたらわかる。すべて〝人間〟藤田和之だった。NOAH入団してから〝人間化〟とか面白くないことをやってたよな。嘘から出た実じゃないけど、本当に〝野獣〟ではなくなってしまった。

――それはどういう部分で感じましたか？

拳王 例えば、エルボーをラリーで打ち合う場面とかあっただろ？ 〝野獣〟だったら、ラリーなんかに持ち込ませずに一発でダウンさせたはずだ。要するに対戦相手に合わせたプロレスをしてたんだよ。オレはあんな藤田和之は見たくなかった。

――そこまで言いますか…。

拳王　藤田和之がNOAH入団した時にこの連載で「NOAH所属になっても飼いならされた〝家獣〟にならずに飢えた野獣のままでいてほしい」と警告したけど、**N-1は見事に〝家獣〟になっちゃってた。**定期的にエサを与えられる動物園でぬくぬくと暮らしてるからだろうな。NOAHに入団して安定を得て、楽を覚えた武藤敬司と同じだったな。完全にギラギラ感がなくなってた。

――そんな〝家獣〟を〝野獣〟に戻そうとしたのですね。

拳王　〝家獣〟の藤田和之に勝っても何も嬉しくないからな。野性でエサを求めて暴れまくってた頃の荒々しい〝野獣〟に勝たなきゃ意味がない。オレとの公式戦ではそれまでの甘っちょい藤田和之ではなかったはずだ。

――〝野獣〟に戻してしまったために敗北したということですね。

拳王　まぁ、そういうことだな。いずれ〝野獣〟の藤田和之を必ず倒してやる。もちろんこのGHCヘビー級ベルトを懸けて、だ。

――試合ではインローキックが股間にバッティングする場面もありました。

拳王　序盤はアウトローで外側を攻めて意識させて、終盤にインローっていうのは戦前から作戦として考えてた。普通、あの角度のインローはこれまでも何回もやってきてるし、金的に当たらないはずなんだよ。でも、当たった。**藤田和之はチ○コも〝野獣〟だったぞ！**

――それで怒らせたかもしれません。

拳王　あの場面からの藤田和之は本当にやばかったぞ。それでオレは思ったんだよ。大道塾って知ってるか？

――柔道界から極真空手に転進した東孝塾長が創立した「21世紀の武道 空道」ですよね。

拳王　大道塾の試合では著しく体力指数（身長＋体重）差があった場合、ファールカップを着用の上で急所攻撃も認められるんだよ。次、藤田和之とやる時は金的蹴りありでやったら面白いな。

――面白そうですが、プロレスは金的蹴り反則です。8・19後楽園の鈴木秀樹戦はいかがでしたか？

拳王　やってみて思った通りだったな。基本的にこのN-1の試合は面白いなっていう印象はあるかな。あんなに大きな体であれだけのテクニシャンは珍しい。だから、Aブロック1位という結果を残せたんじゃねぇのか。爆発的なものはないけど、安定した実力があった。でも、藤田にしても鈴木にしてもコメントが伝わりづらい。IGFの美学かもしれないけど、身内ウケばかりでプロレスファンでさえ理解に苦しむことが多い。藤田はバカだからわからないけど、鈴木は賢いから、伝わるコメントを出してほしかった。あの2人がふざけたコメントに終始しなければ、N-1がもっと多くの人に見てもらえたと思うぞ。

――なるほど。そんな2人に拳王さんは勝っていませんが…。

拳王　そうそう、オレが藤田と鈴木に勝っていれば説得力もあった…って、うるせーっ！

――す、すみません！　では、そろそろまとめに入りましょうか。

拳王　強敵ぞろいで心身ともに疲れたよ。きついことをしてるから自分のためになってる

急所を押さえて悶絶する藤田

だろうし、クソヤローどもも見てて楽しかっただろ。充実感、新しい目標、課題…いろいろ今年のN－1で発見できたから、優勝はできなくて悔しかったけど、出場してよかったぞ。ちなみに、**武藤敬司並びにグレート・ムタをGHCヘビー級王座挑戦者に指名することはあきらめてねぇからな！**

9月28日号の議題 NOAH9・25名古屋GHCヘビー級選手権

オレが清宮をシャイニング・ウィザードで仕留めて、武藤継承スーパースター化ストーリーも引き継いでやる

――9月7日の会見、怒っていましたね。

拳王 テメーからの質問が来たら、絶対に怒ってやろうと思ってた。

――な、なぜですか？

拳王 武藤敬司の引退ロードに合わせて、NOAHが推し進めようとしてる清宮海斗スーパースター化ストーリーにかんでるからだ。NOAHからいくらもらってるんだよ？

――もらっていません！

拳王 まさか今週号で単独インタビューなんてしてねぇだろな！

――しましたね。

拳王 何ページだよ。

――4ページです。

拳王 メチャクチャ、ページ取ってんじゃねぇか！　ほら、見ろ。NOAHが描く美しいストーリーにオマエらも乗ってるじゃねぇか。

――N－1覇者なので…。それよりも会見で「タイトルマッチが武藤引退ロード第2弾の9・25名古屋大会でおこなわれることについては？」と聞いたのに、拳王さんは「テメーら、マスコミもグチグチうるせぇんだよ！　なに、清宮担いでんだよ。金のためか？　NOAHから金ほしいからか？　ABEMAから金ほしいからか？」と急にキレましたよね？

拳王 N－1全大会の解説、本当にお疲れ様でした。NOAHからいい仕事もらってるから、あえてオマエに言ったんだよ。8月、いくらギャラもらったんだ？　言ってみろよ。

――お金の話、大好きですね。

拳王 だいたい週プロの表紙もそうだよ。コピーの「清宮海斗は驀進します!!」ってなんだよ。自分で驀進できないから「清宮海斗を驀進させます!!」だろ。しかも**「驀進」なんて難しい漢字を清宮が読めるわけねぇだろ！**

――ちなみに「驀進します!!」は武藤選手が95年にG1を制覇した後に語った名言です。

拳王 そういうことがあったのか。さすが湯沢編集長は武藤番だな。センスあるよ。プロフェッショナルだ。それを聞いたら、もっともっとイラ立ってきたけどな。結局、週プロも清宮を必死に担ごうとしてるだけだろ？

――ヨイショして落とすのはやめてください。

拳王 そんなキャッチーな名言があるのに最高の舞台で言わずに、たじたじの伝わらないマイクに終始した清宮はやっぱりバカだな。まぁ、そもそも「驀進」の意味もわかってないから選択肢にもなってないか。

――これは会見後からずっと拳王さんに聞きたかったのですが…。

拳王 清宮がまた金髪にしちゃったから、またオレと髪型がかぶってたことか？　リング上でパッと見でわからなくなるから黒髪に戻してほしいよ。**それかデビュー戦みたいに坊主にして来いよ。あっ、武**

なぜか小社ロビーで武藤張りに「イヤーッ!」とプロレスLOVEポーズを決める拳王

藤継承ならスキンヘッド&口ひげでもいいぞ。ただし眉毛は細くしちゃ絶対にダメだ。

——…。髪型同じ問題は一理ありますが、聞きたかったのは「清宮選手はその武藤継承スーパースター化ストーリーを乗りこなせていると思いますか?」ということです。

拳王　それを早く言えよ。まぁ、会社の想定していた合格ラインには絶対に達してないだろうな。いくら美しいストーリーを与えられても最終的には本人のポテンシャルやバイタリティー次第。清宮はこのままだと、学芸会レベルだ。武藤継承者という役割を演じ切れてもいない。荷が重すぎたな。

——清宮選手の武藤殺法はいかがですか?

拳王　なんかやらされてる感があるよな。武藤殺法までの持っていき方も微妙だし、あそこまで身体能力が高いのにどうしてインパクトを残せないのか不思議でしょうがない。まだまだ技に負けてるな。オレだったら、まるで最初から自分の技かのようにやってるぞ。**ダーティーさが足りないな。そりゃ、女も口説けねぇよな。**

——それは拳王さんもでは…。

拳王　うるせーっ!

——す、すみません。では、N-1で猛威を振るった変型シャイニング・ウィザードについてはどうですか?

拳王　最低だろ。9・3大阪は素晴らしい大会であれだけ盛り上がった。それを静寂にさせたのは本当にすごい。2988人(満員)のクソヤローどもは「これで3カウント!?」と思っただろうな。

——拳王さんはそう感じていたのですね。

拳王　当たり前だ。何だったら、シャイニング・ウィザードはオレがもらってやるぞ。リングに立ったら、NOAHやテメーらが描く美しいストーリーなんて関係ないからな。9・25名古屋のGHCヘビー級選手権はオレが清宮をシャイニング・ウィザードで仕留めて、武藤継承スーパースター化ストーリーも引き継いでやる。

——よろしくお願いします!

拳王　最後にこれだけは言っておいてやる。**拳王はますます驀進します! イヤーッ!!**

10月5日号の議題　続・NOAH9・25名古屋

HAYATA vs YO-HEYも拳王vs清宮みたいに NOAHの黄金カードにならなきゃいけないんだよ

——3階スタンド席が増席されるなど9・25名古屋のチケットが好調みたいですね。

拳王　7・16日本武道館は今年1月よりも観客動員が伸びた。そして、9・25名古屋も売れてる。これが何を意味するのかわかるか？

―どちらも拳王選手がメインのＧＨＣヘビー級選手権に出場します。

拳王　正解だ。**オレがどれだけ数字持ってるか、そろそろみんなわかってきただろう。**

―け、拳王さん、7・16日本武道館&9・25名古屋は武藤敬司引退ロードが…。

拳王　このままオレがGHCヘビー級王座を防衛し続けていけば、NOAHが業界1位になる日もそう遠くないってことだ。

―おそらく武藤選手の引退が一番影響し…。

拳王　Ｙａｈｏｏニュースになったら、誰よりもPV稼いじゃうし、ホント参ったよ。

―アンチのコメントがすごいのは確かです。

拳王　テメーの会社でニュースにした広島焼き謝罪ニュースもすごかっただろ？　まさに嵐を呼ぶ男だな。現在、業界で最も賛否両論を巻き起こすプロレスラーだ。

―確かにすさまじい閲覧数でした。ですが、Ｙａｈｏｏだと〝否〟の方が圧倒的に多いように思えますが…。

拳王　（無視して）よし、チケットが好調だから今回も前回に続いて、9・25名古屋について語ってやるぞ！　先週言い忘れたんだけど、実はGHCヘビー級選手権では清宮に'18年1月に1回勝っただけで、'19年1月、11月と2連敗してるんだよ。だから、今回はオレが勝って星を五分にするぞ。

―シングル戦績は7勝2敗と勝ち越しです。

拳王　ＧＨＣヘビー級選手権で負け越してるという汚名を返上したい。それだけは付け加えたかった。メインについては先週語ったから、セミの見どころからいくぞ。

―武藤引退ロード第2弾の武藤&藤田和之vs船木誠勝&中嶋勝彦ですね。

拳王　これはかみ合うのか、かみ合わないのか、両極端になりそうだな。たぶん普通に終わることとなんてなさそうだ。

―どうしてですか？

拳王　4人全員が「自分が、自分が」っていう空気を読まないし、絶対に相手に合わせようとしないタイプだからな。プレーヤーとしてもどういう試合になるか楽しみだ。下手したらグチャグチャな試合で終わっちゃうぞ。

―それは恐ろしいですね。

拳王　逆に現代プロレスではあまりお目にかかれないような面白い試合になるかもしれない。**前田日明さんが言ってた予定調和をぶち壊す一戦になる可能性も大いにあるよ。**

―ゾクゾクしますね。

拳王　それに船木さんは武藤さんと同期で前々からGHCナショナル王座を懸けて闘いたいみたいなこと言ってただろ。武藤さんと久々の対戦で燃えてると思うぞ。

―楽しみです。中嶋選手については？

拳王　ＮＯＡＨに来てから、武藤さんと本格的に絡んだっていうイメージがないからな。

―中嶋選手はデビューしてすぐに、佐々木健介さんとともに武藤全日本に上がっていたので思い入れや恩義があるでしょうね。

9・25名古屋のポスターをアピールする拳王

拳王　**どうせ中嶋勝彦はそんなこと忘れてるよ。**忘れててもらいたい。
——そうですか…。
拳王　GHCヘビー級選手権、武藤引退ロード以外にもタイトル戦が3つも組まれてるぞ。
——3つの中でどの試合に注目してますか？
拳王　GHCジュニア選手権のHAYATA vs YO-HEYだな。この2人でタイトルマッチは何度目だ？
——4度目ですね。すべてHAYATA選手が勝利を収めています。
拳王　本来なら、HAYATA vs YO-HEYも拳王 vs 清宮みたいにNOAHの黄金カードにならなきゃいけないんだよ。おまけにYO-HEYはNOAHでシングルベルトを巻いたことがない。ここはYO-HEYに勝ってもらいたいよな。
——おおっ！
拳王　NOAHジュニアは長らくHAYATAの独走状態が続いている。ここでYO-HEYが追いついて、ライバルストーリーを再開させなきゃいけないんだよ！
——そこまで推す理由は何でしょうか？
拳王　YO-HEYのドロップキックってすごいだろ。打点の高さ、フォームの美しさ、無重力感…全世界を見渡してもトップクラスだと思う。ああいう武器を持ってるのは強いよ。一時期は迷走してペロス・デル・マール・デ・ハポンに入ったり、愛社精神の塊キャラクターになったりしてたけど、ここ最近は持ち前の陽気さが前面に出てきたし。
——DRAGONGATEでデビュー前後はCIMA選手の付き人的なポジションで次期エース候補としてかなり期待されていました。
拳王　アイツの台頭がNOAHジュニアのカギになることは間違いないよ。
——NOAHジュニアはHAYATA選手、YO-HEY選手の2トップ体制に…。
拳王　バカヤロー！　テメー、超重要人物を忘れてんだろ！
——えっ、誰ですか？
拳王　タダスケに決まってんだろ！　HAYATA、YO-HEY、タダスケ…**方舟Jr三銃士時代の幕開けは近いぞ!!**

10月12日号の議題　異種格闘技戦

YouTubeでコラボをやることによってプロレスの魅力が少しでも世間に届けばいい

——今週は何について語りましょうか？
拳王　異種格闘技戦でどうだ？
——おおっ！　面白そうですね。
拳王　最近、YouTubeの拳王チャンネルでいろんな格闘技の選手たちとコラボして、毎回多くのものを吸収できてるからな。
——最初は総合格闘家の矢地祐介選手でした。
拳王　メチャクチャ、プロレスに生かすことができたぞ。N-1公式戦でもバックチョークからの腕ひしぎ十字固め、開始直後の延髄斬りの奇襲とか使ったしな。
——ここ最近では現代の忍者と言われている暗殺術の坂口拓さん、220kgの元力士・チャン・エドモンドさん、極真空手世界王者・纐纈卓真さんらとコラボをおこないました。
拳王　さすがは違う格闘技の達人たちだったよ。プロレスをやってるだけでは学べなかったことをいっぱい教えてもらった。**坂口さんの"ウェイブパンチ"は今まで食らったことがない痛みだったな。**身体の力を抜いてから全身で突くって、丸藤君のチョップと同じ打ち方だなと思ったし。

――丸藤正道選手ですね。

拳王　頸椎を負傷してから右腕に力が入らなくなったらしいけど、それを逆手に取ってムチのようなしなやかなチョップを体得した。たぶん脱力することによって力が体内を波のように浸透していくから、あれだけの威力を出せるんだよ。力任せにずっとチョップやってたら、自分の体にもダメージあるしな。チョップを力で打つ潮崎豪みたいに右腕がボロボロになってしまうかもしれないし。脱力することも大事だとわかったぞ。

――大きな発見ですね。

拳王　暗殺術の握手首折り、極真空手のミドルキック、相撲の体幹…これから生かせそうなことばかりだったぞ。

――それは楽しみです。

拳王　そこで今回の議題だ。プロレスで異種格闘技戦と言えば、やっぱアントニオ猪木vsモハメド・アリだよな。プロレスvsボクシング。当時は総合格闘技ってジャンルすらなかったけど、現在でも語り継がれるような伝説の一戦だ。あの試合が決まる過程で問題となったのがルール。基本的には猪木さんがアリ側にかなり譲歩する形だったよな。

――ほとんどのプロレス技は反則でした。

拳王　**どんな格闘技にも言えることだけど、みんなルールに守られてるよな。**例えば、ボクシングは蹴りや投げ技がなくパンチのみだ。レスリングや柔道だって、オリンピックのたびにルールが変わって、相手と闘うのと同時に、いかにルールをうまく利用するかの勝負にもなってる。相撲、空手、柔道、キックボクシング、日本拳法…異種格闘技戦をやっても、結局はルール次第。どれが一番強いなんて言い切れない。総合格闘技だって競技化される過程でルールも整備されて、階級も細分化されてきた。スポーツとして確立されていく中で、わかりにくくなっちゃったし、大衆娯楽的な要素は薄れていったと思う。

左から坂口拓さん、拳王、チャン・エドモンドさん

――なるほど。

拳王　さっき上げた格闘技の中で一番プロレスに近いのは総合格闘技だよな。3カウントがあるか、ないかぐらいだろ。だから、**プロレス団体が総合格闘技のイベントをやるっていうのはどうかと思う。**プロレスを理解していないように考えてしまうぞ。

――…。

拳王　しかし、その3カウントルールがとてつもなく大事でわかりやすさにつながってる。しかも、5カウント以内は反則OKっていうグレーな部分もあるからパンチだってやるヤツもいるし、凶器攻撃だって繰り出されることもあるし、もしかしたら究極の異種格闘技戦かもしれないよ。わかりやすいから単純に面白い。誰でも楽しめる。

――おっしゃる通りです。

拳王　だが、総合格闘技と違うところは相手の技を受けるところだ。蹴りがきてもよけずに受ける。だから、ほかのスポーツ選手より免疫力が、ずば抜けてる競技だと思う。相手のすべてを受けた上で倒すのがプロレスの美学なので、さまざまなストーリーも生まれ、芸術的な一面もある。たまに中嶋勝彦みたいに一発で相手をKOしちゃうヤツもいるけど、それすらも個性として認められる包容力がありすぎるジャンルだ。さまざまな他ジャンルの達人たちとコラボして、あらためてプロレスの魅力を再確認したぞ。

――それもこれも拳王さんがYouTubeで積極的にコラボしているからですね。

拳王　最近はYouTubeやってるプロレスラーがレジェンドから若手まで増えてきたけど、ここまで他ジャンルのヤツらとコラボしてるのはオレぐらいだろ。プロレスファンだけではなく業界の外にいるクソヤローどもに訴えてるんだ。コメントでもコラボ相手の方から拳王チャンネルに来て今度試合見てみたいっていうクソヤローも増えてきたしな。

――確かに！

拳王　YouTubeでコラボをやることによってプロレスの魅力が少しでも世間に届けばいいんだよ。そのためには何でもやってやるぞ！　ある意味、オレにとっての異種格闘技戦だ。もしオレとコラボしてみたいヤツがいたら、拳王チャンネルまで連絡を!!

10月19日号の議題　GHCヘビー陥落

このままじゃ、一番美味しい武藤引退試合を新日本に奪われちゃうぞ！ オレは誰にも譲る気はない

――9・25名古屋のGHCヘビー級選手権で清宮海斗選手に敗れてしまいました。

拳王　まんまと会社の思惑通りに進めてしまうな。プロレス界のスーパースターである武藤敬司が引退する。NOAHは武藤をシングルで破って技まで託された清宮を新しいスーパースターにしようとしてるだろ。そんな予定調和の美しいストーリーを調印式で糾弾してぶち壊そうと思ってたのに、オレ自身がその一部になっちゃった。**まさにオレは清宮のかませ犬だよ。**悔しさしかないよ。

――残酷な現実でしたね。タイトルマッチ自体を振り返ってどうでしたか？

拳王　会社に担がれてるとかいろいろ言ってたけど、あの時の清宮は強かったよ。リングに上がったら後ろ盾とか一切なく己の強さだけで闘う。その闘いにオレは敗れたよ。オレの方が弱かっただけだな。そして、試合内容的には手応えがあった。

――どういう部分にですか？

拳王　試合タイムが30分を超えなかったことだ。今現在プロレス界のトレンドとして最高峰王座が懸かったタイトルマッチは、30分超えが当たり前になってるだろ。

――はい。しかし、今回は26分14秒でした。

拳王　NOAHが生み出して、今や世界的なトレンドと化してる**終盤のエルボー合戦**も負けたくない意地と意地のぶつかり合いでほとんどのタイトルマッチでやってるなと思ってた。今回はエルボーじゃない部分で意地を見せることができたしな。そういう部分では新しいタイトルマッチを提供できたと思ってる。

――言いにくいのですが、もっと拳王さんが粘っていれば、試合タイムは…。

拳王　うるせーっ！　早く仕掛けたけど、逆に早く仕掛けられたのかなって。

――すみません！　試合内容については同意見で個人的には清宮選手は拳王選手とのタイトルマッチが一番輝いているように思います。

拳王　世界のプロレスを見渡しても、新しいトレンドになるようなタイトルマッチだった

9・30新潟で会場入りしてアップもせずに、まず拳王チャンネル“海を見る”の練習をする拳王

だろ。ぜひともクソヤローどもには、レッスルユニバースで見直してほしい。

——あとは勝敗がついてくれば…。

拳王　うるせーっ！　結局、試合内容に手応えがあっても、この敗北はあまりにも痛すぎる。7月の日本武道館で小島聡を倒して、GHCヘビー級王者になった。今年は2月に藤田和之が中嶋勝彦からGHCヘビーを取ってから、潮崎豪、小島と短命政権が続いた。その流れをオレが止めて長期政権を築いてやろうと思ってたのに。

——今年で6人目のGHCヘビー級王者の誕生となりました。

拳王　つくづく悔しいよ。来年1月1日の日本武道館のメインでGHCヘビー級王座を防衛し、2月21日、武藤の引退試合@東京ドームで挑戦者として指名する。そこまで頭に描いてた。ベルトを失ってしまった今、プランを練り直さなければいけなくなったぞ。

——ここから巻き返しですね！

拳王　実は清宮に勝ったら、次の挑戦者として藤田をリング上から指名しようと思ってたんだよ。そしたら、清宮が指名しやがっただろ。まさか清宮がオレの思い描いてたことをやっちゃうんじゃねぇのか。

——武藤選手の引退試合は清宮戦ですか!?

拳王　いや、ダメだな。アイツは武藤の引退試合に積極的に名乗り上げてないだろ。清宮だけじゃない。NOAHの連中はオレ以外全員がなぜか武藤引退ロードに関して発信してねぇだろ。

——言われてみれば、そうですね。

拳王　新日本のヤツらを見てみろよ。棚橋弘至、オカダ・カズチカ、内藤哲也を筆頭にみんなことあるごとに武藤引退試合について語ってるよな。グレート-O-カーンもグレート・ムタとタッグ結成→決裂というドラマを描いた。このままじゃ、一番美味しい武藤引退試合を新日本に奪われちゃうぞ！　やっぱり嗅覚が狂ってる。9・3大阪を最後に欠場してる潮崎豪はまた貝になってるし。別に言論統制があるわけでもない。NOAHは自由と信念の団体だろ。もっともっと武藤引退を利用してアピールしろよ。といっても、オレは誰にも譲る気はないけどな。

——では、これからどうするのでしょうか？

拳王　**私、拳王はしばらくYouTubeに専念させていただきます。**

——えっ!?

拳王　冗談に決まってるだろ。第一目標は1・1日本武道館でGHCヘビー級王座に挑戦することだ。最後に入場することができなくなっても、タイトルマッチで勝てば、武藤を挑戦者に指名してから大会を締めて最後に花道を引き揚げることはできる。そのためには一刻も早く実績を積み上げていかなければいけないな。

——あと3ヵ月しかありませんからね。

拳王　さらに**新日本で一人だけ闘わないといけないヤツがいる**と9・3大阪の試合後に言ったけど、そちらの闘いも考えてるしな。

——それも楽しみです！

拳王　GHCヘビー級王座から陥落しても、八面六臂の活躍するからクソヤローどもはオレから目を離すなよ！

10月26日号の議題　アントニオ猪木

オレたちプロレスラーはいつ何時どんな時でも猪木さんに恥じないプロレスをしなければいけない

——10月1日、アントニオ猪木さんがお亡くなりになりました。

拳王　偉大なプロレスラーだよな。蝶野（正洋）さんは「神」って言ってたけど、オレもそういうイメージがあるかな。日本プロレス界の神が亡くなって悲しいよな。

——プロレスラーとしてはどうですか？

拳王　最近、拳王チャンネルで前田（日明）さんと対談させてもらった時に、猪木さんがハルク・ホーガンのアックスボンバーを食らって舌を出して倒れて、前田さんが代わりに病院に行ったって話を聞いたばかりだから、それぐらいのことをやっちゃうものすごいプロレスラーだなって。

——前田さんの記憶が入れ替わって…。

拳王　失礼なヤツだな。オレは前田さんを信じるぞ。まぁ、普通のプロレスラーが絶対に考えないことを考えて実行するからこれだけみんなの印象に残ってるんだろうな。でも、アントン・ハイセルとかいろいろ大失敗もしてるだろ。そういう部分さえも伝説にしちゃうわけだから、やっぱりすごいよ。

ダーツを決める拳王

——プロレス界を超越していました。

拳王　そこだよ。猪木さんは「ボクシングであれば大新聞が記事にする、しかし、プロレスは絶対取り上げない…」などの葛藤もあり**常にプロレスを背負って、世間と勝負してた**んだよな。異種格闘技戦だってそうだし。ミュンヘン五輪の柔道で2階級金メダリストのウイリエム・ルスカ、ボクシング世界ヘビー級王者のモハメド・アリ、マーシャツアーツの未知なる強豪のザ・モンスターマン、極真空手で無類の強さを誇ってた〝熊殺し〟ウィリー・ウイリアムス…。さまざまなジャンルのトップファイターを引っ張り出して、いろいろルール問題もある中で試合を成立させた。TVで全国中継させて、とんでもない数の観衆を動員してきたんだろ。いちファイターとしてだけではなく、いち実業家としても相当な手腕を持った人だよな。

——総合格闘技がない時代でしたからね。

拳王　完全にMMAのパイオニアだよな。世間と勝負という意味では国会進出だってそうだよ。これだけ**日本でプロレスってジャンルが市民権を得てるのは猪**

木さんのおかげだと思ってる。みんな猪木さんのプロレスや言動を見て、勇気や元気をもらってた。イラクでプロレスやって人質解放して、北朝鮮でプロレスやって友好関係を築いたんだろ。世界的にメジャーなサッカーや野球、国技の相撲とかじゃなく、プロレスでだぞ。このようなところからも**プロレスの力、アントニオ猪木の力は絶大だよな。**誰しもが無理だって思ってることをやってのけるからあこがれるよ。これは国民栄誉賞を与えてもいいんじゃないか。よし、オレも国会議員を目指すか!?

――おおっ！　さすが明治大学政治経済学部卒業!!　ぜひお願いします。

拳王　猪木さんみたいにプロレスの力で世界を平和にしてやりたいよ。そうだ、**オレが国会議員になってロシアでプロレスをやるぞ！**

――け、拳王さん…。

拳王　わかってるよ。例え話だ。でも、それくらいのことを猪木さんは成し遂げたってことだ。誰もがやろうとしなかったことや難しい問題などを猪木さんの闘う魂と書いて「闘魂」で立ち向かい、強力な問題をプロレスの力で解決していった。

――この功績は本当に素晴らしいです。試合で印象に残っていることは何でしょうか？

拳王　94年のグレート・ムタ戦、98年の引退ぐらいしか知らないかな。どの試合がどうこうよりも、猪木さんの試合はプロレスが絶対にナメられないように殺気が出ていて、殺伐とした闘いを見せてたよな。そのあたりは弟子の武藤敬司や藤田和之らはちゃんと受け継いでる。まさに闘魂、キング・オブ・スポーツだ。現在のプロレスラーたちもお手本にしないといけないよな。総合格闘技の台頭とか時代の流れとかまったく関係ない。オレたちプロレスラーはいつ何時どんな時でも猪木さんに恥じないプロレスをしなければいけない。何度も言ってきてるけど、プロレスは学芸会、お遊戯会じゃねぇんだよ。プロレスをバカにするプロレスラーは絶対に許せない。

――ごもっともです。

拳王　猪木さんはプロレスという闘いで誰とでも名勝負ができた。前田さんも「猪木さん、藤波（辰爾）さんはプロレスが巧い。長州（力）さんは下手だけど、猪木さん、藤波さんと闘ってたからよく見えた」って言ってたし。

――そうなのですね。

拳王　あくまで前田さんの見解だ。それと「1、2、3、ダーッ！」「元気ですか!?」とか名言ばかり残してるよな。

――名コピーライターです。拳王さんは「クソヤローども、オレについて来い」をよく使われてますよね。

拳王　それも結局、プロレス界だけの言葉だろ。もっともっと世間に通用するような新しい言葉も生み出さないといけないよな。オレも対世間をもっと意識していくぞ。

――それは楽しみにしております。最後に一言お願いします。

拳王　アントニオ猪木さんのご逝去を悼み、謹んでお悔やみ申し上げます。

11月2日号の議題　タカ&サトシ

あぶない刑事はワンクールで打ち切りだ 秘策はレインボーブリッジを封鎖せよ！

――10・30有明で中嶋勝彦選手とGHCタッグ王座への挑戦が決まりました！

拳王　オッサンたちにベルトを持たせておくわけにいかないからな。オレはちょっとベルト戦線から離れて休息期間に入ろうと思ったけど。中嶋勝彦が勢いでオレをパートナーに挑戦表明して、オレに休みをくれなかった。

――休息期間で何をしようとしたのですか？

拳王　どうやったら1・1日本武道館のメインでGHCヘビー級王座に挑戦できるか。どうやったら武藤敬司引退試合の対戦相手になれるのか。この2つについて考えて、裏で動こうかなって思ってたぞ。そもそもなんで杉浦貴&小島聡がGHCタッグ王者になって2週間ぐらい、誰も挑戦表明しなかったんだよ。

――チャンスはありましたね。10・8後楽園ではケンドー・カシン選手が…。

拳王　アイツはネタだから却下だ。10・30有明のカードが決まってたとはいえ、**稲村愛輝あたりが動いてもよかった。**10・16福岡でタイトルマッチやってもよかったんだし。マサ北宮だって9・30新潟のGHCナショナル選手権で敗れたとはいえ、アイツだったらいつでも名乗り上げてもいいだろ。谷口周平だってくすぶってる場合じゃない。丸藤正道君だって今年2月に返上したベルトなんだから藤田和之みたいに取り返しにいけばいいじゃん。今のNOAHはだいたい挑戦表明すれば、タイトルマッチにつながる環境だ。だけど、ジュニア含めてみんななぜか積極的に挑戦表明するヤツがいない。もっと日頃からちゃんとアピールしてほしいよ。

――拳王さんのように…。

拳王　そうだよ。**オレなんて常に欲求不満だよ。食欲、性欲、睡眠欲、海欲、ベルト欲…。**

――欲望の塊ですね。

拳王　結局、気がついたらオレがいつもベルト戦線に絡むことになるよな。GHCタッグ挑戦は今年何回目だ？

――1月に征矢学選手、3月の王座決定トーナメントには船木誠勝選手、4月に中嶋選手と挑んでいますので、4回目ですね。

拳王　おいおい、チャンピオンでもないのに、そんなにやってるのか!?　どこまでNOAHのヤツらはのほほんと暮らしてんだよ。ちゃんと働いてくれ！　給料泥棒か!?

――そこまで言いますか…。ちなみに、王者組の〝タカ&サトシ〟杉浦&小島についてはどう思いますか？

拳王　すごくいいチームだよ。オッサンたちがリング上の動きじゃ楽しめないからコミカルに走って、自分のステータスをごまかすのはプロレスラーとしていいことだ。2人とも笑いのセンスがあって面白いからな。笑いは最近のNOAHに足りない部分でもあったし。

――ディスりながらも意外な答えです。

拳王　あぶない刑事は好きでよく見てたからな。〝タカ&サトシ〟って最初に聞いた時「欧米かっ！」のタカトシかと思った。**あぶない刑事なら〝タカ&ユージ〟だろ。**小島こそまさに「関係ないね」だろ。永田裕志連れてこいよ。紛らわしいぞ。

――ごもっともです。

拳王　まぁ、小島は7月にGHCヘビー級王座から陥落してN-1でも大きな結果を残せなかった。でも、すぐに杉浦をパートナーに巻き込んで、GHCタッグ挑戦&奪取だ。ワラにでもすがるつもりでチャンスをつかんでものにした。新日本では試合も組まれなかったヤツだからハングリー精神が違うよ。最後にひと花咲かせようという意識が、常にNOAHではタイトル戦線に絡んでることにつながってるんだろうな。

――杉浦軍の杉浦選手とは軍団が違いますが、同じ学年という共通項だけで半ば強引にタッグを組みましたからね。

拳王　小島だけにコジつけだな。ただし、違う軍団のヤツと組むことには否定したい。杉浦軍の鈴木秀樹&ティモシー・サッチャーが

レインボーブリッジと拳王

持ってたベルトを杉浦軍の杉浦が正規軍の小島と取った。何のための軍団かまったくわからない。杉浦軍なんてもう軍団として機能してないだろ。正規軍もまとまりがない。NOAHでちゃんとした軍団は金剛だけだよ。

——拳王選手は軍団を大切にしています。

拳王　超危暴軍、金剛と常に固い絆の軍団にいるオレからすれば、今の正規軍や杉浦軍やM'sアライアンス残党はわけがわからないよ。NOAHの軍団抗争の秩序を守るためにもオレと中嶋勝彦がベルトを取らなきゃいけないな。あぶない刑事はワンクールで打ち切りだ！

——おおっ！

拳王　〝タカ&サトシ〟は10月30日で最終回になる。あぶない刑事の名セリフを借りて秘策を教えてやるぞ。

——教えてください！

拳王　レインボーブリッジを封鎖せよ！だ。

——それは「踊る大捜査線」の…。

拳王　〝タカ&サトシ〟は東京都西部に住んでるという情報がある。レインボーブリッジを封鎖すればアイツら、決戦の地である湾岸署に遅刻して、バタバタの中でタイトルマッチに臨むことになるぞ。

——念のため訂正しますが、決戦の地は湾岸署ではなく、有明アリーナです。

拳王　うるせーっ！　**事件は会議室で起きてるんじゃねぇぞ!!　現場で起きてるんだ!!!**

11月9日号の議題　有明凱旋

10月30日はハロウィン前日、拳王のコスプレを厳命する

——10・30「有明凱旋」が迫ってきました！　拳王さんにとって有明の思い出は何ですか？

拳王　ランニングだな。有明とか豊洲市場周辺を走ってると、けっこう気持ちいいんだよ。レインボーブリッジとか見えてキレイだし。

——豊洲ぐるり公園は護岸も整備されていて、対岸の夜景もキレイですからね。

拳王　**潮風を浴びれるからな。**ディファ有明のシャワーを浴びてから合宿所に帰る時の潮風はたまらないよな。海って世界中どこでもつながってるから海は海なんだよ。

——さすが海好きですね。

拳王　東京湾って数年前までものすごく汚かったけど、最近は水質が改善されてきてるらしいからな。

——拳王さんが大好きな沖縄と同じぐらい清々しい潮風を…。

拳王　そこまでは言ってない。潮風を浴びれるから気持ちがいいと言ってるだけだ。

——そうですか…。

拳王　まぁ、有明アリーナは最近になってよく車で通るから馴染み深いけどな。有明アリーナの前の道をまっすぐ行くと銀座や歌舞伎座があって、埼玉の道場近辺では考えられ

ないくらい華やかだな。

——えっ、埼玉の道場近辺に住んでいるのではないのですか？

拳王　白々しいな。埼玉は海なし県なので引っ越したよ。有明が恋しかったし。

——ちなみに、拳王さんがディファ有明に通っていた頃、合宿所には誰がいましたか？

拳王　マサ北宮、熊野準、清宮海斗だな。あとマイキー・ニコルス、シェイン・ヘイスト、ジョナ・ロック、ザック・セイバーJrあたり。外国人はみんな新日本に行っちゃったな。あっ、しろっぺもいたぞ。

——友寄志郎選手ですね。

拳王　（無視して）だから、10・30有明でメインを務める清宮が有明凱旋を感慨深く思うのはわかる。悔しいけどな。NOAHの選手で、ディファ有明合宿所に一番長く住んでたのは誰なんだよ？

——谷口周平選手ですね。6、7年は合宿所生活だったと思います。

拳王　**あの窓のない地下牢みたいな合宿所に6、7年もいたのか!?**　それは相当すごいぞ。さっき言ったヤツら以上に有明に思い入れがあるから、とんでもない力を発揮するじゃねぇか。10・30有明アリーナ、谷口はどんなカードが組まれてるんだ？

——第1試合の6人タッグマッチです。

拳王　NOAHもわかってるな。谷口をあえて大会の火をつけるオープニングマッチにもってきやがったな。

——対戦相手は金剛の征矢学&近藤修司&大原はじめです。

拳王　金剛にとっても有明に誰よりも思い入れを持つ谷口が相手なら反骨心を燃やしやすいぞ。**第1試合が裏メインかもな。**

——それは注目しなければいけません。

拳王　清宮以外は会社がストーリーを作ってくれないだろ。だから、谷口や北宮は自分たちでストーリーを作ってもらいたいところだったよ。今年の5月に大会開催が発表されてから今までどれだけ時間があったんだ？　思い入れを発信する機会なんていっぱいあったはずだ。オレはオマエらの青春や人生が有明にいっぱい詰まってるのを知ってるぞ。

——どんなことを知ってるのですか？

拳王　ディファ有明の合宿所で…（掲載自粛）。

——連載で書ける話を言ってください。

拳王　悪い、悪い。ついつい当時の思い出を熱く語っちゃったぞ。

——試合の思い出はありますか？　'14年8月にディファ有明でジュニアタッグリーグ戦を制しています。

拳王　あ、そうだったな。

——今も金剛で一緒の大原はじめ選手と組んで大きな結果を残していますよ！

拳王　もちろん覚えてるよ。

——NOAHで初の栄冠でした。あと有明コ

'18年12月におこなわれたロイヤルランブルクリスマスバージョンで当時のNOA

ロシアムで獣神サンダー・ライガー&タイガーマスク組に勝って、GHCジュニアタッグを防衛しました。

拳王 そうだな。有明ではタッグに縁起がいいってことで、10月30日の有明アリーナでも中嶋勝彦とGHCタッグ奪取確実だな。

——期待しております。

拳王 そこでどうしても言いたいことがある。

——なんですか?

拳王 有明と言えばコスプレだ。ディファ有明でもよくコスプレイベントやってたし、駐車場にコスプレイヤーたちがあふれ返ってた。コミケの聖地・東京ビッグサイトも近いだろ。

——確かに。

拳王 10月30日はハロウィン前日だ。ぜひともクソヤローどもには有明アリーナにコスプレをして来てほしい。

——WWEファンはけっこうやっていますね。

拳王 あんな感じでNOAHも盛り上がればいいんだよ。ついでにあの文化をNOAHにも取り入れよう。念のため確認するけど、NOAHで誰が一番コスプレしやすいと思う?

——拳王さんです!

拳王 だよな! 10・30有明アリーナ、クソヤローどもに拳王のコスプレを厳命する。金髪ボブのウィッグかぶって赤いズボンを着たら、だいたいは拳王になれる。クソヤローども、有明アリーナを一緒に赤く染めようぜ!

11月16日号の議題 GLOBAL DREAM11・11後楽園

清宮海斗26歳、吉岡勇紀28歳、箕浦康太23歳、オレ37歳。NOAHでは新世代気取ってたけど、オレ一人だけオッサン

——11・11後楽園でDRAGONGATE(DG)との合同興行が組まれました。この大会について、どんな見解なのですか?

拳王 NOSAWA論外がことあるごとにDGの地方大会に行ってただろ。その関連で斎藤了GMを丸め込んだのかと思ったが、どうやら違うみたいだな。

——DG9・4大阪にNOAHジュニア正規軍が来場して、合同興行を提案しました。

拳王 もちろん知ってるぞ。その時にいの一番にアピールしたヤツいたよな。

——吉岡世起選手がYAMATO選手とのシングルマッチを要求しました。

拳王 吉岡はなかなかいい嗅覚してんじゃねぇかと思ったよ。**DGの顔はYAMATO**。さっそく、そこに目をつけるのは非常にいいことだ。しかも、11・11後楽園ではダブルヘッダーで清宮海斗と組んで、オレと対戦するんだろ?

——け、拳王さん、それはDGの吉岡勇紀選手で、NOAHの吉岡世起選手と別人です。

拳王 えっ、そうだったの⁉ **吉岡が2人いるのか!** 世紀は知ってるけど、勇紀って誰なんだよ。

——現在、オープン・ザ・ドリームゲート王座を持つDG最高峰の選手です。

拳王 DG最高峰はYAMATOだろ。オレもいつかはYAMATOをぶっ倒してやろうと思って、昨年11月にはオープン・ザ・ツインゲート王座に挑戦してやったぞ。

——吉岡勇紀選手はそのYAMATO選手を挑戦者に迎えて、DG11・6大阪でドリームゲート防衛戦に臨みます。

拳王 そうなのか。ひとまず、とてつもなく紛らわしいな。吉岡勇紀と吉岡世起、どっちか改名しろよ。

——…。

拳王 どうせ吉岡勇紀はYAMATOに勝て

ないだろ。つまり、丸腰で11・11後楽園に来ることになるよな。っていうか、吉岡問題なんてどうでもいいんだよ。それよりも重要なのは、NOAHジュニア正規軍がよくDGに合同興行なんて提案したなってことだ。

——どういうことですか？

拳王　今年4月29日のNイノベーション両国国技館大会でDGと対抗戦やっただろ？

——原田大輔&アレハンドロ&宮脇純太vsシュン・スカイウォーカー&H・Y・O&SBKENToの一戦ですね。

拳王　試合の勝敗的にも負けて、結果以上に内容的にも完敗だとオレの目には映ったぞ。試合前のアオリから主導権はすべてDGの若者たちだった。原田はNイノベーションの発起人でNOAHジュニア正規軍のエースだろ。シュン・スカイウォーカーは前からいい選手だって知ってたけど、H・Y・OとSBKがいかにレベル高いかってことだけしか伝わらなかった。すべてをもっていかれたよな。

——5・14横浜のNイノベーションで原田選手がH・Y・O選手をシングルで撃破して溜飲を下げていますが…。

拳王　バカヤロー！　あの試合もH・Y・Oの良さだけが見えた。原田は勝敗の上で勝っただけだ。試合に勝って、勝負には負けた感じだったな。**勝った原田より負けたH・Y・Oの方が評価を高めたんじゃねぇのか。**

——確かにH・Y・O選手は素晴らしいです。

拳王　原田はNOAHでもっともっと重要な役割を担わなきゃいけない選手だ。その意味で言えば、オレとしては悔しさしか残らない試合だった。

——実は原田選手に期待しているのですか？

拳王　今は欠場中だからいろいろ言うのは復帰してからにするよ。原田がいたらDGと合同興行なんて提案しなかったんじゃねぇのか!? 原田がいたら、対抗戦を提案してたんじゃねぇのか!?

——なるほど。

拳王　H・Y・Oは今、オープン・ザ・ブレイブゲート王者だろ。いくらでもケンカの売り方あったよな。別にDGと仲良しこよしでやるつもりなんてないんだよ！　そもそもオレのカード、どうやって決まったんだ？

——DG10・6後楽園に清宮選手が来場し、清宮&吉岡勇紀vs拳王&箕浦康太の一戦を発表しましたが…。

拳王　ふざけんじゃねぇ！　なんで清宮がオレのカードを勝手に決めてんだよ。

——清宮選手が決めたのではなく、発表しただけです。

拳王　オレ以外みんな20代。完全にオレのこと、年寄り扱いしようとしてんだろ!?

——そこですか…。

拳王　清宮26歳、吉岡勇紀28歳、箕浦康太23歳、オレ37歳。NOAHでは新世代気取ってたけど、DGを含めたら、オレ一人だけオッ

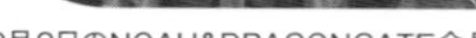
9月9日のNOAH&DRAGONGATE会見

サンじゃんかよ…。

—拳王さんは新世代ですよ。

拳王　うるせーっ！　てかオレが入ってるってことだよな？　清宮も吉岡も、味方の箕浦も全員潰してやる。GLOBAL DREAM11・11後楽園、**グチャグチャの試合にしてやるからな!!**

11月23日号の議題　金剛興行12・18新木場

自分たちの信念を見つめ直すためにもすぐに動くしかなかったんだよ

—今週の議題は何に…。
拳王　すでに決まってるだろ。「金剛興行DIAMOND5」12・18新木場1stRINGが、11月1日の会見でついに発表になった。今週は金剛興行以外に何を語ればいいんだよ！
—ボクもそう思っていました！
拳王　去年7月28日のクラブチッタ川崎以来か。あの時は拳王vsマサ北宮、中嶋勝彦vs清宮海斗と豪華カードを並べて、神興行と今でも噂されるほどの大会になった。
—おっしゃる通りです！
拳王　前回のクラブチッタもそうだし、今までの金剛興行って会場の雰囲気最高だよな？
—とてもいい空間でした。
拳王　その雰囲気最高の空間を作るために試合はもちろんのこと、いろいろ動いていくぞ。拳王チャンネルでも何かできればな。
—アオリとかもできますし、冠スポンサーなどもできますね。ここはYouTubeでありがちな高額なもの買う…興行を買うとかどうですか？
拳王　金剛興行の興行権なんて一等宝くじよりも高いだろ。それくらい価値があるってことだ。でもなかなか面白いアイデアだ。**スポンサー的なのもやりたいな。**考えるだけで楽しいし楽しみになってきたな。
—自分の身銭を切って、話題を提供する…プロレスラーの鏡ですね！
拳王　どうしても払わせたいオマエの私見なんて置いといて試合についてだよ。まず会見ですでに発表したタダスケvsAMAKUSAが大きな目玉だよ。メイン級のカードだろ。
—NOAHでは近年まれに見る遺恨渦巻く両者の決着戦ですね。
拳王　まず前提として知ってもらいたいのはAMAKUSAは覇王だ。
—け、拳王さん…AMAKUSA選手はAMAKUSA選手です。
拳王　AMAKUSA…いや、覇王は今年6・23新宿でタダスケに負けてNOAH追放になったんだろ？　名前を変えてNOAHに戻ってくるのはおかしいだろ。でも、そこはオレよりもタダスケの方が感情的に高ぶってるに違いない。だから、AMAKUSAの一件に関しては、タダスケにすべてを任せるよ。

「金剛興行DIAMOND5」12・18新木場のポスター

――何のための追放マッチだったのかとなりますからね。

拳王　AMAKUSAはどこで何をしてきたのか知らないけど、金剛興行はアイツの選手生命をすべて懸けないといけないような一戦だ。**タダスケがAMAKUSAをどういうふうに料理するのか楽しみにしてるよ。**

――緊迫感のある試合になりそうですね…。

拳王　金剛興行って会場がすごく温かいが、もっとヒリヒリするような殺伐とした試合を組みたかった。それがこの一戦だ。オレ自身もすごい期待してる。ところで、10・30有明アリーナこけら落としで一番の歓声を引き出したのは誰か知ってる?

――ボクからしたら…。

拳王　違うだろ!

――えっ、意見も言えないのですか!?

拳王　当たり前だ。オマエが言おうとしてたのはあくまでも発表やネームバリューに頼ったインパクトから生まれた歓声だろ?

――その通りです。

拳王　事件は会議室で起きてるんじゃない!現場で起きてるんだ!!

――前々回同様、踊る大捜査線!

拳王　まぁ、いろいろ話題になってるけど、一番重要なことって10・30有明の純粋な試合内容だろ。2年8カ月ぶりに声援OKだったし、会場に見に来てくれたクソヤローどもに何を感じてもらえたか。誰が一番そこを追求しようとしていたか、だ。

――それは正論だと思います。

拳王　だろ。あの大会で一番の歓声を引き出した場面…小島聡の胸ピク阻止からのいっちゃうぞバカヤロー阻止だろ。ちなみに**小島聡のおっぱいはオレが今までもんだ胸の中でも一番大きかったぞ。**

――プロレス史に残る場面でした。観客からは大ブーイングでしたが…。

拳王　あのブーイング、確実にディファ有明まで届いただろ。ブーイングだって声を出させたって意味では声援と変わらない。試合であれ以上のインパクトを誰が残したって話だ。あのインパクトをそのまま新木場1stRINGまでもっていくぞ。

――なるほど!有明から新木場という東京湾つながりでもあったのですね。

拳王　オレはすべてを計算してるからな。おっぱいをもんでからの「いっちゃうぞ、クソヤロー」。最高だっただろ。

――だいぶ下衆な発言だと思います。ちなみに、試合結果としては…。

拳王　それは言うな。そもそもなんでこのタイミングで「金剛興行DIAMOND5」を開催するかって言ったら、10・30有明の結果。船木(誠勝)さん以外、金剛はタイトルマッチ2試合落とした。自分たちの信念を見つめ直すためにもすぐに動くしかなかったんだよ。

――だから10・30有明の話をしたのですね。

拳王　もちろん。再び最前線に戻るためには、金剛の基本的理念である反骨精神を燃やすしかない。12・18新木場は今まで見たこともないような真っ赤な炎を燃やしてやるぞ。クソヤローども、楽しみにしておけよ!

11月30日号の議題　清宮海斗

期待やプレッシャーに押し潰されてる。がんばって勝つことができても、NOAHを引っ張るのはまだ早い

――なぜこのタイミングでGHCヘビー級王座への挑戦表明をしたのですか?

拳王　一番はＮＯＡＨに対する危機感だな。大前提としてプロレスラーとして清宮海斗の実力、強さは認めてるぞ。

――９・25名古屋でＧＨＣヘビー級王座を明け渡していますからね。

拳王　あの時は完全にオレの負けだ。さらに、10・30有明アリーナでは直接オレが負けたわけじゃないけど、チームとしてGHCタッグ王座取りにも失敗。はっきり言えば、ＧＨＣヘビー級王座から陥落してから大きな実績を積んでいない。本来ならば、オレなんか口が裂けても清宮に挑戦表明ができない状況でないこともわかってるぞ。

11・10後楽園でGHCヘビー級王者の清宮に挑戦表明した拳王

――そこまで自身のことを客観視していたのですね。

拳王　しかし、ＧＨＣヘビー級王者がただがんばってるだけ、ただ勝ってるだけの防衛戦を藤田和之、ティモシー・サッチャー相手に繰り返してる現実を見過ごすことはどうしてもできなかった。だから、11・10後楽園ではクソヤローどもから批判されることも承知の上で挑戦表明をしたぞ。

――ファンの反応は批判的な意見はそこまでなかったように思えました。

拳王　クソヤローどももどこかで清宮に対して物足りなさがあったからじゃねぇのか。あの場で清宮も特に説得力のある反論しなかったしな。最近、アイツは「オレを見に来てください」とかよく言ってるけど、だったらもっともっと普段から自信を持てよ。上っ面の言葉じゃ何も響かないぞ。身体能力も素晴らしいんだろ。小川良成直伝の基礎や技術も持ってるんだろ。武藤敬司の正統後継者になったんだろ。オレに勝ってＧＨＣヘビー級王者になったんだろ。**なんで萎縮してんだ。もっと堂々としていればいいんだよ。**

――おっしゃる通りです。

拳王　そもそも、９・25名古屋でオレがベルトを守っていればよかった。そういう意味ではオレがまいた種だ。その一戦に勝ってＧＨＣヘビー級王者になったことによって、清宮が調子に乗って、会社も待っていました！と言わんばかりに、さまざまなレールを用意した。でも、清宮はまだ期待以上のパフォーマンスができるプロレスラーではなかったんだ。まだ今のアイツは期待やプレッシャーに押し潰されてる。がんばって勝つことはできても、ＧＨＣヘビー級王者としてＮＯＡＨを引っ張っていくのはまだ早かった。そんな清宮に負けたオレが全部悪い。自分のケツは自分で拭かなきゃいけないから、アイツからベルトを奪い返してやるぞ。

――拳王選手以外、挑戦に名乗りを上げる選手もいないのが現状です。

拳王　本音を言えば、ＮＯＡＨのヤツらはなんでもっとガツガツしないのかという気持ちもある。チャンスは待っていても転がってこないぞ。自分でつかみにいけよ。でも、他人のことなんてどうだっていい。今年、オレが何回タイトルマッチをやってるか調べてみろ。

――8回ですね。

拳王　どんな結果だった？

――3勝5敗です。GHCナショナル王者として1・1日本武道館で清宮選手、1・5後楽園で原田大輔選手の挑戦を退け、7・16日本武道館で小島聡選手からGHCヘビー級王座を奪取しました。負けた試合は…。

拳王　それは言わないでいいぞ。

――失礼しました。

拳王　ちなみに、昨年2月の日本武道館大会でもGHCナショナル選手権で船木誠勝さんに勝ってる。つまり、オレは日本武道館で3戦3勝の負けなしだ。日本武道館だったら、絶対に勝てる自信がある。

――NOAHで日本武道館大会が夢物語だった頃からずっと言い続けてきましたからね。

拳王　さっきテメーが言ったように今年の1・1日本武道館も清宮とタイトルマッチをやってオレが勝った。ただ大きな違いは、今年はGHCナショナル選手権で来年はGHCヘビー級選手権ということだよ。'17年6・25郡山の第1試合における清宮海外遠征壮行試合から始まった闘いが、**ついに日本武道館のメインまでたどり着くわけだ。**その点に関しては感慨深いぞ。オレの誕生日に日本武道館のメインで清宮からGHCヘビー級王座を奪って、大会を締めて、最後に花道を引き揚げてやる。最高の「拳王大生誕祭vol.38」になりそうだな。

――最後に入場することはできませんが、勝てば最後に退場することができます。

拳王　7月16日、日本武道館のメインで勝って最後に引き揚げてるけど、オレの誕生日である1月1日だとまた意味合いも違うからな。GHCヘビー級王者になったら、武藤敬司を挑戦者に指名してやるぞ。もちろん舞台は2・21東京ドームだ。

――それは前々から言っていましたからね。

拳王　1・1日本武道館のGHCヘビー挑戦が決まって、いよいよ現実味が帯びてきたぞ。

――今回こそはつまずくわけにいきません。

拳王　当たり前だ。もしものことがあったら、もう二度とベルト挑戦なんて言えなくなってもいい。それぐらいオレのプロレス人生を懸けて今回の1・1日本武道館に臨むつもりだ。

12月7日号の議題　11・23代々木

客のクソヤローどもを第7試合でお腹いっぱいにさせてやる。そういう中でメインがどういう試合をするのかは気になるよ

――今回は直前ですが、年内最後のビッグマッチ11・23代々木についてお願いします。
拳王　武藤敬司不在のビッグマッチだな。いきなり拳王的裏注目カードの発表から行くぞ。
――どの試合ですか？
拳王　鈴木秀樹vs谷口周平だ。N－1で準優勝した外敵vsN－1出場を逃したNOAH生え抜き。このシングルはどんな試合になるのか、内容&結果ともに単純に楽しみだよ。
――確かに。
拳王　金剛としては11・10後楽園で近藤修司&大原はじめがついにGHCジュニアタッグを奪取した。ようやく金剛ジュニアとして初めてのタイトル獲得だ。これは嬉しかったぞ。船木誠勝さんもGHCナショナル王座から陥落しちゃったし、ここ最近、金剛がタイトル

マッチで結果が出せない中だから、喜びもよりいっそうだった。でも、まだ金剛ジュニア初のベルトと一緒にポーズを決めてない。11・23代々木は船木さんが参戦しないし、ここで近藤&大原にはV1してもらって、**金剛興行12・18新木場でGHCジュニアタッグとともに8人の集合写真を撮りたいよ。**

――それはいい絵になりそうですね。

拳王　金剛興行の楽しみが増えたよな。そして、ジュニア戦線は正規軍の原田大輔、スティンガーのHAYATAが長期欠場中でこの日、ペロス・デル・マール・デ・ハポンがファイナルだ。各軍団が激動の中、金剛ジュニア時代の足音がはっきりと聞こえてるぞ。

――この好機を生かしたいところです。

拳王　オレ自身は6人タッグで清宮海斗とGHCヘビー級王座前哨戦だ。1・1日本武道館までの日程を見ると、12月はNEW HOPE、金剛興行、東京愚連隊、Nイノベーションと特別興行が多い。つまり、前哨戦は限られてくる。DRAGONGATEとの合同興行11・11後楽園でもインパクトを残して、週プロの表紙を飾ったけど、代々木ではそれ以上のことをやってやるよ。

――その後のGHCヘビー級王者の清宮選手についてはどう見ていますか？

拳王　がんばっている。…以上だ。

――えぇ、それだけですか？

拳王　がんばっている。今のアイツはそれ以下でもそれ以上でもないだろ。

――ほかには何かありますか？

拳王　YouTubeがバズッてるよな。合気道とのコラボ。

――52万回視聴超えです。

拳王　ようやく数字を叩き出しやがったな。

YouTubeショート動画で先週号の週プロ表紙をアピールした拳王

ほんとにがんばってるよなー。でもだ、オレの武術系YouTuberとのコラボをマネしてるだろ。急な路線変更か。内容的には面白かったよ。**明らかに稲村愛輝のおかげだけどな。** 120kgの巨体と卓越したトーク能力と的確なコメントがあったから、あそこまで視聴数が伸びたのだろう。

――その稲村選手が11・23代々木のメインを務めます。

拳王　イホ・デ・ドクトル・ワグナーJr vs稲村のメイン抜てきは驚いたよ。NOAH11・10後楽園で挑戦表明したのは2人。1人はGHCヘビー級王者・清宮へのオレ。もう1人はGHCナショナル王者・ワグナーへの稲村だ。さらに、GHCジュニアタッグから陥落した小峠篤司&吉岡世起が新王者の近藤&大原にリマッチを要求。オレは舞台を1・1日本武道館に指定したから、必然的に11・23代々木はナショナルとジュニアタッグとなる。それでメインがワグナーvs稲村になった。

――GHCタッグ、GHCジュニアには誰も名乗りを上げませんでしたからね。

拳王　1・1日本武道館への切符争いが始まってる中で、稲村は自己主張して結果的に11・23代々木のメインを勝ち取ったんだ。運やタイミングをつかむ能力もトップ選手の証。

第一関門は突破したと思うよ。

――かなり期待しているのですね。

拳王　稲村は金剛のオリジナルメンバーだからな。別にケンカ別れしたわけでもないし。しかし、オレはセミ前の清宮との前哨戦で興行のすべてを持っていくような試合をするつもりだ。客のクソヤローどもを第7試合でお腹いっぱいにさせてやる。そういう中でメインのGHCナショナルがどういう試合をするのかは気になるよ。第1試合からセミまでどんなに盛り上がっても、最後を締めるのがメインイベンターの務めだからな。プロレスラーってターニングポイントとなる試合がある。どこかで飛び抜けるためにプロレス人生懸けて試合をする。そのような試合に、志を高く持って挑戦してもらいたいよな。

――おっしゃる通りです。

拳王　1・1日本武道館、その先のグレート・ムタ引退1・22横浜アリーナ、武藤引退2・21東京ドームを控え、この11・23代々木で突き抜けたヤツが今後のイニシアチブを握るだろうな。その意味で言えば、ワグナーvs稲村には期待していて、未来有望な2人にアドバイスしておきたいことがある。

――なんですか？

拳王　**試合後に気をつけろ。**

――どういうことですか⁉

拳王　去年の11・28代々木でオレが中嶋勝彦と60分フルタイムドローを闘い終えた後、暗転して潮崎豪が出てきて美味しいところをもっていかれた。一昨年12・6代々木も潮崎vs杉浦貴のGHCヘビー級選手権後に武藤が挑戦表明してすべてもっていったよな。今年も代々木のメイン後は何かとんでもないことが起こるかもしれないぞ！　ということで、11・23代々木も目を離すなよ!!

12月14日号の議題　ワールドカップ

1・1日本武道館に向けた闘いは始まってる
一喜一憂せずに次につなげていくぞ！

拳王　ワールドカップ見たか⁉
――もちろんです。
拳王　新しい未来のテレビ「ABEMA」は「ワールドカップ　カタール　2022」を予選含む全64試合を無料生中継だ！　藤田晋社長、本当にありがとうございます!!
――いきなり宣伝から始まりましたね。
拳王　当たり前だろ。ちょっと前からツイッターで「#ABEMA」と打ち込むと、アベマくんの絵文字が出るようになったしな。ABEMAさんがゴリ押ししてるワールドカップが気にならないわけがないだろ！
――さすが！　プロレスもABEMAでの観戦が定着しつつあります。
拳王　ABEMAのNOAH中継はビギナーファンにもわかりやすいと評判だからな。おそらく週プロ読者は11月23日、NOAH代々木からワールドカップの日本vsドイツとAB

11・10後楽園でレッスルユニバースの解説を務めた拳王

EMA漬けの一日だったんじゃねぇのか。オレも代々木体育館から帰ったら、悔しさを引きずりながら家のTVでABEMAを見たぞ。この連載で何度も言ってきたけど、オレの家のTVはリモコンにABEMAボタンがあるから、いつでも気軽に大画面でABEMAの放送を楽しめるぞ。

――ファイアーTVスティックやクロームキャストなどを使えば、スマートフォンから飛ばして自宅の大画面で見ることができます。

拳王　今回の日本vsドイツは本田圭佑が解説者として本格デビューすることが決まってたし、絶対に見ようと決めてた。

――放送前からかなり話題になってました。

拳王　あれだけ面白いサッカーの解説はこれまで見たことがなかったぞ。オマエもNOAH中継で万人受けするようなことばかり言わないで、あれぐらい自由奔放に暴れてみろよ。

――…。

拳王　オレの試合も「今のは絶対性格悪い」とか言ってみたらどうなんだよ。ほめてばかりじゃなくて、たまには厳しいことやぶっ飛んだことも言ってみろよ。**本田みたいに何にも媚びずにやってみればいいだろ。**

――私はプレーヤーではないので…。

拳王　まぁ、そうだな。実際にプロレスをやっていないんだからわからない部分があるのは仕方がない。結局、本田圭佑だから面白かったっていうのもあるよ。ほかの日本代表クラスがやってもああはならなかっただろうし、関西弁で押し通すなんてできなかったはずだ。

――あそこまで個性的な解説者はほかのジャンルを見渡してもいません。

拳王　**間違いなく地上波ではできなかった。ABEMAだからできた**ことだと思うよ。試合途中、試しにNHKを見てみたら、全然刺激が足りなくて、面白くなかった。すぐにABEMAに戻しちゃったし。

――確かに。

拳王　あとピッチリポーターが気心知れ合った槙野智章だったのも大きいよ。なんか解説というよりも、2人で普通に楽しんでただろ。オレも本田と槙野と一緒に観戦してるような感覚になったぞ。

――本田選手と槙野選手の絶妙な掛け合いも面白さをよりいっそうにしてくれました。

拳王　オレがABEMA中継の解説を全試合やったら、この連載のようなノリでやってやるぞ。これまでのプロレス中継の概念をぶち壊すような伝説を生み出す自信はあるよ。

――よろしくお願いします!

拳王　それは冗談として、ワールドカップを見ていて強く感じたのは、やはり声援ありの重要性だな。NOAHでも徐々に声援ありの大会が増えてるけど、世界のスポーツ界はもうほとんど規制ないだろ。スタジアムにマスクしてるヤツなんていないように見えた。なんで日本だけこんなことを続けてるんだよ…って誰もが思ったんじゃねぇのか。

――日本はスポーツ界のみならず、なかなか脱・コロナ禍になりませんよね…。

拳王　それと日本代表を見ても4年前のメンバーとガラリと変わってる。サッカーは特に新陳代謝が活発だ。スペイン代表は2000年代生まれの若手が次々と抜てきされてるだろ。NOAHで言えば、**22歳の矢野安崇がGHCジュニア王者としていち時代を築いてるようなもんだ。**

――日本代表の久保建英選手も21歳です。

拳王　NOAHはベテラン&レジェンド天国という印象もあるし、まずはオレらの世代が本当の意味で中心を勝ち取って、どんどん世代交代していかなきゃいけないなって気が引き締まったぞ。

――日本が下馬評を覆してドイツに勝ったことについてはどう思いましたか?

拳王　テメー、一喜一憂してんじゃねぇぞ!

——えっ!?

拳王　もう1・1日本武道館に向けた闘いは始まってんだよ。一喜一憂せずに次につなげていくぞ!

——まさか試合後の本田選手解説をマネしたいだけでは…。

拳王　ただがんばってる王者の清宮さんに負けませんよ。NOAH1・1日本武道館もABEMAで生中継される。**グレート・ムタさんvs中邑真輔さんじゃない。丸藤正道さん&KENTAさんでもない。**オレがどんどん話題を生み出して、ワールドカップの視聴数超えを目指してやるからな!

12月21日号の議題　プロレスグランプリ2022

今年はよりいっそう実績や結果よりも選手個人の人気に昨今の〝推しパワー〟が合わさった投票結果になる

——今週は「プロレスグランプリ2022」についてお願いします!

拳王　「プロレスグランプリ」は週プロ読者、mobileユーザーの投票で決まるんだろ。毎年、現在のプロレス界をタイムリーで見てるファンならではの結果になっていて、一番民意に近いと思っている。今年はよりいっそう実績や結果よりも選手個人の人気に昨今の〝推しパワー〟が合わさった投票結果になるんじゃないか。特に女子プロのファンは熱狂的だ。去年、好きなプロレスラーで東京女子の荒井優希が3位に入って、スターダム勢が大きく票を伸ばした。その傾向が今年はさらに勢いを増して、全体的に女子が男子と並ぶぐらい各賞に食い込んでくると思ってる。

——さっそくSNS上でも積極的な呼びかけをしている選手も女子が多いですからね。

拳王　NOAHを押し出したい気持ちをグッと抑えて、新日本&スターダム人気や推しパワーを考慮しながら、公平に予想していくぞ。

——よろしくお願いします!　では、今年のグランプリからお願いします!!

拳王　**武藤敬司だ。**

——来年2月で引退なので最後になりますね。

拳王　そのような感慨深い背景もプロレスファンに届いてるし、今のプロレス界で世間に届いてるのは武藤敬司だけだと思う。G1覇者のオカダ・カズチカ、三冠ヘビー級王者の宮原健斗は活躍したが、試合で結果を出しただけ。毎年、あれぐらいの活躍はしてる。

——新日本&全日本50周年イヤーを…。

拳王　だが団体の歴史に頼るのではなく個人の活躍となれば、安定を捨てて、NOAHで勝負を懸けてグランドスラムを達成した小島聡の方が目立ってたと思う。

——小島さんも今年NOAHで実績、話題ともに残しましたね。

拳王　小島の話は別にいい。次はベストマッチ行くか。はっきり言って、どの試合かと優劣つけがたい。だから〝G1決勝にしておけばいいや的なファン〟の投票が1位になるんじゃないか。それだけG1決勝のブランド力は絶大だからな。というわけで、オレも**とりあえずG1決勝のオカダ・カズチカvsウィル・オスプレイで。**

——続いては女子プロレスグランプリです。

拳王　ここはAZM一択…と言いたいところだけど、**ジュリアだろうな。**確かに上半期は大きな結果を残してないけど、常に刺激的な言動で話題を生み出し、過去最大規模の「5★STAR GP」を制覇して実績もある。朱里に対する発言を聞いてると、オレ

拳王の投票ハガキ

に対する清宮海斗さんがオーバーラップしてきたし、常に団体の最前線を動かそうとしていて、その発信力は女子プロレス界屈指だ。

――ジュリア選手を通して自分のことも評価しているようにも聞こえますが…。

拳王 うるせーっ！ 次はベストユニットだな。公平に見て、**金剛だ。** どこよりも刺激を与えた。反論は受け付けないぞ。今年はNOAHを動かしてきたし、1・8はベストバウトに挙げようかと迷ったくらいだ。オレたちが負けたから挙げなかったけどな。

――最優秀外国人は？

拳王 **ニンジャ・マックだな。** 無名の存在から来日初戦で絶大なインパクトを残し、10月に絶対王者のHAYATAを破ってGHCジュニア初戴冠。新日本のJONAHも対抗馬になるけど、今年の活躍という意味ではあんなサクセスストーリー、ここ数年のプロレス界でもニンジャだけだろ。ツイッター動画の数秒だけでも超人ぶりが伝わるっていうのもSNS時代に合ってるしな。

――まさしく。次は新人賞です。新人賞はもちろん拳王チャンネルでもたくさん取り上げてたフワちゃんですよね？

拳王 違うぞ。**天咲光由だ。**

――なぜですか？

拳王 カワイイ。

――それだけですか。ちなみに試合を見たことあるのですか？

拳王 ない。写真一枚で十分だ。

――…。

拳王 最後は好きなプロレスラーか。ここは初めて女子が1位を取ると考えてるんだよな。推しのパワーとかを考えた上で好きなプロレスラー1位は**キッちゃんだな。**

――スターライト・キッド選手ですね。というか、拳王さんの口からキッちゃんって…。

拳王 いつも注目してるのがこの好きなプロレスラーだ。昨年度、荒井優希が3位に食い込み、中野たむ、白川未奈、ウナギ・サヤカらスターダム勢が大きく票を伸ばしたように推しパワーが一番反映されるからな。AKB商法を見ても、ヲタクの投票熱は侮れない。さっきも言ったけど、今年はよりいっそう実績や結果への評価よりも選手個人の人気ファンの推しパワーが合わさった大荒れの投票結果になるんじゃねぇのかと勝手に予想してる。というわけで、絶大な推しパワーを持つキッちゃんだ。週プロの表紙も多かったしな。

――興味深い見解です。

拳王 プロレスは声援が時には試合の勝敗さえも動かす。それだけファンの支持率は大切なんだよ。もしかしたら週プロ1000冊買って、1000票入れるツワモノも出てくるんじゃねぇのか。というわけで、最後にこれを読んでるクソヤローどもにお願いがある。誰か週プロ1000冊買って、拳王に清き1000票を！ クソヤローどもの推しパワーで、私を今年の「プロレスグランプリ」にしてください!! このような企画をする週刊プロレスは嫌いになっても、拳王のことは嫌いにならないでください!!!

12月28日号の議題　いざ金剛興行12・18新木場

大原とオレたち2人しかできない超危暴な試合をやって、大会をビシッと締めてやる

拳王　いよいよ金剛興行12・18新木場が迫ってきたな。先週、週プロに忖度して「プロレスグランプリ2022」やったおかげで直前になっちゃったけど、今回は金剛興行について語っていくぞ。

――11月上旬に一度この連載で語って…。

拳王　2回やって何が悪いんだよ。本当は毎回、金剛興行について語りたいぐらいだ。

――そ、それでは、まずは一番の見どころを教えてください！

拳王　全部だよ。金剛興行はすべてが見どころだ。見どころじゃない試合なんてない。何を言ってるんだ？

――おっしゃる通りです！

拳王　プロレス界で今年最も勢いがあって、刺激的なユニットとしてNOAHを動かしてきたけど、ふたを開けてみてたら、現在、金剛にベルトがない。開催が決まった時にも言ったけど、ここでもう一度、自分たちの信念を見つめ直すためにも、この金剛興行は全員かなり気合が入ってるぞ。

――11・23代々木で近藤修司&大原はじめ組がGHCジュニアタッグ王座から陥落したことによって、金剛は1年以上ぶりに無冠となってしまいました。

拳王　1・1日本武道館でオレが清宮海斗からGHCヘビー級王座を取るから無冠も今年までだ。だが、無冠となってる金剛がここからどうやって巻き返すのかクソヤローどもは期待してるんだろうな。証拠にチケットの売れ行きが好調でソールドアウトだ。

拳王は大原との〝ケンオーハラ〟でジュニアタッグリーグ制覇&GHCジュニアタッグ戴冠と活躍

――素晴らしいカードがそろいましたからね。中嶋勝彦vs小島聡は今年8・27名古屋のメイン（N－1公式戦）の再戦です。

拳王　4カ月前は中嶋が完勝したけど、10・30有明アリーナのGHCタッグ選手権では小島に3カウントを奪われた。その借りを返す絶好の舞台だ。超楽勝な試合で中嶋には申し訳ないけどな。

――小島選手はそんなやすやすと勝てる選手ではありません。

拳王　テメーは何を言ってるんだ？　金剛興行の前に正午から同じ新木場で「NEW HOPE」があるだろ。小島はメインで矢野安崇とシングルで対戦する。つまり、その日2試合目だ。

――なるほど！

拳王　小島は50歳過ぎたオッサンだ。相手が矢野とはいえ、全力でファイトして、試合後には疲れてフラフラになるはずだ。金剛興行に入場してくる頃には風呂上がりのシワシワおじいちゃん…いや、ゾンビみたいになってんじゃねぇのか。

――小島選手に対して話す拳王さんは実に楽しそうですね。

拳王　**ゾンビ小島を中嶋がボコボコにするなんて最高の試合だろ。**まぁ、

1年前の小島は新日本でほとんど試合がなかったみたいだし、1日2試合はプロレスラー冥利に尽きるだろうけどな。NEW HOPEから金剛興行で小島の変化にも注目してもらいたい。

――セミはタダスケvsAMAKUSAの遺恨清算マッチです。

拳王 この試合についてては以前も話したけど、その後、AMAKUSAがNイノベーション12・23新宿でダンテ・レオンのGHCジュニア王座に挑戦することが決まった。この一戦でタダスケが勝てば、どうなるかわかるか?

――次期GHCジュニア挑戦者に勝つということは挑戦権を得たのも同然です。

拳王 ついに、タダスケがNOAHジュニアの頂点に立つ時がやってきたぞ。

――楽しみです。拳王vs大原はじめの〝ケンオーハラ〟対決についてもお願いします。

拳王 自分たちの信念を見つめ直すためという部分では、このタイミングでオレが大原とシングルで向き合うことに重要な意味があるんだ。オレはNOAHでのスタートが超危暴軍だ。拳王、大原はじめ、マイバッハ谷口（谷口周平）、マサ北宮…あと1人は誰だったっけ?

――森嶋猛さんです。

拳王 超危暴軍がなければ今のオレはない。**あのお方がいなければ今のオレもないと思っている。**首領もGHCヘビー級王座奪取に向けてオレの背中を押してくれてると思うよ。

――大原選手の金剛加入以後、2・25横浜&10・7富士で2人だけのタッグを組んでいますが、シングルは昨年2・21仙台以来1年10カ月ぶりとなります。

拳王 あの時は変なヤツが試合後に乱入してきただろ。

――ケンドー・カシン選手似のライオン丸マスクの海賊男ですね。

拳王 せっかくのシングルだったのに、試合後の余韻がかき消された。今回は金剛興行のメインイベントだ。オレたち2人しかできない超危暴な試合をやって、大会をビシッと締めてやるつもりだ。

――神興行間違いなしですね!

拳王 当たり前だ。

――それでは最後にあらためて金剛興行12・18新木場への意気込みをお願いします。

拳王 **かかってきなさい! かかってきなさい!!**

1月4日号の議題 1・1日本武道館

そろそろ清宮とのライバル関係は終わり 明確な差を見せつけた上でベルトを取る

拳王 いよいよ迫ってきたな。

――1・1日本武道館ですね。

拳王 今週は1・1日本武道館について語りたいことがある。

――よろしくお願いします。

拳王 ひとまずグレート・ムタvs中邑真輔についてはいろいろ思うところはあるけど、今回は、GHCタッグ選手権の挑戦者が丸藤（正道）くん&KENTAに決まり、同じ日にオレが清宮のGHCヘビー級王座に挑戦する。このあたりを合わせて考察するぞ。

――それは非常に興味深いですね。

拳王 NOAHは全日本プロレスから大量離脱してできた団体だ。旗揚げ当初は三沢光晴さん、田上明さん、小橋建太さん…四天王の3人が中心で、そこに秋山準が食い込んでいった。じゃあ、質問だ。四天王後に時代をつかんだのは誰だ？

——秋山選手です。

拳王　**秋山準は四天王時代に分類されるよな。自らの新時代はつかみ損ねた**と思う。なぜだかわかるか？

——新時代と言えば、新日本・永田裕志選手とのライバル関係で業界を盛り上げて…。

拳王　そうかもしれない。でも、秋山準はNOAHの中で敵対するライバルが四天王以外にいなかったように見えたけどな。

——秋山選手の同世代と言えば、大森隆男選手や高山善廣選手ですかね。

拳王　そのあたりとNOAHでどんな闘いを残したのか言ってみろ。

NOAH1・1日本武道館のビジュアル

——大森選手は2、3年在籍して退団、高山選手はPRIDEや新日本に進出したので…。

拳王　秋山は同世代のライバルとNOAHでライバルストーリーを築くことができなかった。四天王後、NOAHにはあのお方（森嶋猛氏）＆力皇さんというスーパーヘビー級期待の新鋭もいたが、あらためて誰が時代をつかんだのか言ってみろよ。

——丸藤選手とKENTA選手ですね！

拳王　その通りだ。全日本からの〝遺産〟とも言える四天王ブランド後は、丸KENブランドだ。秋山のライバルがいない、ヘビー級の新世代が伸び悩む中、**丸藤くんとKENTAは自分たちの闘いでブランドを確立させていった。**しかも、ジュニアの体格で、だ。あの2人が階級を超えた闘いを見せたことによってプロレス界の常識をすべて覆した。常人離れした身体能力があれば、100kg超えたヘビーの肉体がなくてもトップを取れる。そう証明させた先駆者かもしれないな。

——2人の闘いは物語もあり、どの試合も素晴らしかったです。

拳王　めちゃくちゃ面白かったな。もう過去の時代だけどな。だが、100kgなくてもトップを取れる、現在では当たり前だが、それを証明させたのが丸KENブランドと言っていいだろう。じゃあ、その後のNOAHはどうなった？

——潮崎豪選手、杉浦貴選手が…。

拳王　四天王、丸KENときて、それから時代ができてないと思うんだよな。しかも、潮崎の退団＆全日本移籍でライバル関係を浸透させる前に闘い自体なくなっちゃったしな。

——痛いところを突きますね。

拳王　当たり前だ。そこからNOAHは冬の時代。潮崎がいなくなり、KENTAがWWEに行って、あのお方も蒸発した。

——蒸発でなく、森嶋選手は引退です。

拳王　（無視して）プロレスは闘えば闘うほど攻防が洗練されてスリリングになる。同じ団体で長期間ライバル関係を築くことができれば、自ずとすごい試合が生まれ、ブランドへとなっていく。藤波辰爾vs長州力、ジャンボ鶴田vs天龍源一郎、四天王、闘魂三銃士、棚橋弘至vs中邑真輔…プロレス史を見てもわかるだろ。みちのく時代のオレとフジタ〝Jr〟ハヤトもそうかもな。最近なら高橋ヒロムvsエル・デスペラード。日本人はライバルストーリーが大好物だからな。全プロレスラーに言ってやるぞ。ライバルをつくれ、そして勝て！ネバー・ギブアップ青春だ。

――藤波選手の著書ですね。

拳王　しかし、NOAHは丸KEN以降、ネバー・ギブアップ青春ができなかったんだ。

――徐々に話が見えてきました。

拳王　オレと清宮は鈴木軍が撤退した焼野原のようなヘビー級で、'17年6・25郡山の第1試合からライバル関係を築いていった。時に隣に立つこともあったな。5年以上激闘を繰り広げて、日本武道館のメインでGHCヘビー級選手権を争うまでのカードになった。清宮の言葉を借りれば、オレたちは「新しい景色」を見せ続けてきたんだ。

――まさに清宮海斗＆拳王ブランド…略して海王ブランドですね！

拳王　バカヤロー！　違う!!

――えっ…。

拳王　拳王ブランドだ。そろそろ清宮とのライバル関係は終わり。1・1日本武道館で明確な差を見せつけた上でGHCヘビー級ベルトを取ってやる。前も言ったけど、もしものことがあったら、もう二度とベルト挑戦なんて言えなくなってもいい。NOAHに拳王ブランドを築くために、'23年はオレがプロレス界の頂点に立ってやるからな！

1月11日号の議題　ゆく年くる年

日本のプロレス界は非常によくない傾向にある 新型コロナウイルス禍からの復興ができてない

拳王　なんだよ、まだ'22年内に発売される号があったのかよ。

――はい。ただ12・23新宿前に収録しなければいけないので、1・1日本武道館全カードがわからない状態です。

拳王　じゃあ、'22年を振り返りつつ、'23年に向けて語っていくか。「ゆく年くる年」だな。

――年末感があっていいですね。拳王さん個人として'22年はどうでしたか？

拳王　一年を通してずっとタイトルマッチに絡んでたな。いろいろ忙しかった。

――一番印象に残っている試合は？

拳王　1・1日本武道館のGHCナショナル選手権に決まってるだろ。誕生日に清宮海斗を倒して、ベルトを守ったんだからな。その夜にテメーとマクドナルド食いながら連載の取材をやったことも含めて思い出になってる。終わった頃には0時を回って誕生日がマクドで終わってたという最悪の思い出だ。

――意外に店が開いていませんでした…。

拳王　まぁ、'23年もオレがただがんばってる清宮を倒して、GHCヘビー級王者になるから、盛大に誕生日パーティー＆祝勝会を開いてもらうからな。

――承知しました！

拳王　にしても、'22年は最高のスタートを切ってから怒涛のタイトルマッチラッシュだった。何回やったんだっけ？

――8回でGHCタッグ王座決定トーナメントを含めれば9回です。

拳王　タイトルマッチだけじゃねぇぞ。新日本、DRAGONGATE、DDTと対抗戦の矢面にも立ってきた。毎月のように会見や調印式に出てた気がする。

――八面六臂の活躍ですね。

拳王　ホントよく働いたよ。いつ特別ボーナスが入ってくるのか楽しみだ。

――YouTubeも3月から開始しました。

拳王　試合のない時でも常に情報を発信して、新しいファンの開拓に努めてきた。オレが世間にどれだけNOAHの魅力を広げたと思ってるんだよ。**その成果は1・1日本武道館で観客動員という形となるだろう。**

——拳王さんの発信力とともにグレート・ムタvs中邑真輔の方も大きいと思いますが…。

拳王　（無視して）清宮もがんばって、オレのマネをしてYouTubeを始めただろ。最初はダメだったけど、路線変更して、またオレのマネで武術系YouTuberとのコラボするようになってから再生回数も伸びてきたからな。

——…。'22年の反省点はありますか?

拳王　9・25名古屋で清宮に負けてGHCヘビー級王座から陥落したことだな。あそこから歯車がかみ合わなくなってきた。あの頃からYouTubeの再生回数も減ってきたし。やっぱNOAHの魅力を発信するためには、あのベルトが必要不可欠だ。

——王者であることで注目度が全然違ってくるということですね。

拳王　なおさら、1・1日本武道館で取り返すしかないな。オレ個人のことはこれぐらいでいい。それよりも**22年はプロレス業界がかなり動いた一年だったな。**まさかWWEの中邑真輔がNOAHに参戦してくるなんて想像もしてなかったぞ。

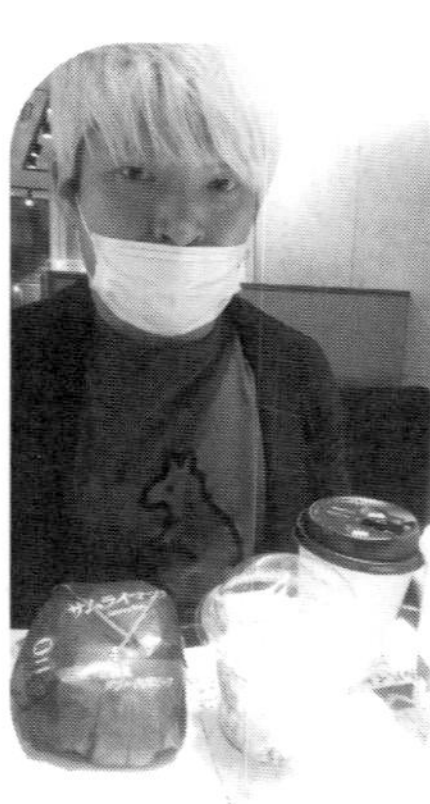

'22年1月1日、日本武道館大会後にマクドナルドで連載を収録した拳王

——WWEはビンス・マクマホン体制が終わり、トリプルH体制に変わりました。

拳王　カール・アンダーソンは新日本とWWEの両方に出て、JONAHはWWEに戻った。プロレス界は世界的に変革期へ突入だな。そんな世界よりも日本のプロレス界が問題だ。非常によくない傾向にあるぞ。

——どういうことですか?

拳王　全体的に新型コロナウイルス禍からの復興ができてない。ステイホーム時代に動画配信サービスやSNSが充実してTV観戦文化が根づいたことによって、どうにも会場熱がまだ高まってないように思うんだよ。どこの団体も声出しOKが増えてきたけど、マスク着用という煩わしさはあるし、飲食に制限はあるし、チケット買っても発熱したら会場に行けないというリスクもあるし。**もっと会場を発熱させていかないといけないよ。**

——いいことを言っていますが、最後のダジャレはどうかと思います。

拳王　（無視して）じゃあ、動画配信サービス中心で団体を運営できるかと言ったら、答えはノーだ。やっぱ入場料収益はでかい。今、積極的に会場に運ぶのは、バズーカみたいなカメラで撮影を楽しむ女子プロレスファンのエロ親父だけだろ。

——だけということはないと思いますが…。

拳王　それで各団体、集客狙いだけの交流戦&対抗戦が増えた。プロレスラーとしてはいろんなところに直接ケンカを売りやすくなったというメリットはあるがな。

——では、どうすればいいのですか?

拳王　一番大切なのは動画配信サービスやSNSからいかにして会場観戦につなげるかの導線だ。実はすでにオレなりに答えが出てるんだよ。

——ぜひ教えてください!

拳王　1・1日本武道館でGHCヘビー級王者になってから一つずつ実現していくつもりだ。楽しみに待ってくれ!

2023年

新型コロナウイルス禍が収束してきた2023年。
拳王は自身のユニット「金剛」を解散し、ジェイク・リーから
GHCヘビー級王座を奪取。その活躍はNOAHにとどまらず、
新日本プロレス、全日本プロレス、DRAGONGATEと
日本主要団体で暴れまくった。

1月18日号の議題

拳王的プロレス大賞2022

ウナギ・サヤカは完全に女子プロレス界に地殻変動を起こした。本当に見事な〝傾奇者〟

——'23年一発目の連載となります。

拳王 議題は「拳王的プロレス大賞2022」の発表しかないだろ。

——今回で4度目ですね。さっそくMVPからいきますか。誰でしょうか？

拳王 デレレレレレレ…ウナギ・サヤカだ！

——そ、そうきましたか!?

拳王 あらためて説明しておくと「拳王的プロレス大賞」の選考基準は〝拳王をいかにワクワクさせたか〟その一点だけだ。

——どんなところにワクワクしたのですか？

拳王 昨年、プロレス界で一番躍進を遂げた団体は男女含めてスターダムだろう。そんな右肩上がりの所属選手だったら、ある程度の安定を約束されたようなもんだ。それなのに、昨年秋ぐらいから突如として、さまざまな団体に上がるようになったよな。

——昨年7～10月のシングルリーグ戦「5★STAR GP」が2勝10敗の最下位で終わった後、JUST TAP OUT10・7王子から始まり、ディアナ、マーベラス、センダイガールズ、ZERO1に上がっています。

拳王 正直、最初はフリーになったかと思ったけど、その後もスターダムには上がってるから、どうやら違うみたいだな。業界一安定した団体を抜け、自分の実力を試すように他団体に乗り込むっていう信念は相当なもんだと思う。アイツはそれを「ギャン期」とか意味がよくわからない言葉で表現してるけど、まぁオレ的には反抗期みたいな感じだと勝手に理解してる。そうやってスターダムとの関係性をオブラートに包むところもセンスあるよ。

——かなり高評価なのですね。

拳王 ただ単にスターダムを飛び出して他団体に頭数の1人として参戦してるわけじゃないからな。試合がビッグマッチでも地方の体育館でも、相手がビッグネームでも、新人でもちゃんと話題を生み出してる。あの長与千種を前にしても、これまでの常識では考えられないことばかりやって、どんなに否定されようが、どんなに試合でボロボロにされようが、勝敗関係なく存在感を発揮してるよな。アイツが何か行動を起こすたびに、ツイッターのプロレストレンドにも入ってるような感覚があるし、完全に女子プロレス界に地殻変動を起こした。本当に見事な〝傾奇者〟だよ。

——今年の活躍にも期待ですね。

拳王 続いては、**殊勲賞、諏訪魔！**

——ブードゥ・マーダーズを再結成し、三冠ヘビー級王者として全日本50周年記念日本武道館大会を迎えて…。

拳王 バカヤロー！ そんなことでオレがワクワクするわけねぇだろ!!

——すみません！ では、選考理由は？

拳王 安齊勇馬というものすごく素質ある選手をスカウトしてきたことだな。どんな口八丁手八丁を使ってだまくらかしたのか知らないけど、スーパールーキー獲得という大仕事をやってのけたのは紛れもない事実だ。

——拳王さんも新崎人生選手にスカウトされて、みちのくに入門しましたしね。

拳王 **オレに広報部長だけではなく、スカウト部長を任せれば、信念、身長、運動神経、センス、顔面偏差値すべてそろったオレみたいな有望株を連れてくるぞ。**

中央大学レスリング部の前に立つ拳王

――さすが明治大学日本拳法部主将！

拳王　オレのネットワークをナメんじゃねぇぞ。つい先日もこっそりと第二の安齊を探しに諏訪魔、桜庭和志、そしてジャンボ鶴田さんの出身校である中央大学レスリング部を視察してきたぞ。この証拠写真を掲載しておけ。

――本当だ！

拳王　別に明治大学日本拳法部の試合で中央大学に行ったから記念に撮ってきたわけじゃねぇからな。

――それだと単なる変な人ですからね。

拳王　つ、次にいくぞ。

――次の賞は何ですか？

拳王　**新人賞、フワちゃんだ！**

――えっ、天咲光由選手ではないのですか？

拳王　それはあくまで週刊プロレス「プロレスグランプリ2022」の予想だな。

――では、フワちゃんの選考理由は？

拳王　理由は拳王チャンネルを地上波に進出させてくれたからだ。

――日本テレビ系「行列のできる相談所」で11月27日に紹介されていましたね。

拳王　YouTubeデビュー年でいきなり地上波進出だ。これはフワちゃんのおかげ以外の何物でもない。感謝の気持ちも込めての新人賞を与えます。

――ちなみに、どこがすごかったのですか？

拳王　それはフワちゃんデビュー戦オンエアーの翌日10月31日に拳王チャンネルでたっぷり語ってるから、しっかり見るように！　そうそう、実はフワちゃんの第2戦が決まったら、やろうと思ってることがあるんだ。

――何ですか？

拳王　生配信解説だ。よく格闘技の試合とかでやってんだろ。YouTuberとして、アレ、一度やってみたかったんだよ！

――ぜひお願いします！

拳王　最後にこれも毎年だが、ウナギ・サヤカ、諏訪魔、フワちゃんには副賞として拳王との特別対談権を贈呈します。希望者は週プロ各担当者を通じて日程調整をするように!!

1月25日号の議題　2023年

今年は15周年イヤー。ムタや中邑のような強さだけじゃない何かを生み出していかなきゃいけない

――明けましておめでとうございます！

拳王　明けましておめでとうございます。'23年も本連載をよろしくお願いいたします。

――NOAH1・1日本武道館、新日本1・4東京ドーム、お疲れ様でした。まず'23年のスタートとなった元日決戦から振り返っていただきましょう。拳王さんとしてはどんな意識で臨んだのですか？

拳王　セミファイナルでGHCヘビー級選手権の重みを見せつけなきゃいけないと思ってた。対チャンピオンの清宮と同時に、メインのグレート・ムタvs中邑真輔も当然、意識し

てたぞ。**アイツらは世界観のぶつかり合いしかできない。プロレスという格闘技、スポーツの素晴らしさで勝負する**つもりだったぞ。話題性やネームバリューで負けてるかもしれないけど、実際に試合を見たクソヤローどものハートを絶対につかんでやろうと思ってた。

——そういった部分では王者の清宮海斗選手と同じ意識だったのかもしれません。

拳王　試合終わって考えてみたら、そうだったなって素直に思うよ。オレがあの日見せようとしてたのは、三沢光晴さん、小橋建太さん、秋山準、小川良成…偉大な先輩たちが紡いできたGHCの闘いだ。

——本当にすごい試合でした。

拳王　おそらくプロレスを何もわかってないクソヤローどもは、たった一つの場面だけを切り取って「あんな危ない攻防はダメだ」と鬼の首を取ったように言うだろう。

——コーナーからエプロンへのファルコンアローは賛否両論を巻き起こしました。

拳王　もしも相手が清宮じゃなかったら、確実にやらない技も多かった。オレと清宮は初対決じゃない。シングルは5年で11度目。タッグや6人タッグでは毎日のように闘ってきた。肉体と肉体、魂と魂で会話を重ねてきた者同士しかわからない闘いがあるんだよ。だからこその攻防だ。プロレスには信頼関係が必要。その点において、オレは清宮を人間としては大嫌いだけど、対戦相手としては誰よりも信頼してる。

コーナーからエプロンへのファルコンアロー

——ただ闇雲に危険な技を繰り出したというわけでは決してありませんね。

拳王　オレはすべての技を狙い通りに完璧に決めた。その上で負けただけ。あそこまでやって勝てなかったんだ。1月1日時点では清宮がオレより強かったってことだ。**次やる時はコーナー最上段からエプロンの角へファルコンアローをやってやるぞ。**

——どちらが勝ってもおかしくない一戦でしたが、敗因をどう分析していますか?

拳王　変型シャイニング・ウィザードの前に食らった技だな。アイツがあんなカードを持ってるとは思わなかった。

——戦前は清宮選手とのライバル物語に終止符を打つようなことも語っていましたが…。

拳王　負けたまま終われるわけねぇだろ。必ず近いうちにリベンジする。ありきたりだけど、それまで清宮にはGHCヘビー級ベルトを守り続けていてもらいたい。

——ちなみに、メインのムタvs中邑はご覧になりましたか?

拳王　リアルタイムでは見れなかったけど、レッスルユニバースで見たぞ。予想通りに面白かったよ。**WWEの中邑ってあんな感じなの?**

——いえ、ムタ戦は特別ですね。メインとの間接的な勝負に関してはどんな見解ですか?

拳王　それはクソヤローどもが決めてくれればいいよ。オレが自分で言う必要はない。まぁ、ムタvs中邑決定にムカついて、GHCヘビー級挑戦表明した。アレがなかったら挑戦しようとも思わなかったから、ある意味で感謝してる。それでタイトルマッチで玉砕。オレはどれだけカッコ悪いんだって（苦笑）。

——…。元日決戦で敗れた3日後、新日本東京ドームで内藤哲也選手らロス・インゴベルナブレス・デ・ハポンに宣戦布告しました。なぜあのような行動に出たのですか？

拳王　去年から「新日本プロレスで一人だけ闘わないといけないレスラーがいる」と言ってただろ。元日の結果がどうであろうが、行くつもりだった。ただ清宮と闘って敗れはしたけど、あらためてプロレスが楽しいなと思ったし。そして、NOAHの試合はどこの団体にも負けないという自負がある。もっとNOAHの闘いを広めていかなきゃいけないなって思ったから、業界1位と言われている団体の年間最大ビッグマッチに行ったんだよ。ロス・インゴとは去年の1月8日の対抗戦で決着ついてないからな。

——10人タッグで完璧な3カウントが…。

拳王　あんなの決着とは言わないよ。アイツら、どうせひまだったんだからちょうどいいだろ。

——内藤選手の印象は？

拳王　入場が長い。あとは6日の会見で話す。

——では、最後に今年の目標をお願いします。

拳王　今年は15周年イヤー。そろそろムタや中邑のような強さだけじゃない何かを生み出していかなきゃいけないキャリアだ。**手始めに新日本1・21横浜アリーナで金剛がロス・インゴを完封してやるからな。**

2月1日号の議題　ロス・インゴベルナブレス・デ・ハポン

あの日の会見でプロレスというジャンル自体の価値さえも落とした

——ロス・インゴベルナブレス・デ・ハポンとの会見、物議をかもし出しましたね。

拳王　まず大前提として、オレたち金剛はアイツらと決着をつけるため、プロレス界の序列を変えるために、あの対抗戦を今年も実現させた。昨年に続いて、今年も新日本のリング。昨年、決着はついていないけど、勝敗上は負けてオレたちから再戦を要求してるわけだから、そこまでは仕方ない。現時点では団体としてNOAHよりも新日本が上だし、ユニットとして金剛よりもロス・インゴが上。そんな現状も十分に理解してるつもりだ。

——その思いは伝わってきました。

拳王　じゃあ、オレがなんであそこまで怒ったのか。テメーならばわかるよな？

——ロス・インゴ勢の自由さによって生まれた緩い空気だと思いました。

拳王　正解だ。**あそこでオレが激高しなかったら、プロレス界がとんでもないことになってた。そこまでの危機感を覚えたぞ。**

——どういうことか説明をお願いします。

拳王　あの日はNOAH vs新日本の対抗戦決定&全カード発表会見だろ。昨年も横浜アリーナで開催されて、すぐにチケットソールドアウト。ABEMAのPPVも好評だった。そんなプロレス界が誇る一大ヒット商品であり、武藤敬司引退と並んで世間へアプローチできるコンテンツだ。そんな注目度の高い会見でロス・インゴ勢はまったく緊張感や特別感がないし、すべてにおいて適当だった。

——例えば、どんな点ですか？

拳王　初っ端からBUSHIが対戦相手をタダスケからHi69に変更するように言い始めた。大会に出場しないティタンに連絡したとか必要のないことも言及しただろ。さらに、高橋ヒロムは大原はじめを覇王だと勘違いしてた。あの会見はそんなプロレスマニアにしか通じないネタを披露する場じゃねぇだろ。NOAHvs新日本の対抗戦という刺激は普段、両団体を見てるクソヤローどもだけじゃなく、プロレスに興味のないヤツらを振り向かせる千載一遇のチャンスなんだよ。だから、ABEMAもPPVだ。**那須川天心vs武尊、大みそかのRIZINと同様の期待を懸けてもらったプロレスのコンテンツ**だろ。それなのに…。

——確かに開始早々からプロレスに興味を持っていない人には伝わらない内容でした。

拳王　そんなことをあの場で言うようなロス・インゴがプロレス界一番のユニットであるという現状が悔しかった。内藤哲也だって、昨年の対抗戦後にオレがノーコメントだったことに苦言を呈してた。それを言って、誰が喜ぶんだよ。誰がワクワクするんだよ。誰がチケット買うんだよ。誰がABEMAのPPVを買うんだよ。

——言いたいことはわかります。

拳王　その上でヒロムが新日本公式と自由奔放なやり取りを繰り広げ、挙句の果ては内藤が質問者を指名して、コントが始まった。百歩譲って面白かったらいいよ。ロス・インゴのトークショーでロス・インゴファンに向けての発言だったらいいよ。でも、あの場は違うだろ。内輪受けにしかならない茶番をやっても、外に広がらない。ロス・インゴのヤツらはみんなキャリアと人気にアグラをかいてるから、そういうふうに客観的な視野が持てなくなってんだろうな。内藤哲也も最近は特に目立った言動もしてないし、そろそろ〝制御不能〟って自称するのはやめた方がいいんじゃねぇのか。自由って功罪があると思うけど、あの日の会見に関して言えば、映像として汚名が残った。ロス・インゴはプロレスというジャンル自体の価値さえも落としたんじゃねぇのか。

——そこまで言いますか…。

拳王　今はさまざまなジャンルとYouTubeで簡単に比較できる。朝倉未来のブレイキングダウンはオーディションの面白さで、一躍、人気抜群のコンテンツになってるだろ。戦前のやり取りで興味を持たせて試合を見たくなるようにするっていう手法は、もともとプロレス界から誕生したと言っても過言ではないだろ。ボクシング、RIZINとかも今は会見や調印式でどうにかして盛り上げようとしてる。それなのに、本家とも言えるプロレス界があんな緊張感のない、あんな内輪受けにもならない会見をやって…オレは恥ずかしかったぞ。あんなに緊張感あるビジュアルを作って、アオリインタビューを撮影してくれて、会見当日生中継枠を用意してくれたABEMAさんにも本当に申し訳ない。**あらためて謝罪会見をやりたい**ぐらいだよ。

——拳王選手が机を倒して途中退席したことで話題になりましたが、もしなかったら…。

拳王　実はオレ自身も反省してるんだよ。まだまだ甘かった。**内藤の顔面をイスでぶん殴って、客席に向かってマイクを投げればよかった。**

——会見場に客席はありませんが…。

拳王　（無視して）アイツら、会見をナメてるから事前のチェックも怠って、メインカメ

小社発行の内藤哲也アルバムを読む拳王

ラの位置とかも間違えちゃったんだろうな。そこらへんは征矢学同様、まだ制御不能だったよ。とにかく新日本1・21横浜アリーナ、オレたち金剛がすべてブチ壊してやる。

2月8日号の議題 15周年

オレがNOAHの生え抜きだったら、正統派のエース路線で大活躍してた

——今週は新日本1・21横浜アリーナ前に収録です。議題は何にしましょうか？

拳王 今年はメモリアルイヤーだし、さっそくデビュー15周年について語っちゃうか！

——ちょうど、みちのく3・5徳島で新崎人生選手のデビュー30周年記念試合に参戦することが発表されましたね。みちのくへの参戦は'19年11月以来3年4カ月ぶりです。

拳王 オレのデビュー日は3月2日。デビューした団体はみちのくプロレス。場所は徳島市立体育館…現在のとくぎんトモニアリーナだ。この日は新崎さんの記念試合だけど、オレにとっても原点回帰になりそうだな。15年前のデビュー戦は何もできなかったけど、今は違う。しっかりと成長した姿を見せて、みちのくプロレスにも恩返しをするつもりだ。それにしても、もう15年か…。

——ちょうどみちのくとNOAHの所属期間が同じぐらいになりましたね。

拳王 みちのく終盤の1年はNOAHが主戦場だったから、すでにNOAHの方が長くなってるんだよ。

——そうなりますね。

拳王 いろいろ感慨深いよな。今、あらためて振り返ってみると、みちのくに入門した頃、実はメチャクチャ興奮してたんだよ。正直、合宿所はものすごく汚くて、生活水準も最下層と言っていいほどだった。でも、ファン時代からみちのくプロレスに憧れてたから耐えられたよ。**ホント夢って怖いよな。**

——日本拳法で世界王者になって明治大学卒業という素晴らしい経歴ですからね。

拳王 最初からメジャー団体に入門した方が絶対にいいなんて誰でもわかる。でも、そんな当たり前のことさえもわからなかったのが当時のオレだ。誰に何と言われようが、とにかくみちのく一択だった。新崎さんからもメジャー団体を勧められてたけど、頑なに断ってたんだぞ。なんでみちのくにそこまで入りたかったのか、まったく説明ができない。理由はみちのくが好きだったから。それだけだ。

——まさに〝恋は盲目〟ですね。

拳王 昔、みちのくで「ちゃぐちゃぐルチャっ子」ってシリーズを夏にやってて、それは岩手県滝沢市と盛岡市で開催される「チャグチャグ馬コ」ってお祭りがモチーフなんだよ。みちのくの新弟子になって実際に生で見たら**「これがあのチャグチャグ馬コか…」って感動しちゃったからな。**

——そんなにピュアな時があったのですね。

白使のTシャツを着た拳王

拳王　合宿所前のリンゴ畑を見ただけでも興奮してた。オレがファン時代に買ったペラペラの安っぽいパンフレットの表紙が、ザ・グレート・サスケ会長がリンゴ畑の前で撮った写真だったんだよ。あと矢巾町民総合体育館に最初に行った時もワクワクした。今考えると気持ち悪すぎるだろ、当時のオレ。

——では、みちのくではなく、メジャー団体…例えば、ストレートにNOAHに入門していたら、どうなっていたと思いますか？

拳王　オレが大学卒業したのは07年4月だから、05年12月にデビューした谷口周平たちの後輩になってたってことか。

——'13年2月の熊野準選手まで新人がデビューできなかった暗黒の時期です。

拳王　イジメですぐ辞めてたかもな。

——⁉

拳王　冗談だよ。もしオレがその頃にNOAHでデビューしてたら、金丸義信、丸藤正道、KENTA、鈴木鼓太郎、石森太二、青木篤志、中嶋勝彦らが形成してたジュニア戦線に加わってただろうな。ジュニアで頂点を極めて、ヘビー級に転向…今とあんまり変わらないか。けど、こんなにひねくれてなかったんじゃねぇか。つまり、オレがNOAHの生え抜きだったら、正統派のエース路線で大活躍してたはずだ。

——その頃からNOAHは徐々に低迷していくことになるので、プロレス史が大きく変わっていたかもしれません。

拳王　オレが超新星として次々と新しい景色を描いていけば、プロレスラーを夢見る有望な若手がドンドン入ってくる。NOAHは**業界1位の座をずっと守り続けていたはずだ。**

——ものすごい世界線ですね。

拳王　ちなみに、オレの同期って新日本のYOSHI-HASHI以外は、メジャー団体以外の出身者が多いんだよ。健介オフィスの宮原健斗、大日本の岡林裕二、IGFの鈴木秀樹、DRAGONGATEのYO-HEY、レッスルゲートの吉岡世起…。

——なかなか個性豊かな同期ですね。

拳王　15周年は大きな区切りの1つだ。実はオレもメモリアルなイベントをNOAHでやろうかと考えてるぞ。

——おおっ！

拳王　でも、会社に嫌われてるからなぁ…。

——そこをやるのが拳王さんじゃないですか。

拳王　当たり前だろ。近いうちに発表するかもな。ブレイキングダウンみたいに拳王15周年記念大会出場者決定オーディションとかYouTube「拳王チャンネル」でやるか！

——お願いします！

2月15日号の議題　全日本プロレス

中嶋vs宮原は現在のプロレス業界で一番の遺恨！佐々木健介さんと北斗晶さん、立会人としてご来場を

——武藤敬司選手引退記念2・21東京ドームの全カードが発表されました。

拳王　もし新日本1・21横浜で内藤哲也に勝ってたら、オレが武藤敬司から「オマエに決めた」って言ってもらえたはずだ。この連載含めいろんなところで名乗り上げてたからな。

——武藤選手は内藤選手を「もともと候補の筆頭にいた」と語っていましたが…。

拳王　いやいや、よく考えてみろよ。武藤敬司は拳王vs内藤哲也戦を見て、引退試合の相手を決めた。つまり、**オレか内藤かで**

迷ってたってことだ。

――そういうことにしておくとして、武藤vs内藤戦決定とともに、清宮海斗vsオカダ・カズチカ、AMAKUSAvs高橋ヒロムという超注目カードが組まれました。

拳王　バカヤロー！　超注目カードは金剛vs全日本だろ!!

――し、失礼しました…。

拳王　ついに夢の対決が実現する。拳王的プロレス大賞2020&2022殊勲賞の諏訪魔とオレがリング上で〝対談〟するぞ。2回も週プロ誌面上の対談は断られたからな。

――別に断られたわけではなく、連載で勝手に言っていただけです。

ファミリーマートで展開中の「全日本プロレス50周年記念くじ」B賞の諏訪魔アクリルスタンドをなぜか持っていた拳王

拳王　ここ数年、全日本が低迷してるのは専務である諏訪魔の責任も大きいのでは。本来は絶対な大黒柱になるべき存在だが、しっかりしてないから団体の求心力が失われてる可能性もあるよな。最近、秋山準、岡田佑介、野村直矢、ゼウス、岩本煌史、ジェイク・リー、TAJIRI、イザナギと主力が毎年のように退団してるし、新人の塚本竜馬もデビューしてすぐ退団。全日本はプロレスラーとしての満足度が低いと考えさせられる。ジェイクが今NOAHに上がってイキイキしてるのが何よりの証拠だよ。実は**宮原健斗、諏訪魔、青柳優馬も再就職先を探すためにNOAHに出るんだろ。**安心していいぞ。この一戦でオレたちが勝ったら、金剛の傘下に入れてやる。

――簡単に勝てるような3人ではありません。

拳王　もちろん知ってるよ。宮原健斗は三冠ヘビー級王者で、そのベルトに2・4八王子で世界タッグ王者の青柳優馬が挑戦する。諏訪魔含めてユニットの垣根を超えた全日本最強トリオだろ。諏訪魔は武藤敬司の遺伝子を持ってるし、この日に懸ける思いは強いだろう。本当に強い相手だ。みんなデケーし。一目見ただけでプロレスラーって感じするもんな。けど…ここからが本題だ。オレが一番楽しみにしてるのは、中嶋勝彦vs宮原健斗10年ぶり再会だ。とうとうこの禁断の扉が開かれる日が来たな。

――健介オフィス（DIAMOND RING）の先輩後輩対決ですね。

拳王　おい、ただの先輩後輩対決じゃねぇだろ。中嶋と宮原は犬猿の仲という噂だ。あの2人の間に何があったかわからない。直の後輩だったマサ北宮が金剛にいる時に何度も聞いてみたんだけど、いつもごまかされてた。

――相変わらず好きですね…。

拳王　ただし、これだけは断言できる。北宮も中嶋勝彦のことを大嫌いと常々語ってるけど、宮原健斗は中嶋勝彦に対してそれ以上の感情がある。さらに、中嶋勝彦にとって宮原健斗は永遠の格下後輩だ。現在、全日本のエースになろうが、三冠ヘビー級王者になろうが、それは少しも変わっていない。NOAHはよくこんな刺激的なカードを組んでくれたよ。こんなチャンスはないから、ぜひとも2人には過去に何があったのかすべて話してもらいたいぞ。

――楽しみですね。

拳王　オレの肌感覚では、現在のプロレス業界で一番の遺恨だと思ってる。カードが発表された後、2人ともいつもなら告知とか積極的にするけど、あえてこの話題だけはさけてるだろ。そんな大人げなさからも、いかにアンタッチャブルな関係なのかわかる。もう期待感がパンパンに膨らんじゃってるぞ。

——プロレスは選手それぞれの人生ドラマが闘いをよりいっそう面白くしますからね。

拳王　本人同士がいくらさけ合ってても、プロレスの神様が結びつけちゃうんだよ。そうやって人間のさまざまな感情を試合に落とし込めるし、それをファンも共有して楽しめる。プロレスってホント面白いよな。

——ゾクゾクしますね。

拳王　しかも、**現在の中嶋勝彦はオレでさえも控室で気軽に話しかけづらい雰囲気なんだ。**

——えっ、どういうことですか？

拳王　昨年末にシングルでジャック・モリスにジャイアントキリングを許し、新日本1・21横浜アリーナでは鷹木信悟にも敗北。はっきり言って、相当、ピリピリしてるぞ。そういえば、去年の6月もあんな感じだったな。

——遠藤哲哉選手を張り手でKOした対抗戦が思い出されますが…。

拳王　金剛入りして本性を発揮してから歯止めが利かなくなってるのはクソヤローどもなら知ってるよな。スイッチが入った中嶋勝彦は誰にも止められない…いや、2人だけ止められる人がいた。

——誰ですか？

拳王　佐々木健介さんと北斗晶さんだ。縁ある武藤敬司引退大会だし、中嶋vs宮原再会の立会人としてご来場お待ちしております！

2月22日号の議題　2・21東京ドーム

痛みは本人以外わからない。引退試合で何として勝つための心理戦の可能性もある

——いよいよ武藤敬司選手引退2・21東京ドームが迫ってきました。先週は金剛vs全日本について語りましたが、今週はほかの試合についてお願いします。一番気になる試合は？

拳王　**東京トルネード…高橋ヒロムvs AMAKUSAの試合タイトルだよ。**AMAKUSAは熊本天草地方出身なんだろ、東京に関係ないよな。オレが去年この連載でたっぷり語った東京竜巻でもないし。よくわかんないから、やはり武藤敬司の引退試合だろ。

——率直にどう思いますか？

拳王　絶対にシングルをやってもらいたかった。だから、オレがずっと対戦相手として名乗り上げてたんだよ。天龍源一郎さんも最後に現役バリバリのトップ選手であるオカダ・カズチカと闘って華々しく散っただろ。

——'15年11月15日、両国国技館ですね。

拳王　しかし、武藤敬司は天龍さんと劇的に違う部分があるぞ。

——おおっ、具体的にどういう部分ですか？

拳王　勝負論だ。武藤敬司は確実に勝利を狙ってるぞ。最後に内藤哲也に勝って、有終の美を飾るつもりでいると思う。NOAHの代表としてオレの仇討ちをやってくれるはずだ。

——拳王さんのためではないと…。

拳王　（無視して）あんな巨体であんな身体能力のプロレスラーは後にも先にも唯一無二…いや、対抗できるのは三沢光晴さんぐらいだ。引退するとはいえ、2年前までGHCヘビー級王者だったし、長期欠場する前の昨年1月もGHCタッグ王座を持ってた。60歳に

なっても、ここぞの時にはとんでもない力を発揮するよ。絶対王者時代の潮崎豪から3カウントを奪ったフランケンシュタイナーもあるし、最後だからムーンサルト・プレスをやる可能性もゼロではない。**さすがの内藤哲也でもムーンサルトは返せないだろ。**

——おそらく。

拳王　NOAHの引退試合と言えばなんだよ。

——'13年5月11日、日本武道館、小橋建太さんですね！

拳王　小橋さんはKENTA&潮崎豪&谷口周平&金丸義信という愛弟子たち相手に39分59秒の激闘を繰り広げ、最後はムーンサルトで当時の世界ジュニア王者だった金丸から3カウントを奪った。四天王つながりだと田上明さんはどうだったか言ってみろ。

——'13年12月7日、有明コロシアムで井上雅央選手から勝利を収めています。

拳王　NOAHでの引退は勝利という方程式ができあがってるな。武藤敬司の師匠であるアントニオ猪木さんはどうだったんだよ？

——'98年4月4日、東京ドームでMMA界の大物であるドン・フライ選手に勝っています。

拳王　大仁田厚も次期エース候補のハヤブサに勝ったよな。

1・22横浜アリーナのバックステージでムタはダービー・アリンに車イスを押してもらった。スティングも笑顔だ

——'95年5月5日、FMW川崎球場ですね。

拳王　最近だったら'19年6月、長州さんは2度目の引退試合で真壁刀義の普段、新日本の選手たちを一発で仕留めてるフィニッシュホールド＝キングコング・ニードロップを3度返し、4発目でようやく3カウントを奪われたよな。**線香花火って消える直前、一瞬だけ明るくなるだろ。**引退するプロレスラーも同じかもしれない。これで最後という意識が燃え上がらせるんだろうな。武藤の得意技はシャイニング・ウィザード…線香魔術だろ。

——読み仮名は同じですが、閃光魔術です。

拳王　（無視して）グレート・ムタだって、白使に勝ってラストマッチを飾ったよな。

——説得力が出てきましたね。

拳王　だろ。にしても、ムタの車イス姿なんて見たくなかったよ…。

——一気に現実を見せられた気がしました。

拳王　おいおい、そういうふうに思った時点で、武藤敬司の天才的なプロデュース能力に屈してるってことに気づいてないのか。

——えっ、どういうことですか？

拳王　すでに2・21東京ドームに向けての闘いは始まっちゃってるんだよ。ムタの車イスというインパクトで「武藤敬司のコンディションは大丈夫か？」と誰もが心配するよな。

——試合中も右足を痛そうにしていました。

拳王　これまでのムタだったら、やせ我慢してたはずだ。でも、コメントスペースから引き揚げる際もAEWのスーパースターたちに車イスを押させてただろ。本当に痛いかもしれないし、ちょっと痛いだけかもしれないし、まったく痛くないかもしれない。痛みなんて本人以外はわからないんだ。引退試合で何としても勝つための心理戦の可能性もある。何にせよ、**アレで主導権は完全に武藤敬司だ。**

——邪推ですよ。

拳王　いやいや、武藤敬司はいつどんな時、誰が相手でも美味しいところを持っていこうとするレスラーだ。内藤哲也は武藤敬司に憧れてプロレスラーになって引退試合の相手を務める。さぞかし感慨深いだろう。そんな思いさえもぶち壊すのが武藤敬司の恐ろしさだ。

――なるほど。

拳王 内藤哲也は武藤に負けたら、新日本に帰りづらいだろ？　安心しろ。去年の小島聡みたいにNOAHレギュラー参戦させてやる。

――それはいいですね！

拳王 話がそれたけど、最後にあらためて言ってやる。武藤敬司には気をつけろ！

3月1日号の議題　2・21東京ドーム待ったなし！

オカダは普段から激しいプロレスをあんまりやってないあの顔面蹴りで完全に清宮のことをビビっちゃった

――いよいよ2・21東京ドームが迫ってきましたね。

拳王 今週ももちろんドームについて語るぞ。

――これまで金剛vs全日本、武藤敬司引退試合について語ってきました。

拳王 となると、清宮海斗vsオカダ・カズチカだな。

――新日本2・11大阪、NOAH2・12大阪でそれぞれIWGP世界ヘビー級王座、GHCヘビー級王座の防衛戦が組まれています。この連載取材はその前におこなっています。

拳王 どちらも結果が気になるけど、新日本1・21横浜アリーナで清宮がオカダの顔面を蹴ったことが話題になってるよな。なんであそこまでオカダがキレたのかわかるか？

――教えてください！

拳王 オカダは清宮を格下に見てる。そんなヤツに顔面を蹴られたからだと思うよ。

――なるほど。

拳王 レインメーカーの激怒を引き出した清宮に座布団1枚だ。オレがずっと教育してきただけはあるな。**東京ドームの試合だけは清宮のことを応援するぞ。**絶対に勝ってもらいたいよ。

――賛否両論が渦巻いている顔面蹴り自体についてはどう思いますか？

拳王 **前田日明さんは後ろから長州さんの顔面を蹴って新日本を解雇されたけど、NOAHは清宮を解雇しないぞ。**ちなみに、ちょっと前に前田さんに会ったんだけど、普通に征矢学の胸を「いい体してんな」って言いながらいきなり殴ってたよ。

――えっ…。

拳王 前田さんのことは置いといて、アントニオ猪木さんは「プロレス道にもとる」行為とか言ったけど、アレはプロレスのルールでは反則ではない。藤田和之なんて毎試合、近いことをやってるぞ。プロレスは闘いなんだよ。リング上は何が起こるかわからない。

前田さんに殴られる征矢（写真提供・拳王）

——確かに。

拳王　オカダは普段からああいうベクトルの激しいプロレスをあんまりやってないだろ。あの顔面蹴りでオカダは完全に清宮のことをビビっちゃったんじゃねぇのか。

——清宮選手の怖さが出ましたよね。

拳王　清宮はキャリア8年、26歳だけど、とんでもない経験値を積んでるぞ。もともと何をしでかすかわからないリアルに危ないヤツだ。さらに、藤田和之、船木誠勝、桜庭和志あたりの怪物たちと渡り合って、武藤敬司と最後のライバル関係を築いたりしてきた。一つ間違えたらグチャグチャにされるような相手ばかりとやってきたんだよ。

——拳王さんも試合、マイクで清宮選手を散々追い込んできましたよね。

拳王　まぁな。オカダは結局、ほとんど新日本の中でやってきただけだろ。対抗戦の経験では確実に清宮が上だろうな。そもそもオカダって対抗戦やったことあるの？

——パッと浮かんだのは'12年7月の対全日本ですかね。諏訪魔選手を圧倒しました。

拳王　ほう。でも、諏訪魔だろ。この前、会見でも感じたけど、アイツは全然ダメだろ。論外だ…あっ、東京ドームではNOSAWA論外の引退試合も組まれてるよな。

——論外選手はMAZADA選手と組んで、外道&石森太二組と対戦します。

拳王　最後に大仕事をやってくれたよ。あの石森を退団後初めてNOAHに上がらせるんだからな。オレとしては**石森とNOAHも中嶋勝彦vs宮原健斗と並ぶ禁断の扉だったぞ。**

——石森選手は'18年3月までNOAHジュニアのエースでした。

拳王　新日本でもジュニアのトップ選手として活躍してるみたいだな。約5年ぶりのNOAHか。素直に楽しみだよ。

——論外選手の引退についてはどうですか？

拳王　PWCっていう小さな団体でデビューして、東京ドームで引退だろ。もちろん武藤敬司ありきだけど、かなりすごいサクセスストーリーだよな。さまざまな人生経験を積んできただけあって、リング上で独特の存在感がある選手だよ。アイツに勝っても勝った気がしない。なんかもっていかれてる感が残るというか。そのあたりもプロレスの面白いところなんだけどな。

——興味深い分析ですね。最後に先ほどちょっと触れましたが、2月3日の会見で全日本勢と対面して、いかがでしたか？

拳王　やられたな。

——どういうことですか？

拳王　アイツら、ただでさえオレたちよりもデカイのに、記念撮影の時にちょっと前に出てたんだよ。あとで写真を見てビックリした。

——本当ですね。

拳王　遠近法も駆使して自分たちのデカさをアピールするとは思わなかったぞ。マウントの取り方がせこすぎる。

——偶然かと思いますが…。

拳王　アイツらが金剛に勝ってるのは身長だけだ。東京ドームでは全日本に勝って、団体ごとぶっ潰してやる。

3月8日号の議題　征矢学とGHCタッグ挑戦

3・19横浜はアフター2・21東京ドームを占う一戦 〝逆転の金剛〟がNOAHを席巻することになるぞ

——3・19横浜武道館でGHCタッグ王座に征矢学選手と挑戦が決まりました。

拳王　今、征矢の勢いがすごいからな。

——新日本1・21横浜アリーナでSANADA選手に勝ってから破竹の勢いです。

拳王　あの試合が決まってから確実に征矢は変わったよ。この前のワグナー戦ものすごいファイトを見せてたしな。

——2・5後楽園でイホ・デ・ドクトル・ワグナーJr選手のGHCナショナル王座に挑戦し、激闘の末に敗れましたが、あと一歩のところまで追い込みました。

拳王　あの試合でオレはとんでもないものを見ちゃったんだよ。

——なんですか？

拳王　**征矢の〝重爆コルバタ〟だよ。**オレも知らなかった引き出しを開けてベルト奪取への思いを見せた。セコンドについてたけど、思わずクソヤローどもと同じように「おおおっ！」って叫んじゃったぞ。

——自分も驚きました。

拳王　あれだけの巨体で最高の一撃をズバリと決めてみせたよな。70kgぐらいのジュニアの選手がやるのとそん色なかった。むしろそんじゃそこらのヤツらよりも征矢の方がキレイだったぞ。

——確かに。

拳王　あれだけの巨体で絡みついて遠心力がついたら、破壊力はすさまじいだろうな。コルバタをよく食らってるワグナーだから、とっさに最高の受け身でダメージを軽減したけど、普通の選手だったら、脳天から垂直落下して一撃必殺になってたよ。次のタイトルマッチでもやるしかないよな。

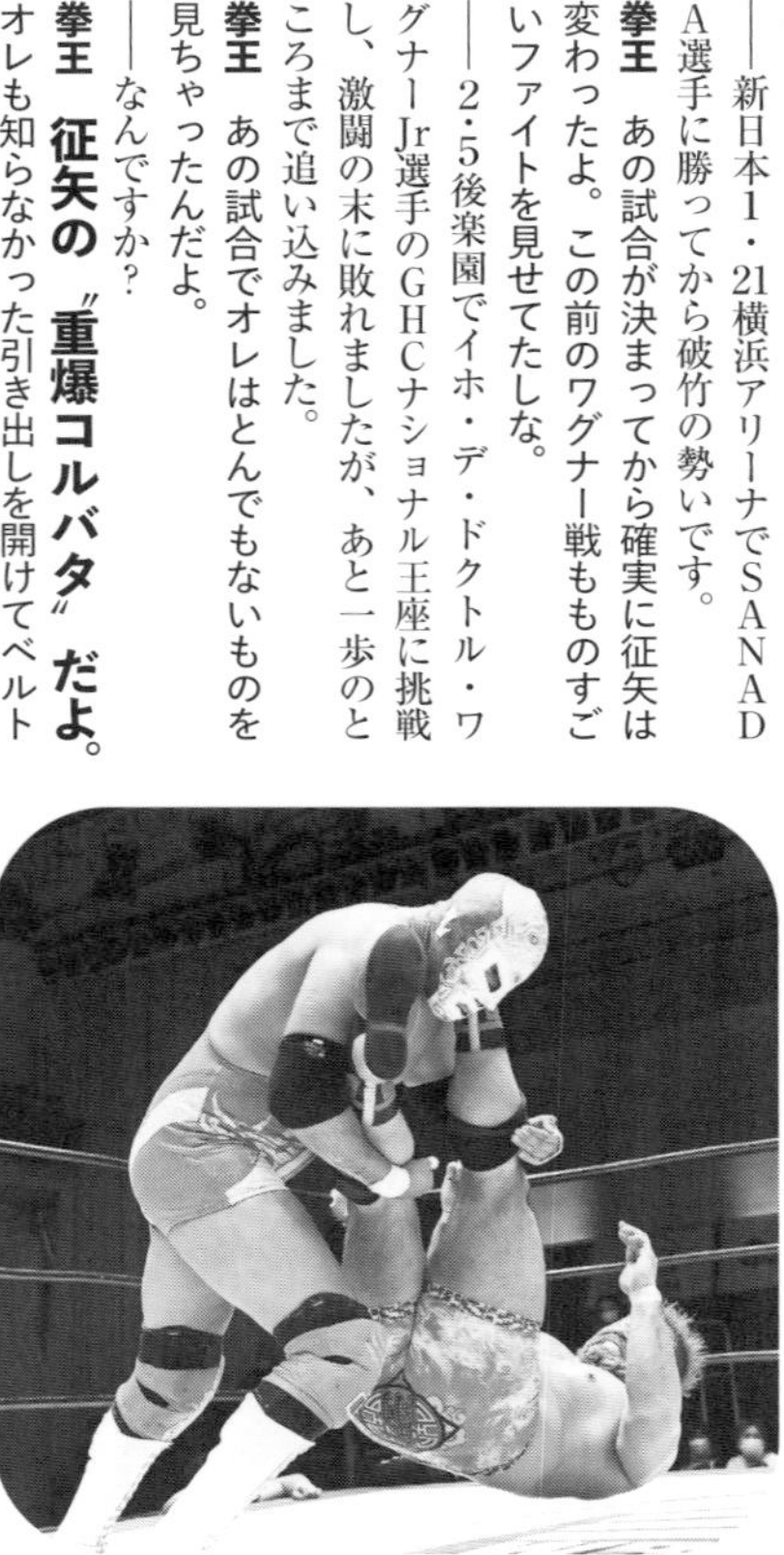

2・5後楽園で征矢が見せたコルバタ

——2・12大阪でも征矢選手は勢いがありましたよね。

拳王　今年1月に結成されたジェイク・リーの新ユニット「GLG」との初対戦で圧倒してやったぞ。征矢のジャンピングDDTはインパクト絶大だったよな。コルバタもそうだし、最近の発言も非常に頼もしい、金剛の征矢学が完成されつつあるよ。

——GHCタッグ王座は2・12大阪でマサ北宮&稲葉大樹組が王者組の杉浦貴&小島聡組を破って新王者の誕生となりました。

拳王　**稲葉がGHCタッグ初挑戦初戴冠か…**ほぼ同じ時期にWRESTLE-1からNOAHにやってきた征矢はさぞかし悔しかっただろうな。これまでGHCナショナルに2回、GHCタッグに3度（王座決定戦を含む）挑戦して、いつも善戦しながらも敗北。クソヤローどもの支持率も征矢の方が確実に上だ。それなのに稲葉は結果だけ出しやがった。結果がすべてだからこういうこと言うのもなんだけど、チャンピオンに相応しいかと問われるとそうではないと思うぞ。

——厳しいですね。

拳王　2・12大阪のタイトルマッチも見ただろ。ほとんど北宮一人の力で取ったようなもんだ。稲葉は自分が一番活躍しなきゃいけないシチュエーションでもサポート役に回っていた。あそこは稲葉だろと期待してたヤツもいるだろうに完全に期待外れだった。あんなヤツにGHCのベルトを巻かせてられないよな。征矢の反骨魂を爆発させて奪ってやる。

――稲葉選手のどこがそんなに「期待外れ」なのでしょうか？

拳王　NOAHに来た時よりも確実に熱さがなくなってるように思う。昔はもっとプロレスに対する情熱や気持ちで試合してた気がするぞ。なんならWRESTLE-1時代の方が熱いヤツだったぞ。

――話を変えて、征矢選手とのタッグはどうですか？

拳王　いい感じだよ。互いにない部分を補い合ってるチームだな。征矢のパワーがあると戦術の幅が広がるから心強い。そもそも征矢はプロレス大賞でタッグの賞も取ってるし、タッグのスペシャリストだからな。

――全日本&WRESTLE-1時代はタッグ王座を何度も戴冠しています。

拳王　それと今回のタイトルマッチはアフター2・21東京ドームを占う一戦になるはずだ。**現在のNOAHって軍団として機能してるのは金剛ぐらいだろ。**杉浦軍も杉浦貴と小島聡が組んだことによって正規軍の一部みたいになってる。GLGも新ユニット結成で勢いを見せなきゃいけないのに、見事にスタートダッシュに失敗した。NOAHは金剛一強というよりもほかに対抗できる軍団が…ない。

――とはいえ、現在、金剛は無冠で…。

拳王　うるせーっ！　オレと征矢がGHCタッグを取るし、その前に3・9後楽園ではHi69がAMAKUSAに勝ってGHCジュニア初戴冠だ。3月から〝逆転の金剛〟がNOAHを席巻することになるぞ。

――内藤哲也選手ネタをまだ使うのですね。

ちなみに、拳王選手は'17年4月にGHCタッグ王座から陥落して以降、王座決定戦&トーナメントなどを含めると、6回連続でGHCタッグ奪取に失敗しています。

拳王　それは言うな。過去は過去だ。

――これ以上、ジンクスを引きずらないためにも3・19横浜は大勝負ですね。

拳王　今回は絶対に取ってやるからな!!

3月15日号の議題　世界タッグ挑戦

スーパーヘビー級同士のプロレスは飽きられてる。そこにNOAHのスピードとキレとテクニックが絡み合えば、とてつもない刺激になる

――2・21東京ドームが終わりました。

拳王　大会自体は大成功だったな。かなり話題にもなって満足度もすごく高い。だが、あえて言いたい。NOAHは何をやってんだよ。

――どういうことですか？

拳王　勝敗だよ、勝敗。オレら金剛は全日本プロレス最強トリオの宮原健斗&諏訪魔&青柳優馬に勝ったぞ。あとDRAGONGATEに丸藤正道&イホ・デ・ドクトル・ワグナーJr&ニンジャ・マックが勝った。それ以外は何なんだよ！

――…。

拳王　後半4試合はすべて勝者が新日本の選手だろ。新日本の東京ドーム大会かよ。これからのNOAHは歴史的な大会の対抗戦で勝利を収めたオレとワグナーが背負っていくしかなさそうだな。

――NOSAWA論外選手引退試合、武藤敬司選手引退試合は別にするとしても、GHCヘビー級王者の清宮海斗選手がIWGP世界ヘビー級王者のオカダ・カズチカ選手に、GHCジュニア王者のAMAKUSA選手がI

WGPジュニア王者の高橋ヒロム選手に敗れたのは衝撃的な結果でした。

拳王　やはり清宮にNOAHを任せておけないとあらためて思ったぞ。ボロボロに負けた直後にジェイク・リーに挑戦表明されて、3・19横浜でのGHCヘビーV5戦が決まった。あんなチャンピオンじゃタイトルマッチが盛り上がるわけねぇだろ。AMAKUSAのGHCジュニア王座は3・9後楽園でHi69が必ず取ってくれるはずだ。

――現状で拳王選手しか言えない言葉です。

拳王　まぁな。オレはあの全日本との対抗戦で青柳優馬から勝ったわけだからな。

世界タッグ王者の青柳はNOAH2・21東京ドームにもベルト2本を持ってきた

――世界タッグ王者です。

拳王　アジアタッグ王座が日本プロレス界最古と言われてるけど、ベルト自体は'19年8月に新調されちゃっただろ。世界タッグはインターナショナルタッグ&PWFタッグ時代からのベルトをずっと使い続けてる。つまり、ジャイアント馬場&アントニオ猪木のBI砲ジャンボ鶴田、天龍源一郎、四天王時代からの歴史が詰まってるんだよ。そんな権威も青柳優馬が持ってたら、単なるボロボロの汚らしいベルトにしか見えないけど。

――試合後にはその世界タッグ王座への挑戦を表明しました。

拳王　征矢学は取ったことがあるけど、オレも欲しくなっちゃったよ。3・19横浜でGHCタッグ王座も取って統一してやるぞ。世界タッグは2本だからGHCタッグと合わせて、**オレと征矢学が初代三冠タッグ王者になってやるぞ。**ちなみに、オレは全日本初参戦だ。

――あらためて2・21東京ドームの一戦はいかがでしたか?

拳王　みんなデカかったし、やっぱ対抗戦は面白いよ。中嶋vs宮原という強烈な対立軸があって、諏訪魔と征矢も過去の因縁がある。それぞれの欲や我が渦巻く難しいシチュエーションだったけど、金剛は熱くなりながらもオレが最後は勝利をもぎ取ったぞ。

――拳王選手は中盤まで黒子に徹して最後にポイントゲッター的に3カウントを奪いました。全日本勢の印象はどうでしたか?

拳王　諏訪魔はとてつもなく強烈だった。どうしても言いたいことがあるけど、**今はまだ言わない。**宮原に関しては中嶋とどんなに確執があってもさすがは健介オフィス兄弟弟子。プロレスラーとして根底に流れるもんが一緒だから攻防はかみ合ってた。どんなに嫌い合っても体が覚えてるんだろうな。またそれがプロレスの面白いところなんだけど。最後に**青柳優馬は想像以上にメチャクチャいい選手だったぞ。**

――珍しくほめますね。

拳王　当たり前だろ。186㎝という身長で身体能力も高くて、ルックスもいい。まだ27歳だけど、デビュー前から秋山準&青木篤志に厳しく叩き込まれただけあって基礎がしっかりしてる。プロレス界の次世代を担う1人だろうな。ジャーマン3連発からのロックスターバスターでフラフラになったけど、どうにかギリギリで勝てたぞ。

――そこまで高評価なのですね。

拳王　いい選手だから挑戦するってところもある。プロレスＬＯＶＥポーズは痛かったけどな。それと全日本プロレスＴＶハードユーザーからすると、スーパーヘビー級同士のプロレスってそろそろファンに飽きられてると思うんだよ。そこにＮＯＡＨのスピードとキレとテクニックが絡み合えば、とてつもない刺激になるんじゃねぇかってずっと考えてた。スーパーヘビー級じゃないオレが、マンネリ化しつつある全日本のスタイル自体を変えてやるぞ。日本拳法も無差別級だったし。

――興味深い見解です。

拳王　で、タイトルマッチはいつだっけ?

――2月26日時点では発表されていません。

拳王　なにっ！　ＮＯＡＨだったら試合当日の夜には発表してるぞ。**全日本は仕事が遅すぎるだろ。**そういうところがファン離れを加速させてるんじゃねぇのか。諏訪魔取締役、世界タッグ選手権試合開催の正式発表をよろしくお願いいたします。

3月22日号の議題　絶縁

あの歴史ある世界タッグ王座の価値はこれで地に落ちた。諏訪魔が専務だから全日本からの退団者が後を絶たない

――今週の議題は青柳優馬&野村直矢組の世界タッグ選手権挑戦に…。

拳王　おい、オレの前で全日本プロレスの話をするんじゃねぇよ。

――2月28日に全日本との絶縁をツイートしていましたね。

拳王　金剛は、全日本とは関わらない。以上。

――あらためて状況を説明しますと、ＮＯＡＨ2・21東京ドームで拳王さんは世界タッグ王者の青柳選手からピンフォール勝ち。征矢学選手をパートナーにして同王座への挑戦を表明し、王者組も受諾しました。

拳王　そこまではよかった。

――その後、全日本2・27新木場で諏訪魔選手が「ブードゥ・マーダーズが最優先だ」とＫＯＮＯ（河野真幸）選手との挑戦をぶち上げました。

拳王　本当に小さい男だよ。専務がそういうことするから全日本のビジネスは上がらないんだよ。絶縁だよ、絶縁。

――とはいえ、全日本2・27新木場に稲村愛輝選手が乗り込んで、宮原健斗選手とのシングルが全日本3・14新宿で決まるなど、ＮＯＡＨと全日本は今後も闘いが…。

拳王　ＮＯＡＨは関係ない。金剛は絶縁だと言ってんだよ。

――中嶋勝彦vs宮原健斗のネクストも見てみたいところです。

拳王　金剛と全日本は絶縁だから知らない。

「絶縁」と書かれた色紙を持つ拳王

——だいぶ怒っていますね。

拳王　全日本についてもう語ることはないから今回の議題は違う話にしよう。

——そんなことを言わずになぜそんなに怒っているのか聞きたいです。

拳王　あの諏訪魔の言葉を聞いて、もう全日本とはやらないと決めた。

——なぜ諏訪魔選手は拳王&征矢組の世界タッグ挑戦に横やりを入れたと思いますか？

拳王　三冠ヘビー級王座は新日本の永田裕志、世界ジュニア王座はフリーの土井成樹、GAORA TV王座はGLEATの田中稔に流出中だ。アジアタッグ王座も王者組は大仁田厚&ヨシタツだから実質は邪道ワールドだろ。世界タッグ王座は唯一、全日本が持ってるようなもんだろ。諏訪魔専務としては世界タッグ王座までNOAHに流出させたくないという意識が働いたんじゃねぇのか。

——なるほど！

拳王　諏訪魔は団体のトップとして女々しすぎるだろ。青柳優馬&野村直矢はチャンピオンとして堂々とオレらの挑戦を受けると言ったけど、全日本の至宝をこれ以上流出させたくないという意味では専務としてストップをかけた。オレと征矢にベルトを流出させずに済んだけど、あの歴史ある世界タッグ王座の価値はこれで地に落ちたと言っていいだろう。諏訪魔が専務だから全日本からの退団者が後を絶たないんだよ。あんなみみっちいヤツの下で命を懸けて闘えないだろ。

——そこまで言いますか…。

拳王　気がつけば全日本は他団体&フリーランスの寄せ集め興行だろ。すべての責任は諏訪魔にある。最近、ウナギ・サヤカにうつつを抜かしてるし、本当に残念だよ。天龍源一郎vs神取忍ぐらいのインパクトを残すならばまだしも、オチャラケで女子と絡むなんて…。**もし女子とやるんだったら橋本千紘と真っ向勝負でやってみろよ。**

——その試合はぜひ見てみたいです。

拳王　話がそれたけど、本来であれば、プロレス界のトップに立っていてもおかしくない諏訪魔がなぜ天下を取り損ねたのか。今回の件でよくわかったよ。**アイツ、武藤敬司vs蝶野正洋を〝お笑い〟と言っただろ。**あのロックアップ、表情、シャイニング・ケンカキック、STFを見て、もしそういうふうに感じてたら相当やばいぞ。あれだけの闘いなんてそうそうお目にかかれるもんじゃないぞ。プロレスに対する認識が違い過ぎるから絶縁。それ以上もそれ以下もない。オマエの誘導尋問に付き合ってるけど、もうオレから全日本について話すことなんてないぞ。

——では、話を変えてプロレス界の絶縁と聞いて、何を連想しますか？

拳王　**長州力と佐々木健介、前田日明と安生洋二、髙田延彦と桜庭和志あたりかな。**最近は禁断の扉がすぐに開くような世の中だけど、金剛と全日本はもう二度と修復することはない。関係断絶だ。オレは3・19横浜武道館でのGHCタッグ挑戦に全集中するぞ。

——3・9後楽園から前哨戦が始まりますし、3・14横浜では王者組の稲葉大樹選手とのシングルも組まれていますからね。

拳王　そういえば、オレと征矢はどんなタッグチームか知ってるか？

——教えてください！

拳王　あの武藤敬司さんが最後にタイトルマッチをおこなったチームだ。

——昨年1月に武藤&丸藤正道組のGHCタッグ王座に挑戦していますね。

拳王　あの時はベルトが取れなかったけど、征矢にもNOAH初戴冠を成し遂げてもらいたいしな。個人的にもGHCタッグは何度もベルト奪取に失敗してるし、今回こそは約6年ぶりの戴冠を果たしてやるぞ。

3月29日号の議題　GHC世界タッグ王者

世界タッグの権威をGHCに吸収させて、プロレス界の遺産はオレたちが守る！

——劇的な展開があり、全日本3・21大田区で世界タッグ王座への挑戦も決まりました。

拳王　青柳優馬&野村直矢は諏訪魔専務よりビジネスわかってるよ。金剛は全日本と絶縁すると宣言したけど、チャンピオンチームの行動に敬意を表して撤回だ。

——あらためて世界タッグ王座を意識して見てどんな気持ちになりましたか？

拳王　東京ドームで青柳が持ってるとただの汚いベルトだけど、やっぱプロレス界の歴史が詰まった由緒ある重みを感じたぞ。征矢学は3回巻いたことあるんだろ。ぜひとも世界タッグの歴史に拳王の名前を刻み込みたいよ。

——おおっ！

拳王　世界タッグ王座は三冠ヘビー級王座、アジアタッグ王座と違ってベルトが新調されていないっていうのが歴史を感じられていい。ジャイアント馬場さん、アントニオ猪木さん、坂口征二さん、ジャンボ鶴田さん、天龍源一郎さん、長州力さんら偉大な先人たちの汗と思いがしみ込んでるからな。そして、NOAHの先輩たちが巻いてきたベルトだ。三沢光晴さん、小橋建太さん、田上明さん、小川良成が全日本時代に激闘を紡いできた。オレの世代としては**小川良成がヘビー級に転向して三沢さんと〝ノーフィアー〟大森隆男&髙山善廣を倒して、アジアタッグ王座と一緒に獲得した一戦が頭に残ってるよ。**

3・9後楽園に来場した世界タッグ王者の青柳優馬&野村直矢

——歴史あるベルトですからね。

拳王　世界タッグはもともとインターナショナルタッグ王座とPWF世界タッグ王座が統一して生まれた。

——世界タッグ王座の知識をなかなか持っていますね。

拳王　当たり前だ。全日本プロレスくじを3万8700円分やって歴代の王者がいっぱい出てきたからな。全日本の歴史を調べていくうちに自然と頭の中に入ってきたぞ。

——'88年6月にインタータッグ王者の〝ロード・ウォリアーズ〟ホーク&アニマル・ウォリアーとPWF世界タッグ王者のジャンボ鶴田&谷津嘉章が統一戦をおこない、鶴田&谷津組が初代世界タッグ王者となりました。

拳王　当時の全日本にタッグ王座が2つあったんだから、どっちが強いんだ！ってなるのも当然だよな。オレと征矢もNOAH3・19横浜でGHCタッグ王座への挑戦が決まってる。そこでまずマサ北宮&稲葉大樹組からベルトを取って、GHCタッグ王者として21日に全日本に乗り込んで世界タッグ王座も取ってやるぞ。3・9後楽園でも言ったけど、両王座を統一して、オレと征矢学が初代〝GHC世界タッグ〟チャンピオンだ。

——なぜ統一したいと思ったのですか?

拳王　プロレス界ってベルトが多いだろ。一番強い者が誰だかわからないよ。2・21東京ドームではGHCヘビー級王者の清宮海斗とIWGP世界ヘビー級王者のオカダ・カズチカ、GHCジュニア王者のAMAKUSAとIWGPジュニア王者の高橋ヒロムがノンタイトルのシングルで激突したけど、ベルトは懸けられなかった。ジュニア夢の祭典3・1後楽園を見ても出場選手のほとんどが何かしらのベルトを巻いてただろ。ずっとなんかものすごく違和感があったんだよ。だから、オレと征矢学でGHCタッグ、世界タッグを取って、GHC世界タッグ王座に統一してやる。こんな画期的なことは最近ないだろ?

——'11年にジャイアント・バーナード&カール・アンダーソン組がGHCタッグとIWGPタッグを、01年に武藤敬司&太陽ケア組がIWGPタッグと世界タッグをそれぞれ同時に戴冠したことはありますが、統一とはなりませんでしたし、GHCタッグと世界タッグについては誰も同時戴冠していません。

拳王　オレと征矢学が史上初のことをやってやるぞ。NOAH3・19横浜&全日本3・21大田区でプロレス界の歴史を動かしてやる。

——ちなみに、なぜGHC世界タッグ王座という名称が思い浮かんだのですか?

拳王　**オレとしてはGHCタッグが世界タッグを吸収するという意味合いを込めて、GHCを先にして世界を後にした。**世界GHCタッグ王座よりも語呂がいいだろ。こんな素晴らしいアイデアを3・9後楽園のリング上の一瞬で考えるオレは天才だろ!

——さすがですね!!

拳王　**ジュニア夢の祭典を見て、あらためて痛感させられたけど、現在のプロレス界は団体が多すぎる。**プロレスをもっともっと世間に響かせるためにはベルトを統一していく必要があるんじゃないか。だから、まず先頭を切ってオレたちNOAHが全日本のタッグ王座を統一してやるぞ。

——そこまで壮大なプランだったのですか!

拳王　それに、コロナ禍以降厳しいプロレス界。いつ団体がなくなるかもわからない。全日本プロレスも毎年退団者がいて厳しいと思う。三冠ヘビー級王座、アジアタッグ王座は新調されたからどうでもいいけど、世界タッグはずっと言ってるようにBI砲時代から受け継がれてきた。オレが世界タッグの権威をGHCに吸収させて、初代GHC世界タッグ王者になってやるぞ。プロレス界の遺産はオレたちが守る!

4月5日号の議題　**拳王チャンネル3・15公開収録in仙台**

小遣い稼ぎでやってる人が多いけど、オレは金のためじゃなく、プロレスを広めるためにYouTubeをやってる

——ついに拳王チャンネル初の公開収録がおこなわれましたね!

拳王　想像以上のクソヤローどもが集まってくれたよ。本当にありがたい。

——超満員のファンが駆けつけたようですね。

拳王　最初にいつものように「拳王チャンネルだ!」って言ったら、大歓声が巻き起こったんだよ。それが面白くてしょうがなかった。あらためてライブの素晴らしさを感じたよ。

——完全に会場が出来上がっていましたよね。

公開収録の模様。新崎人生年表を本人と一緒にやって大盛り上がりだった

拳王　みんなに待ち望まれてたことがヒシヒシと伝わってきた。オレとしてはNOAHを生で見たことがないクソヤローどもがたくさんイベントに来てくれたことが嬉しかったかな。ロス・インゴベルナブレス・デ・ハポンのファンもいたし、YouTubeを見ててプロレスに少しだけ興味があった人もいたし、昔プロレスが好きだったけど、今は離れてて、拳王チャンネルがきっかけでまた再燃してきたクソヤローもいた。NOAHだけじゃなくて、プロレス自体の入り口に少しでもなれてるってことをあらためて実感させてもらったよ。プロレス界に貢献できていたら嬉しいよな。

――これだけの盛り上がりになると思っていましたか？

拳王　正直、半信半疑だった部分はあるよ。ドリンク代600円はあるけど、入場料金は無料。これで人が集まらなかったら、どうしようかと心配だった。

――3月11日の八戸トークショーもかなり多くのファンが駆けつけたみたいで、拳王さんの知名度は絶大ですね！

拳王　YouTube効果だと思うよ。

――現在、登録者数4万7000人。今年に入ってから倍増していますし。

拳王　基本的に週2～3回更新。突発的な生配信も積極的にやってきたかいがあったよ。おかげで3月は休みがないけど…。

――NOAHでも全日本でもタッグ王座への挑戦もありますし、リング内外で大忙しです。

拳王　実は最近、試合よりもYouTubeの収録の方が多いんだよ…。

――NOAHはコロナ禍以降、いわゆる巡業がなくなり、週末中心の興行日程になっていますからね。

拳王　おい、オレと征矢学がGHC世界タッグ王者としてお披露目される3・24秋田～3・27八戸の東北ツアーを忘れんなよ。

――NOAH3・19横浜でGHCタッグ、全日本3・21大田区で世界タッグを両方奪取したら、という条件つきですが…。

拳王　まぁ、いいよ。話を本題に戻して、やっぱ声援ありのイベントは最高だったよ。

――拳王さんは一見、とっつきにくい硬派なキャラクターのように見えて、実はプロレスファンだった少年がそのまま大人になったようなプロレス愛にあふれた現役トッププロレスラーという稀有な選手ですからね。

拳王　もうバレてるから否定はできないけど、プロレスの入り口として誰でも入りやすいYouTubeにはオレのようなヤツが必要だろ。ほかのYouTubeやってるプロレスラーたちは自分たちの発信したいことばかりアップしてるように見えるが、オレはクソヤローどもが何を見たいのかって常に考えてるつもりだ。自分たちの小遣い稼ぎでやってる人が多いけど、オレは金のためじゃなく、プロレスを広めるためにYouTubeをやってるんだと再認識したぞ。ほかのヤツらは再生数&登録者数=金だろうけど、オレは再生数&登録者数=プロレス界だ。

――素晴らしい!

拳王　何よりも自分自身が一番楽しんでるって部分もあるけどな。

――NOAH所属選手にも関わらず、けっこうプロレス界全体の話題が多いですからね。

拳王　ここ最近、対抗戦が多いっていうのもあるだろうな。**普段から拳王ネットワークを駆使してさまざまなプロレス界の情報にアンテナ張ってるおかげかも。**

――ジュニア夢の祭典3・1後楽園ではYouTubeでカード予想したら、解説者としての仕事も舞い込んできましたね。

拳王　そうそう。世の中、何がきっかけになるかわからないよ。今後も拳王に興味がある方がいましたら、ぜひともオファーお待ちしております。

――週プロ連載で売り込みはやめてください。

拳王　そういえば、そろそろWWE「レッスルマニア39」の季節だ。登録者数2360万人超えのYouTuberのローガン・ポールは誰とやるの?

――セス・ロリンズ選手です。

拳王　さすがだな。オレもいつか…いや、来年はレッスルマニアからオファーをもらえるぐらいのYouTuberになってやるぞ。

――拳王さんはプロレスラーとしてもレッスルマニアを狙えるトップ選手ですよ。

拳王　**WWE最高執行役員トリプルH様、来年の「レッスルマニア40」オファーお待ちしております!**

4月12日号の議題　**世界タッグ奪取**

全日本から分家する形で旗揚げしたNOAHが管理するっていうのも歴史的な意義を考えても必然

――世界タッグ王座を奪取しました!
拳王　ついにやったぞ!
――ものすごく嬉しそうでしたね。
拳王　当たり前だろ。2日前にGHCタッグ選手権で負けて、悔しい思いをしてたからな。両タイトルを統一してGHC世界タッグ王座にするっていう計画は消滅しちゃったけど、世界タッグ王座初戴冠…歴史と伝統のあるベルトを手にすることができたんだ。本当に嬉しかったし、征矢と一緒にベルトを巻けたっていうのも感慨深いもんがあるよ。
――征矢学選手は'20年4月に金剛入りしてから何度もチャンスをつかんではあと一歩で逃していましたからね。
拳王　征矢はワイルドっていう過去のキャラクターを捨てて、金剛になって生まれ変わった。大きな結果をなかなか出せなかったが、決してくすぶってたわけじゃない。その証拠に、今年1月21日、新日本・ロス・インゴベルナブレス・デ・ハポンとの対抗戦でSANADAとのシングルで勝利を収めた。あの一戦をきっかけに征矢は常に自信に満ち溢れてるように感じてたぞ。一緒に闘ってても、本当に頼もしかった。
――確かに。
拳王　それと試合中から感じてたんだけど、オレたちは外敵として全日本に乗り込んで団体の威信を懸けた対抗戦で、世界タッグという至宝を奪い取ったんだよな。本来であれば、もっとブーイングとか罵声が聞こえてもいいシチュエーションだったはずだ。しかし、オレらが勝った後には大声援が起こって、拳王コールまで聞こえたぞ。青柳優馬&野村直矢っていう全日本の未来を背負うエース候補が負けて、もっと全日本ファンは落胆するかと思ったのに。もしかしたら、2・21東京ドーム前にYouTubeで「全日本プロレスくじ」合計43回3万8700円（自腹）をやったことによって、全日本のクソヤローどもの心をがっちりつかんじゃったのかもしれないな。

——その可能性はありますね。

拳王　**今年一番、全日本プロレスを世間に広めてやったのはオレ**なんじゃねぇのか。世界タッグ王座を輝かせるのはオレと征矢だって、NOAHファンだけじゃなく、全日本ファンのクソヤローどもも思ってたんじゃねぇのか。

——だとしたら、YouTube効果は絶大でしたね。

拳王　ただ残念なのはこれから全日本の会場にオレと征矢がもう二度と行かないってことだな。オレが他団体に出るのはNOAHに還元するためだ。**三冠ヘビー級王者の永田裕志みたいに全日本を面白くしてやる！なんて意気込みはない。**

——試合後にも語ったように世界タッグの防衛戦はNOAHでおこなっていくのですか？

拳王　もちろん。挑戦表明してきた諏訪魔はまったくわけわからないし、マイクで何を言ってるか聞き取りにくかった。そもそも何も伝わってこない。せっかく諏訪間幸平専務としてNOAH3・19横浜武道館に招待してやったのに、ドタキャンしただろ。これほど美味しいエサを与えてやったのに。そんな嗅覚のないヤツは絶縁だよ。オレのプロレス人生に必要ない。何度も言うけど、全日本が低迷してるのはアイツのせいかもしれないな。

バックステージで征矢に抱きついた拳王

——そこまで言いますか…。

拳王　諏訪魔のことなんてどうでもいい。それよりも世界タッグ王座だよ。あの味わいのある骨董品、古美術品のような美しさがあるベルトには、三沢光晴さん、小橋建太さん、田上明さんらの汗と血がしみ込んでるんだなって手にしたら、あらためて感じた。これからはPWFを離れて、NOAH認定世界タッグ王座としてNOAHのリングで価値を高めていってやるぞ。日本プロレス界の伝統と歴史を途絶えることなくNOAHが引き継いでいってやるよ。NWA世界ヘビー級王座だって、WCW世界ヘビー級王座、WWE世界ヘビー級王座って時代によって管理団体が変わった。全日本から分家する形で旗揚げしたNOAHがこれから世界タッグ王座を管理するっていうのも歴史的な意義を考えても必然だろ。

——少しこじつけのように聞こえますが、それは説得力がありますね。

拳王　征矢は「チャンピオン・カーニバル」に出場するんだろ。もし優勝したら、来年からは春の祭典もNOAH主催だ。その先に三冠ヘビー級王座を獲得したら、三冠ヘビー級王座もNOAH認定だ。

——楽しみです！

拳王　そういえば、NOAH所属選手で四天王プロレス時代の全日本で世界タッグを巻いた選手がいたよな。

——まさか…。

拳王　**小川良成だ！　せっかくだから挑戦してきてもいいぞ。**今度、機会があったら見せつけてやろうかな。

——おおっ！

拳王　そんな冗談はさておき、オレと征矢は過去の偉大な輝きに負けないぐらいのチャンピオンチームになってやるぞ。歴史と伝統の詰まった世界タッグのベルトを見たかったら、NOAHに来い！

4月19日号の議題　久々の東北4連戦

ABEMAやレッスルユニバースの生中継がなくても関係ない。NOAHは地方巡業でも一切手を抜かないぞ

——久々の東北4連戦はいかがでしたか？

拳王　コロナ禍以降、地方4連戦ってほとんどなかったよな。

——はい。大会自体は4連戦ですが、巡業的には前日入り、23～28日の5泊6日でした。

拳王　これだけ長いのは久しぶりだった。というか、3月はみちのくプロレス徳島大会参戦とかもあって、その前後は徳島に滞在してたし、東北ツアー&仙台のプロモーションとかもあって、さらにそれ以外にもけっこう忙しくて、半分以上、家にいなかったからな。

——どうでしたか？

拳王　実は忙しすぎて、**巡業前からお腹下して、ほぼ何も食べることができずに疲れ果ててたんだよ。**だから、前日入りしてもバスでは食べられなかったから食事してジムだけ行って、大人しくホテルで体調回復に努めてた。

——珍しいですね。試合は4大会中3大会で対GLG（グッド・ルッキング・ガイズ）。いろいろ仕掛けましたね。

拳王　当たり前だろ。NOAHで急に新しいユニットを立ち上げて、金剛からタダスケっていうジュニアのスポークスマンを奪いやがって。金剛は〝去る者追わず〟が基本理念だけど、タダスケは強い信念で行動を起こしてたんだから、それだけのもんを残してもらいたいよな。ただなんでグッド・ルッキング・ガイズに入ったんだよ。

——カッコイイからでは…。

拳王　おいおいおい、**アイツはどこからどうやって見てもグッド・ルッキ**

東北4連戦でも話題を振りまいた金剛

ングではないだろ！ いや、じっくり見るとイケメンかな!! でも、このツアー、試合中に何回か観客のクソヤローどもにリング上から直接聞いてみたけど、ほとんどが苦笑いか「それは言わないで」って雰囲気だったよな。

――私はノーコメントにします。

拳王 タダスケにはなぜGLGに入ったのか。ちゃんとした理由を誰にもわかりやすい形で言ってもらいたいよ。

――それは教えてもらいたいです。

拳王 だろ。まぁ、タダスケについてはこれからもオモチャにしていくから、ここではこれぐらいにしておくか。

――GLGという軍団自体はどうですか？

拳王 ようやく金剛と真っ向から抗争できるユニットがNOAHにできたなって思ったぞ。正規軍はいっぱいすぎて一枚岩じゃないし、NOAHジュニア自体がジュニアだけの軍団みたいだから、なんか軍団感がない。杉浦軍はいつの間にかにジュニアがなくなっちゃったし、軍団としてもほとんど機能してないだろ。そんな中でGLGにYO－HEYとタダスケが加わってヘビー&ジュニア混合の5人体制になったからな。4・16仙台ではジェイク・リーのGHCヘビー級王座に中嶋勝彦の挑戦が決まってるし、一気に火をつけてやろうと思ってた。

――3・24秋田の試合後、3・25盛岡の10人タッグマッチを3本勝負にするように要求して実現。さらに、3・27八戸の10人タッグマッチもキャプテンフォールマッチへの変更を要求して実現しましたね。

拳王 NOAHは地方巡業でも何が起こるかわからないんだよ。いや、オレたち金剛は面白くするために何でもやっていく。ABEMAやレッスルユニバースの生中継がなくても関係ない。今は地方巡業でもSNSで情報を全国にリアルタイムで発信できる時代だ。だとしたら、チャンスがあればドンドンと仕掛けて、よりいっそう刺激的なものを提供していった方がいいだろ。

――さすが！

拳王 NOAHは地方巡業でも一切手を抜かないぞ。試合内容自体も当然として、さまざまな部分で見逃すなってことだな。

――注目されているジェイクvs中嶋のGHCヘビー級前哨戦はどうでしたか？

拳王 どちらもまだまだ様子見の域を出ていなかったよな。でも、中嶋勝彦は一発KOがあるからな。去年も2回、リングに戦慄を走らせただろ。

――6月の対遠藤哲哉、8月の対岡田欣也ですね。

拳王 ジェイクもNOAHに来てから一発のデカさを売りにして、串刺しフロント・ハイキック、ジャイアントキリングとかダイナミックな一撃で相手を仕留めてるだろ。でも、NOAHの元祖一発KOは中嶋勝彦だ。中嶋は金剛に入ってから、強さや怖さがプロレスラーとしてのオーラになってきた。リング外でも危険極まりないからな…。

――そうなのですか!?

拳王 **中嶋は人間として危険なんだよ。** それがリングにも出てきたから、あそこまでの存在感になってるんだろうな。**ジェイクはリングを降りたら、常識人っぽいじゃん。** 現にチームで仲良さそうなプライベートをSNSで上げまくってるしな。今回のタイトルマッチでは互いのナチュラルな強さや怖さが勝敗を分けるポイントになると思ってるぞ。もちろん勝つのは中嶋だけどな。

――おおっ！ 楽しみです!!

拳王 ちょっと待て、決戦の4・16仙台までに4・8大阪&4・9高岡があるだろ。まだまだ何が起こるかわからない…いや、オレたち金剛が何か起こしてやるかな！

4月26日号の議題

オープン・ザ・ツインゲート王座奪取

金剛がプロレス界を動かしてるっていう証明ができてきた。DGのファンにもぜひNOAHを観戦してもらいたい

——最初、近藤修司選手からオープン・ザ・ツインゲート王座挑戦を聞いた時はどんな気持ちでしたか？

拳王　面白いことを言うなって思ったよ。近藤は意外にもDRAGONGATE（以下・DG）のベルトを取ったことはないんだってな。取ったことがある気がしてた。

——DGの前身である闘龍門時代に戴冠歴があります。WRESTLE－1活動停止後の'20年以降に、レギュラー参戦するようになってからは、挑戦のチャンスこそありましたが、ベルト奪取まではたどり着いていません。

拳王　NOAHでも昨年11月に大原はじめとGHCジュニアタッグ王座を取ったけど、近藤にとってDGは古巣だ。やっぱ思い入れはどこかにあると思うよ。

——近藤選手も語っていましたが、約3年間もDGに参戦していないながら結果を出せない日々は悔しかったでしょう。

拳王　近藤はあらためて説明するまでもない。トップ中のトップレスラーだ。全日本、NOAH、WRESTLE－1などでプロレス史に残るような数々の栄冠をつかんできた。まだ数回しか2人で組んでないけど、ものすごくやりやすい。**下手くそなヤツと組んでると疲れるんだよ。全然そういうのがない。**プロフェッショナルだよ。試合を一緒にやってても、いろいろと学ぶところが多いぞ。

——本当に心強い選手が金剛に入ってくれましたよね。

拳王　近藤を連れてきたタダスケはいなくなったけどな。

——昨年4・29両国で加入しましたね。

拳王　もう1年前になるんだな。NOAHだけでなく、DGでも金剛として形を残すことができてオレも嬉しいよ。

——これまでこの連載でも何回か触れてきましたが、あらためてDGという団体についてどう思いますか？

拳王　能力の高い選手が多いし、それぞれが強烈な個性を持ってる。**人材育成については業界トップレベルだ。**若者たちのやる気スイッチを押すのがうまいというか、長所や個性を伸ばす教育をしてるように思える。この点はNOAHも見習わなければいけない部分だ。NOAHも若者が個性を出していかないといけないよな。

——鋭い分析ですね。

拳王　そんなDGで生まれ育って、6度も防衛して敵なし状態だった前王者組のKzy&BIG BOSS清水にオレたちは勝った。あれだけ圧倒したら、至宝奪回に名乗りを上げるヤツもいなくなっちゃうか…。

——4月6日の取材時点ではまだ挑戦者が出てきていません。

拳王　金剛の強さにビビッてんだろうな。せっかくDGのリングで防衛戦をやってやるって言ってるのに。**昨年11月の合同興行で組んだベリーキュートなヤツはどこに行ったんだよ。**

——箕浦康太選手は武勇伝4・4新宿には参戦していませんでした。

拳王　そうだったな。でも、あの日、DGの選手は会場にいっぱいいただろ。YAMATOとかさ。翌日の4・5後楽園でも何もなかっ

ツインゲート王者となった拳王

たし。まぁ、ツインゲートについてはこれぐらいにして、オレは全日本の世界タッグとの2冠だ。金剛がプロレス界を動かしてるっていう証明ができてきたんじゃないのか。NOAH4・16仙台では中嶋勝彦がジェイク・リーからGHCヘビー級王座を取るだろうし。

——NOAH、全日本、DGのタイトル戦線を同時に盛り上げているという事実は確かにすごいです。

拳王　おい、全日本では世界タッグの防衛戦をやらないという大切なことを忘れんじゃねぇぞ。世界タッグの防衛戦が見たいクソヤローはNOAHの会場に来るしかないとしっかり誌面を通じて週プロ読者にも伝えてやれよ。

——失礼しました！

拳王　せっかくだから、DGのファンにもぜひNOAHを観戦してもらいたいよ。暖かい季節になってきたということは毎年恒例、オレがNOAHの広報部長になってやる。

——すでに発信という意味ではかなり貢献していると思いますよ。とにかく現在、NOAHは4・16仙台、5・4両国とビッグマッチも控えていますからね。

拳王　もちろんだ。その先にはオレのデビュー15周年記念大会6・24徳島もある。

——先日、拳王チャンネルが同大会の特別協賛となり、「拳王チャンネル見た」で学生が入場無料になることが発表されましたね。

拳王　小学生、中学生、高校生、大学生、専門学生向けの当日券2000円をオレが自腹で肩代わりしてやる。もっと多くの学生にプロレスの面白さをわかってもらいたいからな。そして、**DGの本拠地である神戸からは瀬戸大橋を渡って車で1時間半だぞ。**もちろん世界タッグ&ツインゲートの2冠王者として臨むつもりだ。DGファンの皆様、6・24徳島ご来場お待ちしております！

5月3日号の議題

オープン・ザ・ツインゲート王座初防衛戦
ISHINはなかなか頭のキレるヤツだ KAIは出世欲よりも生き残る方を選んだ

拳王　まず先週号のお詫びと訂正だ。神戸から徳島へは「瀬戸大橋」を渡って車で1時間半」と言ったけど、「瀬戸内海」の間違いでした。申し訳ありませんでした。ちょうどオープン・ザ・ツインゲート王座戦線に前回の収録から動きがあったみたいだな。

——DRAGONGATE4・8神戸でKAI&ISHIN組が挑戦表明し、DG5・5名古屋での初防衛戦が決まりました。

拳王　本当だったら、武勇伝4・4新宿で取った時にリング上で来てもらいたかったよ。まぁ、ようやく挑戦者チームが決まって、ひと安心だ。オレたちが強すぎて、ビビッて誰も来ないと思ってた。

——挑戦者チームについての印象はどうですか？　ISHIN選手から「拳王に興味があ

る。アイツの首とベルト、まとめて奪ってやる」と狙われています。

拳王　ぜひ直接、オレに言ってもらいたい言葉だな。というか、KAIは知ってるけど、パートナーのISHINって誰？　5・5名古屋まで時間があるからご挨拶、お待ちしております。

――週プロを隅から隅まで熟読して、独自の業界ネットワークを持っているプロレス界通の拳王さんが知らないのはらしくないですね。

拳王　どんな選手なの？

――元プロレスラーの維新力さんと穂積詩子さんの息子で、兄の理貴さんと兄弟二世レスラーとして'21年9月にデビューしました。

拳王　ほう。だったら、兄弟タッグで挑戦してきた方がいいんじゃねぇのか。

――理貴さんは昨年6月に引退しました。

拳王　えっ！　そうなんだ!!　デビューして1年も経ってねぇじゃんかよ。何があったか気になるところだけど、ということは**ISHINもキャリア1年半ちょっとか。NOAHで言えば、矢野安崇と小澤大嗣の間だな。**

――矢野選手は'20年10月、小澤選手は'22年9月デビューですからそうなりますね。

拳王　そのキャリアで自己主張するのはすごいことだよ。ツインゲート他団体初流出という事態が起こったら、先頭を切ってベルト奪還に動いた。YAMATO、ベリーキュートなヤツ（箕浦康太）よりもいい嗅覚してんじゃん。さすが若手育成に定評のあるDGだな。

ツインゲート王座次期挑戦者チームのKAI&ISHIN

――昨年11月に悪党集団「Z-Brats」の一員となり、オープン・ザ・トライアングルゲート王座を奪取していますし、望月マサアキ選手の息子である望月ジュニア選手とライバル抗争を繰り広げています。

拳王　実績もキャラクターもあるのか。挑戦表明と同時に近藤修司じゃなくてオレを狙うという対立構図も発信しやがったよな。なかなか頭のキレるヤツだ。何も言うことがないよ。昨年4月の両国国技館大会、結果&内容両面でDGにボコボコにされた**NOAHジュニアに見習ってほしい。**アイツら、真面目で気持ち悪いNOAH愛が強い表現しかできないからな。もっとお客さんの心をつかむようなユーモアがほしいといつも思ってるんだよ。

――NOAHジュニアへの苦言は余計です。

拳王　話をもとに戻して、維新力さんの息子って聞いて、親の七光りかなって思ったけど、どうやらもうすでに違うみたいだな。

――KAI選手についてはどうですか？

拳王　オレとキャリアがだいたい一緒だよな。

――'07年2月デビューなので拳王選手よりも1年先輩です。

拳王　武藤敬司率いる全日本でデビューして、WRESTLE-1を経て、現在はDGを主戦場とするフリーか。所属選手の多いDGでフリーとして生き抜いてるのは評価できるよ。でも、アイツはDGを飛び越えて、プロレス界の頂点を取れる素質と実力があるのに、バイプレーヤーで納まっちゃってるふうにも感じる。出世欲よりも生き残る方を選んだのかな。どっちが正解かわからないけどな。

――深いお言葉です。

拳王 ついで言えば、DGはNOAHを含め三大メジャーと呼ばれている団体と肩を並べる団体だと思ってる。KAIがそんなDGの頂点であるオープン・ザ・ドリームゲート王者になったのはすごいことだよ。でも、鎖国気質というか、なかなか評価されにくいよな。このツインゲート王座も設立から15年以上経って初めての他団体流出なんだろ。**オレがこれからもっともっと業界に響くように、DGの新しいゲートを開いてやるぞ。**

——楽しみです!

拳王 まず手始めに、DG5・5名古屋でKAI&ISHINの挑戦を退けて、ツインゲート王座初防衛してやる。当然、その後のプランも考えている。

——まさか…。

拳王 DGファンの皆様、**DGの本拠地である神戸から徳島へは〝瀬戸内海〟を渡って車で1時間半です。**「拳王チャンネル見た」で学生が入場無料。拳王15周年記念大会NOAH6・24徳島に明石海峡大橋、淡路島、大鳴門橋をドライブしてお越しください!

5月10日号の議題 プロレス興行における前説

団体最高峰のベルトを巻いたことがあるトップ中のトップがやるなんて画期的。日本プロレス界の歴史に新たな1ページを刻んだ

——NOAH4・16仙台、素晴らしい大会になりましたね。

拳王 大盛り上がりだったな。まだ見てないクソヤローはぜひレッスルユニバースで見てほしいよ。

——同大会では第1試合の前にサプライズ登場して、会場のボルテージを高めました。あの狙いは何だったのでしょうか?

拳王 正直、集客的な部分で大会の負けは理解してた。

——えっ、どういうことですか?

拳王 オレとしては事前のプロモーションも仙台でやってたし、何とかして1人でも多くのクソヤローどもに足を運んでもらいたかった。カードもGHC5大選手権を筆頭に、新崎人生さんin金剛、ドラリスティコ参戦と現在のNOAHが誇る最上級のラインアップだ。しかし、観衆は1277人と惨敗だっただろ。本当に悔しかった。

——…。

拳王 でも、そこで下を向いてるひまは現在のNOAHにないんだよ。会場に足を運んでくれたクソヤローどもに楽しんでもらうために、リピーターになってもらって次回、仙台で開催する時に大成功に導けるように、何かできることはないかなと考えていたら、あの前説になったという感じだな。

——責任感からの行動だったのですね。

拳王 事前にプロモーションもしたし、みちのくプロレス出身のオレにとってみたら、仙台は馴染み深い土地だ。普段使ってる仙台サンプラザホールよりもゼビオアリーナ仙台は倍以上のキャパがあるだろ。武藤敬司さん引退後もNOAHの勢いが持続してることを集客という数字で示したかった。オレにもっと集客力があれば…すべてオレのせいだよ。

——しっかりと貢献していたと思いますよ。ABEMAの視聴数も非常に好調でしたし。

拳王 確かに拳王チャンネルの公開収録を仙台でやって、今までNOAHを会場で見たこ

となないクソヤローどもや、プロレス初観戦者がチケットを買ってくれたという声もオレのもとに届いてたよ。それは嬉しかったけど、まだまだ力不足だった。そこからは何を言われても目をそらしちゃいけないと思ってる。

――前説はやったことあるのですか？

拳王　前説自体はないけど、昨年11月にバスケットボールの大会で、第1クォーターと第2クォーターの間に海賊バズーカタイムっていうプレゼントをバズーカでぶっ放しながらマイクで盛り上げるイベントをやらせてもらったことがあった。あの経験も生きたよ。

4・16仙台の第1試合前に前説をおこなった拳王

――プロレス興行における前説についてはどういうふうな考えがありますか？

拳王　NOAHではこれまでやってきていないことだよな。**WWEでも今年の「レッスルマニア39」で両日ともにザ・ミズがスヌープドッグと一緒にやってただろ。**わかりやすく大会の高揚感をかき立てるのに非常にいいなとずっと思ってたんだよ。

――なるほど。

拳王　新型コロナウイルス禍が徐々に明けてきて、日本でも声出しも解禁になった。でも、クソヤローどもはプロレスを見て、どうやって声を出していいのか忘れてるんじゃねぇかって思うこともあったんだよ。それにコロナ禍中にプロレスを見始めたクソヤローどもは、そもそもどうやって声出していいかわからないだろ。そこを解消するために試合が始まる前に、**どうにか会場の一体感を創り上げてみたかった。**何でもそうだけど、一度、恥ずかしがらずにやってみると、その後は自然とできるもんだろ。ほかの団体でもけっこうやってるのか？

――選手がやることも珍しくないですが、現在ではリングアナウンサーがやっている団体が多いですね。

拳王　リングアナと選手では大違いだろ。しかも、オレみたいな団体最高峰のベルトを巻いたことがあるトップ中のトップがやるなんて画期的だろ。日本プロレス界の歴史に新たな1ページを刻んだんじゃねぇのか。4・16仙台はオレの前説のおかげであれだけ盛り上がったんだよ！

――そういうことを自分で言っちゃうところが素敵です。

拳王　うるせーっ！　まぁ、大会が始まる前に会場を温めすぎちゃったから、選手もクソヤローどもも試合を思いっきり楽しんで4時間近くの長時間興行になったのは、本当に申し訳なかったけどな。

――前説をやって、第4試合に出て、メインのセコンドまでついて、大会後は拳王チャンネルの生配信…大活躍でしたね。

拳王　ただ生配信前はドッと疲れが出て、さすがに眠くなっちゃったよ。

――実際にやって初めてわかることもありますからね。今後もやっていくのですか？

拳王　もちろんだ。**いつどの大会で大会開始とともに「失恋モッシュ」が流れるかもしれないぞ。**クソヤローどもは気を抜かずに大会開始時間までに会場入りしてほしいよ。

5月17日号の議題　NOAH5・4両国国技館

日本人にはない発想や感覚は見てても新鮮
ドラリスティコよりワグナーの方が能力は上

——いよいよ春の大一番が迫ってきました！

拳王　全14試合だ。2・21東京ドームとそん色ないぐらいの豪華なビッグマッチになりそうだよな。

——拳王さんはセミで潮崎豪復帰戦に…。

拳王　オレの試合についてはさまざまなところで言ってるから、ここでは割愛するぞ。ところで、今大会は全員で何人出るの？

——54選手ですね。

拳王　そんなに出るのか。しかも、寄せ集めじゃなくて、動けるいい選手が多いし。1枚のチケットで54人ものトップ選手を見ることができるなんてすごいだろ。その中で外国人選手は何人だ？

——17人ですね。

拳王　**NOAHの経費は大丈夫なのか!?** 新型コロナウイルス禍が落ち着いていくのに合わせるかのように、円安が進んでるし。飛行機代やホテル代も高くなってるだろ。それでもNOAHはクオリティの高い大会を届けるために、クソヤローどもに楽しんでもらうために、これだけの外国人選手を呼んでるんだよな。三ツ星レストランが世界各国から最高級の美味しい食材を集めて、お客様のご来店を待ってるようなイメージだな。

——わかりやすい例ですね！

拳王　思えば、NOAHに外国人選手が戻ってきたのは、昨年の4・29&30両国からだった。もうあれから1年が経つんだな。

——現在では当たり前になっていますが、そのあたりに気づくなんてさすが拳王さんです。

拳王　1年前に絶大なインパクトを残したニンジャ・マックがGHCジュニア王座返り咲きを狙う大会ってのも楽しみだ。

——昨年はドラゴン・ベイン、アルファ・ウルフとの3WAYで驚がくの空中戦を繰り広げ、一夜にして大きな話題となりました。

拳王　まさにシンデレラストーリーだったよな。無名同然の外国人選手が1試合で人生を変えたわけだからプロレスは夢があるよ。あれからニンジャは昨年10月にGHCジュニア初戴冠と結果も出した。その人気は少しも落ちることなく、しっかり継続してる。ニンジャスペシャルやニンジャボムなんて出たら確実に沸くし、地方大会とかでもお客さんをバンバン盛り上げてるからな。ニンジャを見たくてNOAHを観戦するクソヤローどもも決して少なくないんじゃねぇか。

——4・16仙台では新崎人生選手も驚かせま

2・21東京ドームでワグナーとニンジャは同じコーナーに立っていた。トリオを組んだ丸藤を含めて、5・4両国ではシングルのタイトルマッチに出場

したね。

拳王　試合後、**控室で新崎さんはニンジャに「ふく面ワールドリーグ」に出てもらいたいくらいと褒めてたよ。**

——みちのくプロレスが誇るマスクマンの祭典にぜひ出てもらいたいですね。

拳王　日本で誕生した忍者ってキャラクターが海外でも浸透して、逆輸入してきて、日本でこれだけのプロレスラーに成長したって部分も面白いよな。オレの予想としては、前回は負傷によるレフェリーストップ勝ちだったけど、今回こそちゃんとした形でHAYATAからベルトを奪うんじゃねぇのか。

——おおっ！

拳王　ニンジャみたいに成功をつかむヤツもいれば、そうではないことだってある。現に昨年の両国2連戦からレギュラー参戦を続けてるのは半分ぐらいだ。

——華やかなようで実にシビアなんですよね。

拳王　これだけの選手がビッグマッチに出てるけど、NOAHの生存競争はとてつもなく激しいぞ。**外国人選手もダメだったら呼ばれなくなる。**その中で誰よりも頭角を現し、確固たる信頼を勝ち得たのがGHCナショナル王者のイホ・デ・ドクトル・ワグナーJrだ。

——ごもっともです。

拳王　稲村愛輝、征矢学、ジャック・モリスを相手に防衛戦のたびに期待を大きく上回るタイトルマッチをやってる。でかいマスクマンってだけでもインパクトあるし、その上で身体能力が高いし、日本人にはない発想や感覚は見てても新鮮。プレーヤーとしてもワグナーの試合を見てると、日本の常識は非常識って思わされる。いつも新しい発見ばかりなんだよ。防衛戦は毎回気になってるから会場で見るようにしてる。ネームバリューでは負けるかもしれないけど、オレの中ではドラリスティコよりワグナーの方が能力は上だな。

——そこまで評価しているのですね。

拳王　現時点で、GHCナショナル王座の価値はオレがベルトを最初に持ってた頃と同じぐらい高まってるんじゃねぇのか。

——拳王選手は'20年8月〜'21年3月までGHCナショナル王者として、潮崎豪選手のGHCヘビー級王座と異なる価値観の防衛戦でNOAHを盛り上げ、最多連続防衛回数6度も樹立していますね。

拳王　そんな過去の話は女々しいから出すな。

——し、失礼しました！

拳王　とにかく5・4両国でワグナーが超難敵の鈴木秀樹をどうやって料理してGHCナショナルを防衛するのか楽しみだよ。

——注目の一戦ですね。

拳王　ワグナーが防衛したらナショナルのベルトにニンジャが挑戦してもらいたいな。**NOAH最強外国人マスクマン決定戦だ。**めちゃくちゃ見てみたいぞ。いろんな想像が膨らむ両国、楽しみだな！

5月24日号の議題　中嶋勝彦金剛脱退

行動を起こすのであれば、しっかりと伝わる形でやらなきゃ意味がない

——5・4両国で中嶋勝彦選手が金剛を脱退し、潮崎豪選手との〝AXIZ（アクシス）〟を復活させました。怒っていますか？

拳王　は？

——呆れていますか？

拳王　いやいや、全然怒ってないぞ。

'20年8・31川崎で金剛入りを果たした中嶋。現在でも金剛にいるのはHi69と征矢のみ。マサ北宮、タダスケ、覇王は脱退

——では、どんな気持ちなのですか？

拳王　ポカーンだな。「ああ、そういう動きをするんだな」ってくらいしか思ってない。金剛から抜けるのは残念だけどな。

——金剛は去る者追わず、来る者はウエルカムという軍団ですからね。

拳王　オマエが言うな。それよりも**ＡＢＥＭＡの生中継でゲストの武藤敬司さんも言ってたよな。**「アレは仲間割れなの？　潮崎がこっち（金剛）に入ったってことなの？」って。そういう行動を起こすのであれば、しっかりと伝わる形でやらなきゃ意味がないのにな。ＡＸＩＺについてあらためて説明してくれよ。

——潮崎選手＆中嶋選手のタッグチーム「ＡＸＩＺ」は'18年12月に結成されました。両者は04年同年デビューでずっとライバル関係にありましたが、いざ組んでみるとＧＨＣタッグ王座を3度戴冠。しかし、'20年8月に中嶋選手が潮崎選手を裏切って、金剛入り。これでＡＸＩＺは消滅しました。

拳王　だな。でもそんなの覚えてるクソヤローどもは毎週、週プロ読んでるヤツぐらいだろ。金剛を裏切って、それまで敵対してた潮崎と再合体するって相当なことだな。だからこそ、丁寧にどういう心境でそういう行動に至ったのかとアナウンスする必要があったとオレは思う。まぁ、周りが見えないし、思いやりがないナチュラルになった中嶋だから仕方ないよな。

——…。

拳王　そもそも最近のＮＯＡＨはユニット関連の動きが激しいよな。3・19横浜でＹＯ－ＨＥＹ＆タダスケがグッド・ルッキング・ガイズ（ＧＬＧ）に行ったし、杉浦軍の活動休止だって、4・16仙台のバックステージでシレッと発表だっただろ。鈴木秀樹たちも杉浦軍を脱退するところまではわかりやすかったけど、新軍団「レアル」を結成したのはまったく伝わってこなかったぞ。大事なことはあのお方みたいに2回言うぐらいちゃんとわかりやすく伝えるのもいいかもな。時には意味深でもいいけどな。

——さすがＹｏｕＴｕｂｅのみならず、最近、ＴｉｋＴｏｋとインスタグラムを始めた拳王さんは発信力について厳しいですね。

拳王　**ホント中嶋、杉浦、鈴木はもう少し考えてほしかった。**他にもＮＯＡＨの選手は発信しないヤツらばかりだよな。今の時代こんなにもＳＮＳとかで発信する術があるのに…。

——中嶋選手がＡＸＩＺ再結成という選択をしたことについてはどう思いますか？

拳王　そこ行くんだ…かな。簡単に言えば、自分から捨てた〝元カノ〟とよりを戻したんだろ。女々しいよな。

——なぜ行動を起こしたと思いますか？

拳王　**中嶋は承認欲求の塊だろ。**自分が輝いてないと我慢できない。まぁ、プロとしては大事な意識だと思うけど。

——現在、拳王選手と征矢学選手が全日本の世界タッグ王者で、拳王選手と近藤修司選手がDRAGONGATEのオープン・ザ・ツインゲート王者。中嶋選手は4・16仙台でGHCヘビー級王座に挑戦しましたが、ベルト奪取ならず…という状況でしたね。

拳王　金剛では結果が出せないから自分で新しい軍団を作るとかだったら百歩譲ってわかる。でも、3年前に自分で終わらせたAX-Zを焼き直し…オレから見れば、アイツはメンヘラだ。強い信念を持った金剛で居づらくなって、**バカで何でも言うことを聞く潮崎豪のところに帰っちゃった。**オレが潮崎の立場だったら、絶対に中嶋を信用できない。潮崎はお人よしすぎる。いい人なのだけど、そんな人だからNOAHのエースを逃したのかなと思うよな。

――ひどいことを言いますね。

拳王　AX-Zはレスラーとしてのステータスを見れば、NOAHのトップ選手2人が組むんだから強いに決まってる。だけど、お互いがお互いを殺し合うようなタッグに見える。金剛で〝ナチュラル〟に目覚めた中嶋がAX-Zに戻って、どういうスタンスでいくのか。これからの中嶋を楽しみにしてるよ。

――5・14後楽園では拳王&征矢vs潮崎&中嶋、5・31新宿では拳王vs中嶋という注目カードが組まれました。

拳王　**5・14後楽園は世界タッグ王座を懸けてやってもよかった**んだけど、5・21神戸で防衛戦決まっちゃったからな。ひとまずはしっかりとなぜAX-Zを再結成したのか、自分たちの言葉で伝えてほしい。その上で試合を迎えたいよ。これに関してはタダスケについても言いたい。なんで金剛を抜けたのか、ちゃんと発信してくれよ。

――確かに。

拳王　とにかくGLG、レアルに続いて、AX-Zが復活したんだろ。NOAHの勢力図は激変したけど、一つだけ変わらないことがあるぞ。

――なんですか?

拳王　オレたち金剛がNOAHの中心であることだ。それを5・14後楽園から証明していってやるからな!

5月31日号の議題　5・21神戸世界タッグV1戦

精神的ダメージはオレに通用しない。何でもやってこい すべてYouTubeのネタにして倍返しにしてやる

――YouTubeを見ましたよ。あんな格好、よくできますね…。

拳王　えっ、何がだよ!

――5月8日の午前中に小雨降っている中、河川敷で黒いゴミ袋を被って、諏訪魔選手への怒りをぶちまけていましたよね?

拳王　それがどうしたの?

――よく恥ずかしくないですね。

拳王　全日本5・7大田区で諏訪魔率いるブードゥ・マーダーズ(VM)はマーダーバッグにオレを入れて辱めたつもりなんだろ? 何言ってんだよ。オレは全然恥ずかしくないぞ。黒い袋なんていつ何時どこでもかぶってやる。

――相変わらずぶっ飛んでいますね…。

拳王　原宿の竹下通りで上下赤いジャージーで練り歩いたぐらいだぞ。**オレの鋼鉄のメンタル、ナメんじゃねぇ。**あんなもんじゃ、オレに屈辱を与えることはできないぞ。プロレスでお馴染みの精神的ダメージっていうのがあるじゃん。アレはオレに対してまったく通用

しないから。むしろ、何でもやってこいって。すべてYouTubeのネタにして倍返しにしてやる。

――年表、カラオケ、全日本プロレスくじ1店舗買い占めと実績がありますからね。

拳王　どんな球がきても、確実にホームランにしてやるぞ。

――どういう思考回路を持っていたら、マーダーバッグ袋詰め翌朝、黒いゴミ袋をかぶるという境地になるのですか?

拳王　本当だったら、大会後に生配信やるつもりだったけど、白いパウダー食らって諏訪魔のバックドロップでKOされちゃったからな。大会後に帰宅して、どんなことをされたのか確認するため、全日本プロレスTVで見直したんだけど、あらためてブラックめんそーれの解説はわかりやすくて的確でめちゃくちゃいいよな。拳王チャンネル、そして6月24日の15周年記念大会も宣伝してくれるし。まぁ画質はよくないけどな。

――話を本題に戻してください。

拳王　悪い、悪い。それでコメントとか記事とかを含めて情報収集してみると、VMの連中はオレを黒い袋に詰めて、さぞかしご満悦だったみたいだな。オレはコメントをすることができなかった。オレが悔しくて何も言えないみたいに勘違いされてるんじゃないかと思って、これはYouTubeであらためてちゃんと説明する必要があると思ったんだよ。

――黒いゴミ袋はどうやって調達したのですか?

拳王　朝早起きして、ダイソーに買いに行ったわけじゃねぇぞ。

――!

拳王　黒いゴミ袋ってスーパーとかじゃ売ってないんだよ。半透明ばかりで。それで最終的にようやくダイソーで見つけた…わけじゃないからな。アイツら、いつもあんなことやってるの?

――いえ、3・21大田区からです。

拳王　なるほど。新しいパフォーマンスとして定着させるためにオレを利用したってことか。本物の死体袋みたいだったし、もうああいう下品なことはもうできねぇだろ。はるか上のクオリティーをオレのYouTubeで見せつけられちゃったんだから。

――逆利用して再生回数稼いだのに……。

拳王　(無視して)そもそもあんなことやらなくても、VMは強さと豪快さでクソヤローどもを魅了できるだろ。諏訪魔はあんな強烈なバックドロップできるんだったら、試合中にやれと言いたいよ。斎藤ブラザーズもあれだけインパクト抜群の見た目なんだったら、試合後のパフォーマンスに走るんじゃなくて、試合中に対戦相手にぶつけろよ。それともリング上の闘いに自信がないから、あんなことしかできないのか。

――そういうアンチテーゼ的な意味合いもあったのですね。

拳王　今思いついて、こじつけで言ってるんじゃねぇからな。常にオレは物事の本質を見

小雨降る河川敷で黒いゴミ袋を被って、伝統ある世界タッグをアピールしながら諏訪魔を罵倒する拳王 ©YouTube拳王チャンネル

てるんだよ。

――さすが！

拳王　確実に諏訪魔はビビッてんだろ。NOAH5・21神戸の世界タッグ防衛戦が楽しみだよ。メインイベントだしな。

――王者組・拳王&征矢学vs挑戦者組・諏訪魔&KONOです。

拳王　諏訪魔はリアクションが面白いからいいオモチャにしてたんだよ。あんなナチュラルでいいキャラクターがいるのに、なんで全日本はうまく使わないんだ？　ネームバリューだってあるし。**よく諏訪魔はしょっぱいって言われてるけど、それはうまく利用できない対戦相手がしょっぱいんだよ。**オレと抗争するようになってからの諏訪魔はとてつもなく輝いてるだろ。

――ごもっともです。

拳王　しかし、あのバックドロップで遊びは完全に終わりだ。5・21神戸ではオレの怒りを諏訪魔にすべてぶつけてやる。**地獄に落ちろ〜。**

6月7日号の議題　15周年記念大会vol.1

もはや大都市のプロレス界は飽和状態だ 地方大会の熱がこれからのキーになってくる

――5・14後楽園はどうでしたか？

拳王　〝AXIZ〟潮崎豪&中嶋勝彦は復活して何をやりたいのか、まったくわからなかった。

――今回の連載ではそのあたり掘り下げ…。

拳王　おい、オマエはあの日のマイクを聞いてなかったのか？　AXIZよりも、諏訪魔よりも、ALL TOGETHER6・9両国の対戦相手である棚橋弘至、宮原健斗、清宮海斗、同じコーナーのオカダ・カズチカよりも、そして、DRAGONGATE6・2後楽園のオープン・ザ・ツインゲート選手権次期挑戦者組の望月ススム&神田ヤスシよりも、オレが今、一番伝えたいことは拳王デビュー15周年記念大会6・24徳島なんだよ。今号の発売日でちょうど1カ月前だろ。これから毎週、6・24徳島について語っていくぞ！

――毎週はちょっと…。

拳王　まぁ、考えておくよ。オレとしてはこの大会でとてつもなく画期的なことをやろうと思ってるんだ。

――教えてください！

拳王　コロナ禍も明けたことだし、プロレスにおける地方大会の可能性を追求しようと思ってる。だいたい地方大会って軽視されがちだろ。よく言われるのは、後楽園ホールが満員になったら、地方の集客も上がっていくとか。カード的にも地方は大都市でおこなわれるビッグマッチの前哨戦中心だ。そういう常識をぶっ壊してやろうと思ってる。地方大会を盛り上げることによって、そのパワーをNOAH全体へと波及させて、首都圏の大会

'79年11月30日、徳島市立体育館でWWFヘビー級王者となった猪木さん

やビッグマッチにもつなげてやるぞ。

――おおっ！　逆転の発想ですね。NOAHの地方なら4・16仙台のビッグマッチが…。

拳王　ちょっと待て！　**東京人はこれだからムカつくんだよ。政令指定都市を地方って呼ぶなよ。**仙台は地方じゃない。ついでに言えば、5・21神戸も次の5・28新潟も地方じゃないぞ。大都会だよ。

――し、失礼しました。

拳王　**総人口ランキング47都道府県中44位の徳島県をナメんじゃねぇぞ。**徳島市の人口は約25万人だ。そんな徳島での大会が大盛り上がりだったら、NOAHってすごい！ってなるだろ。

――確かに。

拳王　もはや大都市のプロレス界は飽和状態だ。首都圏、大阪、名古屋、福岡、仙台、神戸、新潟など政令指定都市はだいたい毎週のようにどこかの団体が大会を開催している。だからこそ、政令指定都市以外の地方大会の熱がこれからのキーになってくると思ってるんだよ。

――なるほど。

拳王　それを先頭切って実践するためにも、6・24徳島を大成功させなきゃいけない。オレがファン時代、徳島市立体育館…現在のとくぎんトモニアリーナには1000人以上の観衆が詰めかけて、熱気もあった。徳島はフクタレコードの新生UWF、四国放送のラジオ番組「週刊チョークプロレス」、新崎人生さんのみちのくと潜在的なプロレス熱はかなり高い都市だ。**オレがプロレスに夢中になった徳島市立体育館の風景を取り戻したい。**それが徳島出身のオレの使命だと思ってる。

――涙が出そうな決意ですね。

拳王　そして徳島のプロレス会場と言えば徳島市立体育館だよな。すげー歴史があるからな。'79年11月30日、アントニオ猪木さんがボブ・バックランドからWWFヘビー級選手権を奪取した試合が有名だよな。オレが生まれる5年前のことだ。

――日本人初のWWFヘビー級王者となったのですが、その快挙はWWEの公式記録から抹消されています。

拳王　そんな歴史的な出来事の舞台になったのが徳島市立体育館だ。新日本プロレスワールドでその試合が配信されてるから、ぜひとも見てもらいたいよ。なぜかサーベルを持ったタイガー・ジェット・シンが乱入してきて、バックランドがペースを乱すのも面白いぞ。隙を突いたバックドロップで3カウントを奪った後、猪木さんの腰にベルトを巻いてる永源遙さんがメチャクチャかわいかったし。当時の観客も熱くて、会場がいい雰囲気だっていうのもわかる。緑色の「非常出口」の感じとか今も全然変わってないぞ。ぜひ新日本プロレスワールドで見てくれ。

――新日本プロレスワールドの宣伝なんて珍しいですね。

拳王　ちなみに、新日本プロレスワールドでは、ALL TOGETHER6・9両国をPPV放送するから、猪木vsバックランドを見た後にPPVを買ってリアルタイムで6・9も見てくれよ。徳島県民は特に、だ！

――それが言いたかったのですね。

拳王　（無視して）6・24徳島には、全国的に知名度のある藤田和之、船木誠勝、桜庭和志も出るぞ。地方は名前のある選手が好きだからな。それと何度も言うけど「拳王チャンネル見た」で学生シート（2000円）が無料だ。オレが自腹で肩代わりするぞ。プロレス見たこともない学生たちが、これをきっかけにプロレス好きになってもらったら最高だ。

――素晴らしい心意気です！

拳王　オレが絶対に徳島のプロレス熱を取り戻す。さらに、地方大会の可能性を追求していってやるからな！

6月14日号の議題　デカいは正義

NOAHの闘いはただデカいだけじゃ勝てない

拳王　デカいっていいよなぁ。

――NOAH5・21神戸の世界タッグ選手権ですか？

拳王　もちろん。諏訪魔&KONOの挑戦を退けたけど、想像以上に苦戦したぞ。

――ちなみに、今回の連載は5月25日に収録していまして、全日本5・29後楽園の諏訪魔&斎藤レイ組とのV2戦前です。あらためて諏訪魔&KONO組はどうでしたか？

拳王　実際にあれだけデカいヤツらと肌を合わせてみると、プロレスにおいてデカさっていうのはいろんな部分で武器になるんだなってあらためて感じたよ。

――興味深いので、詳しく教えてください！

拳王　まずは単純に格闘技においてデカさは強さに比例するよな。デカければデカいほど一発一発のダメージが大きくなる。ボクシング、レスリング、柔道、総合格闘技などが体重別になってるのも、体重差があるとハンディキャップになると考えられてるからだ。諏訪魔のラリアット、KONOのヒザ蹴りがいい例だよ。あんなシンプルなのに一発で大ダメージだ。しかも、インパクトも絶大。デカさは強さだけでなく、迫力も生み出すことができるんだから、プロレスラーの魅力に直結してるとも言えるよな。

――なるほど。

拳王　まだまだあるぞ。デカいは面白いんだ。

――どういうことですか？

拳王　この前の世界タッグ選手権でこんな場面があった。序盤、スタンドの攻防でオレはローキックを軸に攻め込んだ。そこでちょっとフェイントを入れてみたんだよ。そしたら、諏訪魔はキックが当たってもないのに「ウォーッ！」とか叫んで、その後も「ウォ、ウォ、ウォ、ウォ…」とか奇声を発しながらアピールし始めた。オレは集中してたから何がどうなってるかわからなかったけど、客席は沸いてるわけだ。レッスルユニバースで見直してみると、確かに諏訪魔が意味不明なリアクションしてるだけで面白いんだよ。なんか可愛げがあるし。デカイのは何をしてもフォトジェニックなんだよ。アレはずるい。

――確かに。

拳王　黒いゴミ袋だってオレから奪い取って使いやがっただろ。あんなのオレがやるよりも諏訪魔がやった方が面白いに決まってる。場外戦だってそうだよ。あんなデカいのがノッシノッシ動いてるだけで面白いのに、豪快に暴走してるんだから、見てて単純に楽しいだろ。まさにサイズ・イズ・マネーだ。

――魅せるという部分でも、デカいと豪快にダイナミックになりますからね。

拳王　そうなんだ。だから、オレみたいな小さいプロレスラーはどうやったら体格差ある相手に勝つことができるかと同時に、どうやったら強さ、迫力、面白さをリング上からクソヤローどもに提供できるか、常にいろいろ考えてるんだよ。**DRAGONGATEなんてアイデアで体格差を覆して、**新日本、全日本、NOAHと並ぶ団体まで成長しただろ。

――さすがオープン・ザ・ツインゲート王者！

拳王　諏訪魔なんてあのデカさがなければ、チャンピオンクラスにはなれなかったと思う。100あれば団体のトップに立てるとして、諏訪魔の場合は、デカいって才能が50、考える努力が50って感覚だな。オレみたいに小さいヤツは才能が20だから考える努力を80しないといけない。諏訪魔があのデカさでしっか

りとプロレスについて考えてたら、ジャンボ鶴田さんみたいに歴代最強と言われるぐらいのポジションまでいける素材だったと思うよ。**諏訪魔が小さい脳みそでよかった。**

――ひどいことをサラッと言っていますよ。

拳王　全日本では〝デカいは正義〟だけでいいかもしれないが、今のプロレス界はそれだけじゃない。その一番の証拠として、オレと征矢学が世界タッグ王者になってるわけだし、全日本はほとんどのベルトが流出中なんだろ。今のプロレス界ではオマエらの〝デカいは正義〟じゃ、もう通用してねぇってことだよ。

5・21神戸の世界タッグ選手権で諏訪魔&KONOの挑戦を退けた拳王

――そこに落としてきましたか！

拳王　諏訪魔とは対照的に、NOAHのデカいヤツらは考える努力をしてるところが厄介なんだよ。GHCヘビー級王者のジェイク・リー、GHCナショナル王者のイホ・デ・ドクトル・ワグナーJr、GHCタッグ王者組のサクソン・ハックスリー&ティモシー・サッチャーとかはベルトという明確な結果を出してるし、鈴木秀樹なんかもそうだよな。デカい上にしなやかさ、テクニック、空中殺法、戦略性…さまざまなものを持ち合わせてる。要するに、NOAHの闘いはただデカいだけじゃ勝てないんだ。

――深いですね…。

拳王　デカさは正義だけど、すべてではない。思えば、日本プロレス界の原点である力道山先生だって、そこまで大きくない体を鍛え上げて、デカい外国人たちを空手チョップでなぎ倒していった。日本には昔から牛若丸vs弁慶とか、柔道の「柔よく剛を制す」とかあるよな。174㎝、90㎏のオレが日本プロレス界のトップになるしかないだろ。

――楽しみにしています！

拳王　よし、前置きも終わったことだし、今週も拳王デビュー15周年記念大会6・24徳島についてたっぷり語ってや…。

――すみません！　今週号はもう行数がないようなので、また今度でお願いします。

拳王　**な、なんだとぉぉぉ！**

6月21日号の議題　15周年記念大会vol.2

歴史ある徳島市立体育館に大観衆が詰めかけて大盛り上がりになるんだから生で体感するしかない

――プロレス界の一大イベントが迫ってきましたね。

拳王　ついに今週はあの話題を語っちゃうか。

――拳王さんもおそらくメインイベントに出場しますからね。

拳王　もちろんだ。ようやくカードも発表になって、全貌も明らかになりつつあるからな。

――本日は6月1日です。第2弾カードが発表され、現時点で9試合…。
拳王　えっ、バカヤロー！　プロレス界の一大イベントと言えば、NOAH6・24徳島だろ。今週はついに全カードが発表された「15周年記念大会vol.2」について語るぞ。
――そうでしたか…全カードはニュースファイルp76を参照してください。
拳王　徳島でやる最高のカードだろ。
――タイトルマッチが組まれていませんが…。
拳王　そういう考えが甘すぎるぞ。NOAHはビッグマッチの6・17名古屋でGHC3大選手権ほか豪華カードが組まれてる。本来であれば、その翌週の大会はカードが発表されないはずだろ。
――確かにビッグマッチ後はその流れを受けてカードが決まることが多いです。
拳王　だろ。現時点で全カードが発表されたことだけでも異例なんだよ。
――6・22後楽園ではGHCジュニアタッグ選手権が組まれています。
拳王　それは6・17名古屋同様にABEMA生中継だからな。6・24徳島はオレのデビュー15周年記念大会とはいえ、いち地方の大会だ。しかし、桜庭和志ら知名度あるフリー選手や外国人選手を含めて42選手出場全7試合。6・17名古屋、6・22後楽園にも負けないNOAHの面白さが堪能できるバラエティーに富んだラインアップだ。何度も言うけど、今大会は「拳王チャンネル見た」で当日学生シート無料。2000円はオレが自腹で払ってやる。
――拳王さん的にこだわりはどこですか？
拳王　**金剛5人そろい踏みだな。**金剛を立ち上げて4年以上。今やプロレス界を代表する軍団だ。金剛として初めての徳島凱旋だし、現在のオレを見てもらいたい。

94年12月のみちのく徳島

――感慨深いですね。
拳王　あとニンジャ・マックvsダンテ・レオンの大空中戦は地方で喜ばれそうだから入れてみた。ただカードうんぬんよりも大会のパッケージだな。歴史ある徳島市立体育館に大観衆が詰めかけて大盛り上がりになるんだから生で体感するしかないぞ。当日までできる限りのプロモーションをやるつもりだ。あ**と、近い将来とんでもないことを発表できると思うぞ。**
――ぜひ教えてください！
拳王　まだ言えないんだよ。お楽しみに。それよりも歴史つながりで言えば、歴史ある世界タッグ王座の重みをあらためて感じさせてもらったよ。プロモーション先でベルトを見せたら、今はプロレスから離れてる人でもメチャクチャ感動するんだよ。ジャイアント馬場、アントニオ猪木、スタン・ハンセン、ブルーザー・ブロディ…そんな名前が何度も飛び交った。80年代はプロレス中継がゴールデンタイムでやってただろ。その頃、思春期だったクソヤローどもが今はさまざまな業界で社長や重要なポジションにいる。そいつらに世界タッグのベルトを見せたら、**チケット5枚購入予定だったところが10枚買ってくれたんだよ。**

――最高ですね！

拳王　やっぱインターナショナルタッグ＆PWF世界タッグ王座のブランドは凄まじい。こんなにもプロレス界の歴史と伝統と権威が詰まったベルトを活気のない全日本からNOAHに管理団体を移すことができたんだぞ。プロレス専門誌だったら、そこらへんをもっと評価してもいいんじゃねぇのか!?

――け、拳王さん、世界タッグ王座の管理団体はまだ正式に全日本からNOAHに変わったわけではないです。

拳王　えっ、まだなの？　一刻も早く移した方がいいぞ。GHCってプロレスファンには浸透してるけど、60代以上はあまり知らないんだよ。NOAHは地上波があった頃も深夜放送だったからなんだろうな。6・24徳島を前に世界タッグ王者になれて本当によかったよ。この前の全日本5・29後楽園で防衛戦をやったけど、ザ・リーヴの佐藤和弘社長が立ち合い人だった。これもオレが世界タッグ王者だからやる気になったんだろ。

――以前もやっていましたが…。

拳王　（無視して）あまりに嬉しくて、リング上で「6月24日の徳島大会、協賛お願いします」って言っちゃったよ。

――リング上で営業!?

拳王　快諾してくれたよ。佐藤社長も猪木信者…いや、プロレス愛があるからな。猪木さんも巻いた世界タッグのベルトをずっと応援してきたNOAHの拳王が巻いてることを絶対に誇りに思ってくれるはずだよ。

――個人の感想です。

拳王　**空き室で困ったら、任せてください♪　アパート・マンション満室経営、ザ・リーヴ！**

6月28日号の議題　拳王チャンネル特集

ネガティブなことの方が面白がられる世の中だけど、いかにポジティブなメッセージを発信できるか

――今週号は拳王チャンネル特集が掲載。現在はどういう意識で取り組んでいますか？

拳王　一番意識してるのは、リング上の闘いとリンクさせるようなことをやって、プロレスを見たいなっていう期待感を生み出すことだな。現実的なことを言えば、プロレスのYouTube動画って現在の闘いとは関係ない過去のゴシップばかりで再生数を稼ごうとしてるのが多い。80年代まではプロレスが地上波ゴールデンで放送されてたし、そういう時代を振り返れば潜在的な視聴者がいるからな。しかし、それじゃ現在の闘いに対して期待感を生み出すことはできないだろ。むしろ「昔のプロレスはよかった」とか懐古主義者を喜ばせるだけだ。オレはあくまでも現在のプロレスを広めるためにYouTubeをやってる。**船木誠勝さんのようにレジェンド系の人たちも過去だけでなくしっかり現在とつながるように意識してもらいたい**よ。過去を切り売りして、現在のプロレスはダメだ…そんなことを伝えて、何が楽しいんだ？

――素晴らしい！

拳王　現在の闘いを見たくないって思わせるようなことをやってるプロレスYouTuberもけっこういるよな。

――確かにプロレス関連はゴシップや卑猥な動画もあふれています。

記念すべき最初の動画

拳王　オレの動画でプロレスに興味を持ってくれたクソヤローどもの目にそういうのが入ってると思うと悲しいぞ。プロレスをもっと多くの人たちに見てもらうためにＹｏｕＴｕｂｅを使ってほしい。

――そういった警笛は必要ですね。

拳王　それとプロレス関連のＹｏｕＴｕｂｅって小遣い稼ぎしたいから始めるヤツが多いよな。だから失敗するんだよ。**金目当てで始めたヤツもちょこっとやって、うまくいかないからすぐに辞めちゃうだろ。**ＹｏｕＴｕｂｅ動画１本撮影するのにけっこうな時間も割かれるし、収益化が難しいとわかったら、心が折れるのも当然だろうな。

――拳王さんは断念したいと思うことはなかったのですか？

拳王　一度もなかったぞ。ＹｏｕＴｕｂｅを通してプロレスをよりいっそう広めたいと思ってるオレが辞める理由なんてないだろ。何度も言うけど、モチベーションが金じゃない。拳王チャンネルを見て「プロレスに興味を持った」とか「ＮＯＡＨが好きになった」そして「このチャンネルで興味を持ってＮＯＡＨを見に行きました」とかそういうクソヤローどもを一人でも増やすことがやりがいなんだ。

――拳王チャンネルのコメント欄を見ると、普段プロレスを見ていない層や過去にプロレスを見ていた層が現在のプロレスを見るきっかけになっているのがよくわかります。

拳王　これだけスマートフォンが普及して、クソヤローどものライフスタイルも変化してるだろ。オレたちプロレスラーも時代と合わせて変わっていかなきゃいけない。ＴＶや雑誌や新聞でアオるだけだと届かない層だって確実に増えてきた。団体のホームページやツイッターだって好きなヤツや興味を持った人しか見に来ないし。ＹｏｕＴｕｂｅなら気軽に誰でも見ることができるだろ。

――外でも家でもスマフォを見る時代です。

拳王　そういう層にいかにしてプロレスを広めるか。時には面白企画をやって入り口になることも必要だと思ってる。小島聡戦、内藤哲也戦でプロレスファンのクソヤローどもが何を期待してるのか、ある程度わかったつもりだ。

――どういうことですか？

拳王　プロレスをどうやって楽しんだらいいのかわからないクソヤローどももけっこういるんだな、ってあらためて気づかされた。日々の試合でも丁寧に掘り下げれば、プロレスは面白さがいっぱいあふれてる。発信の仕方でいかようにもなるんだよ。

――年表というヒット作も生み出しました。

拳王　**年表なんて資料集め、下調べ、情報整理、汚い字で清書するまで1週間ぐらいかかる**けど、あれを作ってる時間すらも楽しいんだよなぁ。

――さすが中高の社会科教員免許を持っているだけはありますね。

拳王　あと拳王ネットワークからの情報も大きいかな。大きな団体から小さな団体まであらゆる情報がオレのもとにやってくる。プロレスって表に出る部分だけが闘いじゃない。しっかりと情報を集めて、今後の流れを読んだ上で的確な情報を提供していかなきゃいけないんだよ。

――いつも好き勝手ぶっ飛んだことをやっているようで、実はちゃんとTPOを守っているのが拳王チャンネルです。

拳王　プロレスってデリカシーが大切なんだよ。ネガティブなことの方が面白がられる世の中だけど、いかにポジティブなメッセージを発信できるか。そこも大切にしてる。

――カッコイイです！

拳王　だから、お願いがある。

――何ですか？

拳王　プロレス関連の情報があったら、拳王チャンネルまで何卒よろしくお願いします！

7月5日号の議題　15周年記念大会vol.3

いかにプロモーションが大切か伝わったんじゃねぇか もはやタイトルマッチを組んだら客が入る時代ではない

'18年3月の拳王10周年記念大会

――いよいよ6・24徳島が迫ってきました！

拳王　これまでこの連載でも2回やってきたけど、最後のお願いとしてvol.3いくか！

――いいですが、話すネタはあるのですか？

拳王　もちろんだよ。**前回の徳島凱旋はいつだったか覚えてるか？**

――'18年3月21日ですね。メインでマサ北宮選手と対戦し、勝利を収めました。

拳王　その時、オレはある目標を立てたはずだ。週プロmobileプレミアムのバックナンバーで当時のコメントを見てみろよ。

――少々お待ちください。…け、拳王さんは「ベルトを持って地元、このクソ田舎の徳島に帰ってくる」と語っています。

拳王　どういう意味か解説してみろよ。

――拳王さんは'17年からヘビー級に転向。11月に「グローバル・リーグ戦（現・N-1 VICTORY）」を初制覇し、12月にGHCヘビー級王座初戴冠を成し遂げました。しかし、'18年3・11横浜、つまり徳島凱旋の10日前に杉浦貴選手に敗れて陥落…。

拳王　ポスターにはGHCヘビー級ベルトを腰に巻いたオレがデカデカと掲載されていた。大会前にはベルトを持って精力的にプロモーションをやったんだよ。しかし、実際の試合は丸腰だ。心残りどころじゃねぇよな。勝負とはいえ、なんて残酷なんだろうって思った。

——徳島で生まれ育ち、プロレスファンとしてずっと通ってきた徳島市立体育館でプロレスラーとしてデビュー。10周年記念大会でNOAHの頂点であるGHCヘビー級ベルトを持って凱旋すれば最高でしたね。

拳王 うるせーっ！ オレだってそうしたかったわ!!

——す、すみません。

拳王 オレが何を言いたいかわかったか。

——はい。全日本6・15後楽園で世界タッグ王座から陥落。5年前と同じく徳島凱旋前に再び丸腰になってしまいました。

拳王 あまりにも無情すぎるだろ！ 今回のプロモーション、歴史と伝統ある世界タッグ王座がどれだけ活躍してきたか、何度も語ってきたよな。それなのに、凱旋直前で急にタイトルマッチが決まって、**今回も丸腰だ。こんなに情けないことはないよ。**

——心中をお察し申し上げます。

拳王 次の凱旋はABEMAプレゼンツを取りつけて、徳島でビッグマッチ、オレはGHCヘビー級王座に挑戦するしかないな。そうすれば、直前にベルトから陥落せずに徳島に臨めるし、タイトルマッチで勝てば、オレがベルトを手にする瞬間を地元に披露できるぞ。

——そうきましたか⁉

拳王 手始めに今回の6・24徳島を6・17名古屋のビッグマッチ同様、いや、それ以上に盛り上げる努力をしてるぞ。もうすでに戦前のプロモーションやアオリだったら、圧勝だな。ALL TOGETHERでもしっかりPRしたし。

——大会が発表されてから拳王さんはことあるごとに6・24徳島を宣伝していました。

拳王 今回でいかにプロモーションが大切かクソヤローどもに伝わったんじゃねぇか。何カ月も前から現地に入ってメディアに出て、大会やSNSでも積極的に宣伝する。試合後のコメントでアオるのってなんかテンプレートみたいじゃん。よほどのカードじゃなければ動員にはつながらないからな。もはやタイトルマッチを組んだら客が入る時代ではないと思う。

——なるほど！

拳王 **だからこそ、逆転の発想だ。**今後のプロレス界で躍進するためには、動員が見込める大会でタイトルマッチを組む。多くのクソヤローどもに心に残る試合を見てもらって、リピーターになってもらう。これが大切になってくるんじゃねぇか。

——説得力が出てきましたね。

拳王 だからこそ言ってやるよ。NOAHには30人ぐらい所属がいるだろ。それぞれ地元があって、オマエら一人ひとりが熱を持ってプロモーションをやれば、もっと輝かしい団体になるはずだ。**会社からの仕事を待つんじゃなくて、各自、自分で動く。**最近は主に試合は週末だけで平日はひまだろ。

——拳王選手は最近大忙しでした。

拳王 NOAHの大会、YouTubeの収録&生配信、ALL TOGETHER、全日本、DRAGONGATE…**今年に入ってタイトルマッチ9試合だ。**中嶋勝彦と45分フルタイムドローもあったし、6・22後楽園では潮崎豪とメインでシングルだ。ボーナスが出てもいいぐらい働いてるぞ。6・18大阪後は徳島入りしてTV&ラジオに毎日のように出演するし。拳王チャンネルでの生中継も決まったけど、ぜひとも当日、会場に来て、熱を感じてもらいたいよ。学生シート（2000円）は「拳王チャンネル見た」で無料。オレが自腹で肩代わりするぞ。

——当日が楽しみです！

拳王 というわけで、6月24日、徳島市立体育館、拳王15周年記念大会、みなさまのご来場心よりお待ちしております！

7月12日号の議題　N-1 VICTORY 2023

期待を込めて希望的観測…全日本・安齊勇馬、AXIZを倒して、Bブロックを勝ち上がってみろ。オレは決勝で待ってる

――6・22後楽園の潮崎豪戦すごかったですね。そんな激闘冷めやらぬ中、YouTube「拳王チャンネル」生配信直後に連載の取材です。N－1の出場者が発表されましたが、率直にどう思いましたか？

拳王　非常に厳選されたメンバーだなって。当落線上のヤツらはみんな選ばれなかった。こういうリーグ戦はただ多く出せばいいってわけじゃないからな。にしても、杉浦貴は水晶体亜脱臼で欠場してるから仕方ないけど、丸藤君、前年準優勝の鈴木秀樹がエントリーされていないのは驚いた。同時にこの発表を見た2人が何もアクションを起こさないっていうのが悔しかったかな。

――どういうことですか？

拳王　例えば、丸藤君だったら、6・22後楽園のビジョンでN－1不参加が決まった直後の試合にニヤニヤしながら出てただろ。5・4両国のGHCヘビー級選手権であれだけの試合をやったんだぞ。敗れたとはいえ、丸藤君に対するNOAHファンの期待感はさらに高まったよな。なのに、出ないことが当たり前のように振る舞ってんじゃねぇよ。目の前にN－1出場者であり、次期挑戦者を探してるGHCナショナル王者のイホ・デ・ドクトル・ワグナーJrがいただろ。結果的にAMAKUSAが挑戦権をつかみ取ったけど、オレは**丸藤君にもっと我を出してもらいたかった。**

安齊勇馬

――厳しいご指摘です。

拳王　オレはAMAKUSAみたいにハングリーでガムシャラにチャンスをつかみにいく丸藤君を見たかったぞ。オマエはN－1にエントリーされなくて、悔しくないのか。43歳で老け込んでんじゃねぇよ。まぁ、9・17後楽園のデビュー25周年記念興行で頭がいっぱいなんだろうな。これは丸藤君と同学年の鈴木秀樹にも言えることだ。オマエらが何もアクションを起こさないってことは、この選考に納得してるってことだぞ。N－1にエントリーされないことをドラマにしてほしかったぞ。で、N－1の最年長は誰？

――潮崎選手の41歳です。

拳王　丸藤君、鈴木秀樹とそんなに変わらないだろ。オマエらはオレに負けるのが怖くて逃げたってことにしておくよ。

――今年のN－1は一気に若返りましたよね。

拳王　年齢も選考基準の1つなんだろうな。昨年のN－1でオレに勝って、オレより勝ち点を取った藤田和之も52歳、50歳のZERO1・田中将斗、53歳で他団体ながら4年連続で出場し〝ミスターN－1〟を自称していた望月マサアキも選ばれなかったからな。50代のヤツらが出れないのに対して、普段NOA

Hには出ていない全日本の安齊勇馬、DRAGONGATE（以下・DG）の吉岡勇紀という次世代を担うヤツらが出る。

―安齊選手は24歳でキャリア9カ月、吉岡選手は28歳でキャリア7年ですね。

拳王 吉岡ってそんなにすごいの？

―昨年7月に団体最高峰のオープン・ザ・ドリームゲート王座を奪取し、今年1月まで防衛を続けたDG新世代の旗手です。

拳王 昨年11・11後楽園のNOAH&DG合同興行で清宮海斗と組んだヤツだろ。**ベリー・キュートちゃんの方がよかったんじゃねぇのか。**

―ベリー・キュートちゃんとは同大会で拳王選手と組んだ箕浦康太選手のことです。

拳王 吉岡ってDG7・2神戸ワールドでドリームゲート王座に挑戦するんだろ。

―はい。菊田円選手に挑戦します。

拳王 じゃあ、オレもNOAH6・22後楽園**の新日本・辻陽太みたいに電撃来場して、リングサイド席で吉岡の試合を見てやろうかな。**もちろんチケットはちゃんと買うぞ！

―電撃来場するも何も、拳王さんはすでにDG7・2神戸の参戦が決まっていますが…。

拳王 だから、試合後に吉岡の試合をリングサイド席でしっかりと見てやるって言ってんだよ。本当は日帰りの予定だったけどな。

―それは楽しみです！

拳王 ランス・アノアイ、アダム・ブルックスにも注目だ。とんでもないヤツらを初来日させるよな。ランスはWWEのエースであるローマン・レインズ、現在はムービースターであるザ・ロックの親戚でプロレス超名門のアノアイ一族。オレと同じブロックのブルックスは対ウィル・オスプレイ戦とかで頭角を現した次世代。今から公式戦が楽しみだよ。

―GHCヘビー級王者のジェイク・リー選手と同じブロックということも聞きたいです。

拳王 GHCヘビー級王者は出ないという悪しき前例を作った清宮や丸藤君の流れを去年、オレが変えてやったから出るんだろ。

―'20年にも潮崎選手が出場しています。

拳王 うるせーっ！ 潮崎はどうでもいい!!

―すみません！ では、最後にありきたりな質問ですが、Bブロックでの決勝進出最右翼選手は誰でしょうか？

拳王 6・22後楽園では"AXIZ"潮崎&中嶋勝彦のどちらかって言ったけど、期待を込めて希望的観測を言ってもいいか？

―お願いします！

拳王 全日本プロレス・安齊勇馬、AXIZを倒して、Bブロックを勝ち上がってみろよ。オレはオマエを決勝で待ってる。

7月19日号の議題 征矢学

別れた彼女が髪をバッサリ切って、次の恋に向かってるような感覚だった

―アレ、元気がないですね。
拳王 …。
―金剛の解散で喪失感を…。
拳王 何を言ってんだ。金剛は前向きな解散だから、別に喪失感なんてない。
―では、どうしたのですか？
拳王 6・24徳島の学生シートだよ。「拳王チャンネル見た」と当日券売り場で言えば、2000円をオレが自腹で肩代わりして無料で見れるようにしただろ。
―画期的な試みでした。
拳王 YouTube「拳王チャンネル」や

TikTokでも何度も告知したし、TV&ラジオに出演した時も言った。当日、けっこう若いクソヤローどもも会場にいたから、かなり集まってくれたのかなと思ったんだよ。

――それで何人でしたか？

拳王　27人だよ。

――ちょっとさみしいですね。

拳王　27人にはこの場を借りてお礼を言いたいぞ。でも100人ぐらいは来てくれるかなと考えてた。結局、若者たちの行動を促すことができなかったし、あまり伝わり切っていなかったってことだろ。会場には首都圏の大会よりもはるかに多いちびっ子も姿が見えたのだが、みんなチケットを普通に買って見てたってことだよな。

――観衆は1321人と盛況でしたが。

拳王　この現実を受け止めるしかないな。もしかしたら一方的に告知するだけじゃ、若いヤツらには響かないのかもしれないな。こっちからもっと直接的にアプローチする必要があると気づかされた。失敗は成功の母という言葉もあるし、課題が見つかったという意味ではやってよかったぞ。

――ですね。

拳王　**いかにして若い人たちに会場に来てもらうのかはNOAHだけに限らず、プロレス界がもっと真剣に考えなきゃいけないことだよ。**学生が足を運びたくなるエンターテインメントにならないと未来はないからな。オレは絶対にあきらめないぞ。

6・24徳島以後も地元で英気を養っている拳王。小松海岸と思われるが、本人に確認してみると「海は…海だ」とのこと

――そんな6・24徳島では金剛が解散しました。あらためてお話していただけますか？

拳王　このまま金剛を続けていても、NOAHの中心にいることはできると思うんだよ。もちろんこれまで通り、業界屈指のユニットという立ち位置も変わらない。でも、それ以上に**もっと進化を望めるビジョンがオレの頭に浮かんだ。**金剛以上にプロレス界に刺激を与えることができて、NOAHだけじゃなくて、プロレス界の頂点を取れるようなビジョンだ。

――ぜひ教えてください！

拳王　ここで言うわけねぇだろ。これからオレの言動を見逃すなってことだ。NOAHは7・9八王子まで大会がない中でアフター金剛の動きをいち早く見せたヤツがいたよな。

――全日本6・26新木場で征矢学選手が赤髪を黒髪に戻して、黒のショートタイツで試合に臨みました。

拳王　さっそく変化したのは刺激になった。ずっとあのままでいくのかは気になるところだよ。なんで新人みたいな黒のショートタイツなんだって思ったけど。

――征矢選手は6・24徳島で金剛解散が拳王さんの口から発表された後、リング上で人目をはばからず涙を流しました。

拳王　それだけ金剛に思い入れがあったってことだろうな。全日本3・21大田区で世界タッグ王座を奪取した時も泣いてたし。征矢はWRESTLE-1が活動休止して、金剛に加入した当初はけっこう試行錯誤してたし、なかなか突き抜けられなかった。けど、今年1月の対ロス・インゴベルナブレス・デ・ハポンでSANADAとのシングルを制してから、完全に〝金剛の征矢〟を確立したよな。クソヤローどもの支持もつかんで、オレより存在感を出すこともあったからな。苦労した分、達成感もひとしおだったんだろう。

――確かに。

拳王 でも、金剛解散はもう過去の出来事なんだよ。別れた彼女が髪をバッサリ切って、次の恋に向かってるような感覚だった。オレも負けていられないよ。

――7・9八王子では清宮海斗選手と組んで、征矢選手&稲葉大樹選手と対戦します。

拳王 新鮮味があるカードだよな。征矢とは初対戦だ。

――征矢選手にはどんな印象がありますか？

拳王 そんなに器用じゃないけど、そこが持ち味というか。黒パン&黒髪になった征矢をリング上で見てみたいよ。

――拳王さん自身、コスチュームはどうするのですか？

拳王 自分を見つめ直すためにも、とりあえず、**オレも黒髪にして、人生初の黒ショートタイツにするか！**

――おおっ！　それは見たいです!!

拳王 冗談はさておき、コスチュームを含めて今後どうするかはお楽しみに。

――清宮選手とのタッグについては…。

拳王 それも見てのお楽しみ。**7・9八王子はオレにとっても、今後のNOAHにとっても大きなターニングポイント**になるかもしれないぞ。

7月26日号の議題　天龍源一郎の龍魂時評

プロレス界の頂点に立つとは数字と認知度。他者評価だ

――先週号掲載の龍魂時評で天龍源一郎さんが拳王さんについて語っていました。

拳王 おお、読んだぞ。

――率直にどうでしたか？

拳王 年寄りがうるさいこと言いやがってとも思うし、**さすがは天龍さん**だとも思う。オレのことを「面白いことを言うヤツ」と認識していて、その上で「プロレス界の頂点に立つ」という使い古された言葉で今後に対する意気込みを語った。そこに気づいてくれたんだからな。

――どういうことでしょうか？

拳王 オレっていつもああだこうだいろんな刺激的な言葉を使ってクソヤローどもにメッセージを発するだろ。しかし、金剛解散後はあえてド直球で「プロレス界の頂点に立つ」と言ったんだよ。こんなくせが強いのに。

――では、天龍さんも気にしていたどういうふうに頂点に立つつもりなのかということに関してはいかがでしょうか？

拳王 まずは何をもってすれば頂点に立てるかってことだよな。このプロレス界は大言壮語を吐くようなヤツらばかりだ。勝手に「スーパースター」を自称するようなヤツもいる。

先週号掲載の龍魂時評では天龍が拳王について語った

――宮原健斗選手のことでしょうか…。

拳王　まぁ、そうだけど、**アイツ以外もたいていのプロレスラーは自己評価がものすごく高い。**NOAH7・15後楽園の中嶋勝彦戦でカード発表と同時にチケットが飛ぶように売れたことはもちろんすごいと思ってるけど。

――それぞれがプロレス界の頂点を目指して日々闘っていますからね。

拳王　NOAH、新日本、全日本、DRAGONGATE…各団体が自分は一番だと思ってるだろうし、選手たちだってそうだ。

――ごもっともです。では、頂点に立つというのはどういうことでしょうか?

拳王　数字と認知度だな。他者評価だ。頂点だって思うクソヤローどもの多さじゃねぇか。昔のプロレスはそれが強さとほぼ同義だった。だから、猪木さんはキング・オブ・スポーツを旗印に異種格闘技戦で強さの頂点に立って、プロレス界の頂点に立とうとした。しかし、時代は変わって、**現代において強さはプロレスの頂点を決める要素として昔よりは低い。**リング上の強さという意味合いにおいては、各団体のトップ戦線で争っているようなヤツの実力はそこまで変わらないと思う。勝負ごとだから勝つこともあれば、負けることもある。昔のジャイアント馬場、アントニオ猪木ぐらい圧倒的に突き抜けたヤツなんていないだろ。いかに響くか響かないのかという部分が勝負だろうな。

――では、現在の拳王さんは頂点の何合目あたりにいると思っていますか?

拳王　2合目かな。

――謙虚ですね。

拳王　いやいや、それぐらい頂点との差はあると思ってるよ。この差を埋めていくためには金剛を続けていてはダメだと思ったからこそ解散して、新しい道を選んだ。

――まさに「安定望めば進化なし」ですね。

拳王　キャリア15年を超えて、まだ2合目だ。オレの見解としてはもっと高みへいっても、登山と同じように5合目にいったぐらいから道はさらに険しくなると想定してる。果てしない道だよ。

――プロレス界の頂点に立つ前に、まずはNOAHの頂点に立たなければいけません。

拳王　もちろんだ。ちょうど8・6横浜から「N-1 VICTORY」が開幕する。ここで優勝して、GHCヘビー級王座に返り咲くのが一歩目だな。

――N-1といえば、GHCヘビー級王者のジェイク・リー選手と同ブロックです。ジェイク選手については…。

拳王　ノーコメント。

――えっ!?

拳王　話を戻して、頂点に立つためにYouTubeも大切になっていくと思う。開設して1年以上が経ったけど、確実にNOAHに貢献してると思うぞ。

――6・24徳島も1321人動員、YouTube生配信の同時接続1万3000超えと数字で結果を残しましたからね。しかも入場テーマ曲を流したから広告収益なしという。

拳王　当たり前だろ。次の週に東京でどっかの団体がビッグマッチをやったけど、YouTubeの数字では半分ぐらいだった。ビッグマッチじゃない地方大会としては驚異的な数字だろ。

――おっしゃる通りです。

拳王　でも、格闘技というジャンルだったら、RIZINとかブレイキングダウンははるか上だし、バーチャルYouTuberたちの生配信は毎日のように同接1万超えだ。

――現在はYouTuberが東京ドーム公演をやる時代です。

拳王　拳王チャンネルの登録者数約6万3000人を増やして、視聴数を伸ばしていくことも頂点への近道だと思ってるぞ。

――ですね。では、最後にプロレス界の頂点に立つために、今これからすぐやらなければいけないことは何でしょうか？

拳王　数字と言えば、金だろ。よし、**これからサマージャンボ宝くじ買いに行くぞ！**

――少し違うような…。

拳王　プロレスで稼いだ金で宝くじ買う。1等前後賞合わせて7億円当てて、一番稼いだプロレスラーになってやる!!

8月2日号の議題　青柳亮生

23歳&5年目、フレッシュな最高のスパイスだ　あの年齢とキャリアで考えられないレベルの高い選手

――今回は7・9八王子でHAYATA選手のGHCジュニアに挑戦表明し、NOAH7・20新宿でのタイトルマッチが決まった全日本・青柳亮生選手についてお願いします。

拳王　まずはたった一人で敵地に来て、土足でリングに上がれるような時代になったっていうのがすごいよな。ひと昔前だったら、NOAHの若手がボコボコにしてただろ。オレもいろんなリングに土足で上がってるけど、誰にも止められなかったからな。

――確かに。

拳王　嬉しくもあり、残念でもあるよな。

――詳しく聞かせてください。

拳王　実際にオレ自身も青柳亮生がHAYATAに挑戦表明して面白い展開になったなって正直嬉しく思った。同時に、そんな期待できる存在がNOAHジュニアにいないことが残念で仕方がなかったぞ。

――HAYATA選手はもはやNOAHジュニアに敵なし状態の絶対王者です。

拳王　**HAYATAが強すぎるんだよ。**なんか最近、ずっとベルトを持ってる感じがする。HAYATAが独走してることで、NOAHジュニアのヤツらは常に現状打破しなければいけない。だから、裏切り、結託、ユニット入退が頻繁に起こるんだよ。NOAHジュニアの激動は、HAYATAが一人だけ飛び抜けた存在で、そこにほかのヤツらが追いつこうと試行錯誤してるからだ。

――興味深い考察です。

拳王　昨年末からAMAKUSAが一気に躍進してるけど、まだまだHAYATAの域には達していない。本当だったら、YO-HEYあたりがライバルになって切磋琢磨しなきゃいけないんだよ。金髪夫婦のドラマもあるし、ポテンシャルの高さ、陽気なキャラクターとかいいのだが、何かが足りないんだよな。

――何が足りないのでしょうか？

拳王　オレはわかってるけど、絶対に言わないぞ。**もしYO-HEYが気づけば、金髪夫婦時代になるよ。**まぁ、これだけ互角にやり合える相手がNOAH内にいないんだから、HAYATAが外に目を向けるのもわかるよ。そういう意味だったら、23歳&5年目の青柳亮生はフレッシュな最高のスパイスだ。NOAHのクソヤローどもも現在のNOAHに欠けている若さという部分に期待したからこそ、あれだけウエルカムだったんだろうな。

――拳王さんとしてはNOAHジュニアの誰かに横やりを入れてもらいたかったですか？

拳王　オレがNOAHジュニアの一員だったら、確実に飛び出してたぞ。でも、今のNOAHジュニアはみんなHAYATAに挑戦して圧倒的な差を見せつけられてるわけだから、

拳王からかなり高評価されている亮生

何も行動を起こせなかった気持ちもわかる。

——なるほど。では、亮生選手についてはどんな見解を持っていますか?

拳王　世界タッグ王者時代にけっこう控室のモニターでほかの試合も見てたんだよ。全日本5・29後楽園で青柳亮生が土井成樹から世界ジュニア選手権を取り返した一戦は、オレの試合直前だったんだけど、思わず引き込まれるぐらいのいい闘いだった。業界のトップ選手である土井相手にちゃんと自分の色も出して、クソヤローどもを熱狂させて、なおかつ勝つ。あの年齢とキャリアで考えられないレベルの高い選手だ。NOAHジュニアでキャリア的に同じなのは誰?

——亮生選手が'19年1月デビューなので、'17年8月デビューの宮脇純太選手、'19年7月デビューの藤村加偉選手ですね。

拳王　他団体の同世代がNOAHを盛り上げてるんだぞ。SNS時代なんだから、欠場中とか関係ないよ。甲信越地方にいる無期限休業中のヤツみたいにツイッターとかでかみつくべきだよ。同世代じゃなくても、誰か反応しろよ。そこらへんの嗅覚のなさがHAYATAにNOAHジュニアのヤツらが追いつけない理由の1つだ。個人的には強い信念で金剛を脱退した**Hi69に期待してたんだよ。**アイツはHAYATAのGHCジュニアに一度も挑戦したことねぇだろ。千載一遇のチャンスだったかもな。それと元・金剛で言えば、近藤修司は過去に戻ろうとしてるのか。吉岡世起と合体して、7・20新宿では征矢学&稲葉大樹&アレハンドロと組むよな。

——5人は元WRESTLE-1です。

拳王　征矢&稲葉なんて7・9八王子でなんか暗かったんだよ。NOAHでは初めて組むんだったら、もっとリスタートって感じで前向きなファイトをしてもらいたかったな。オレがお手本を見せてやろうか?

——誰と見せるのですか?

拳王　丸藤君に決まってんだろ!

——7・20新宿で小峠篤司選手とともに丸藤正道選手と同じコーナーに立ちますね。

拳王　これまで散々いがみ合ってきただろ。

——お互いに楽しんでいるように…。

拳王　バカヤロー! オレたちはじゃれ合ってきたわけじゃねぇ!!

——そこまでは言っていません。

拳王　オレたちはあまりにも高度な心理戦を常にやってきたんだよ。**7・20新宿で丸藤君とものすごいもん見せてやるからな!**

8月9日号の議題　デビュー戦

どんな試合でもプロレスラーとしてリングに立って闘っただけで100点満点だ

——元気ないですね。

拳王　オマエもさっき見ただろ。

——はい。拳王さんが警察に取り囲まれていたので、驚きました。

拳王　Uターン禁止の標識を見逃してUターンしてしまい、減点1だ。正直、凹んだよ。昨日まで函館&札幌プロモーションに行ってて、予定がメチャクチャ詰まってたからちょっとテメーとの待ち合わせ時間に遅れて、急いでたとか言い訳は絶対に言わないぞ。

――それは仕方ないですね。

拳王　反則金の6000円よりも、あと1年でゴールド免許だったのに…。まぁ、クソヤローどももオレみたいに凹まないように、**交通ルールを守って、安全な運転を心がけてほしい。**違反や事故を起こしてから反省するのでは遅いからな。

――自身の失態を注意喚起にするとはさすが拳王さんですね。7・17札幌のイベントは盛況だったみたいですね！

拳王　トークショー&サイン会に150人以上のクソヤローどもが駆けつけてくれた。4年ぶりに北海道民と触れ合えて嬉しかったよ。そうそう7・15後楽園の大会前もサイン会だった。クソ暑い後楽園ホールの階段にものすごい人数が並んでくれた。本当にありがたい。

――6・24徳島でもサイン会でした。

拳王　**サイン会の拳王と呼んでくれ**…って一人の選手にこれだけ集中するのはクソヤローどもにとってどうなのか気になるところだけどな。で、今回の議題は？

――超満員札止めの大観衆で大盛り上がりとなった7・15後楽園関連でお願いします。健介オフィス時代からの因縁渦巻く中嶋勝彦vs宮原健斗がメインで…。

警察に囲まれる拳王

拳王　そこじゃねぇだろ！　今回は第1試合の大和田侑デビュー戦について語るぞ!!

――そちらでしたか。お願いします！

拳王　大会直後のYouTubeの生配信でも言ったけど、一生に一回しかないデビュー戦はやっぱ感動するよ。大和田は練習生期間1年3カ月。オレたちはアイツが道場でがんばる姿を見てきたし、クソヤローどももアイツがセコンド業務をずっとテキパキとこなす姿を見てきただろ。時には開場後もリングで小川良成にいろいろ教わる光景を見たことがあるクソヤローもいるんじゃねぇか。

――ですね。

拳王　そんなデビューするまでの過程を見てたら、どんな試合でもプロレスラーとしてリングに立って闘っただけで100点満点だ。試合後に練習と本番ではまったく違ったとか言ってたけど、そんなのデビュー戦には関係ないよ。

――デビュー戦を迎えられただけでものすごいことなんですよね。

拳王　アイツも同期が何人かいたけど、次々といなくなって、ついには自分だけになった。きつかっただろうし、心細かったと思うよ。雑用も大変だし、合宿所生活も楽じゃない。そういうのを乗り越えて、ようやくデビューできたんだし、アイツがどれだけの気持ちでがんばってたどり着いたのかは試合にしっかりと表れてた。苦しい道のりを乗り越えて、デビューできたからこそ充実感があるんだよ。大会後に拳王チャンネルに出演した大和田のフレッシュな笑顔はぜひ見てもらいたい。

――拳王さん的に印象に残っているデビュー戦はありますか？

拳王　**15年12・9ディファ有明、清宮海斗デビュー戦に決まってるだろ。**熊野準の〝コ〟の字固め、アレはやばかった。

――〝コ〟の字固めとは、清宮選手の体が〝コ〟の字になるぐらい急角度の逆エビ固めですね。

拳王　将来のエース候補を潰しにいった熊野準はたまらなかったぞ。

――熊野準選手は前回に続いて、2週連続の連載登場になりますね。

拳王　バ、バカヤロー！　前回は「甲信越地方にいる無期限休業中のヤツ」としか言ってねぇだろ。バラすなよ。

――すみません…。

拳王　まぁ、熊野準のことなんてどうでもいいんだよ。オレはもっともっとNOAHでデビュー戦を見たいぞ。そもそも大和田ってなぜNOAHに入ったの？

――中学まで少林寺拳法をやっていて、技の研究をするためにYouTubeを見ていたら、たまたま中嶋勝彦選手の試合が流れてきたことがきっかけです。

拳王　YouTubeがきっかけでプロレスラーになったのか。**ホント今の時代、YouTubeの力は絶大だ。**大和田がデビューしてNOAHには新人がいなくなっちゃった。NOAHは常時、新人を募集してるけど、拳王チャンネルでもバンバン告知していこうかな。

――いいですね！

拳王　いつの日か「拳王チャンネルを見て、プロレスラーになろうと思いました」って新人がNOAHに入ってきてほしいな。そしたら、オレ、絶対に可愛がっちゃうだろうな！

8月16日号の議題　フジタ〝Jr〟ハヤトvs高橋ヒロム

ジュニア夢の祭典で生み出された点が線になったわけじゃない。ハヤトの人生を懸けたストーリー。そこは一緒にしないで

――今週は「N-1 VICTORY」開幕直前なので、もちろん…。

拳王　N-1についてはいろんなところで語りまくってるから、フジタ〝Jr〟ハヤトvs高橋ヒロムについて語るぞ。

――ぜひお願いします！　みちのく7・23矢巾にヒロム選手が電撃来場し、みちのく10・15矢巾で初シングルが決まりました。

拳王　まずはハヤトが希望してたヒロム戦が決まって、舞台はみちのくのリング。しかも、矢巾町民総合体育館だ。このシングルマッチが決まったことも微笑ましいが、何より会場が矢巾ということが感慨深いしメチャクチャ嬉しいぞ。矢巾と言えば、ゴザシートだ。風情あるゴザシートでハヤトvsヒロムが見れるなんてとてつもない価値があるよ。この試合を生でみたいし、矢巾にも久々に行きたいので、ゴザシート席2980円のチケット買って見に行こうかな。

――け、拳王さん、現在、ゴザシートはなくなって、パイプイスです。

拳王　えーっ！　マジなのか!!

——はい。知っているのに、あえてゴザシートって言いたいだけですよね。

拳王 （無視して）みちのくもいろいろ変わったんだなぁ。オレの時は東北地方コタツ文化ならではのゴザに座って見る観戦方法だったのにな。

——…あらためてどう思いましたか？

拳王 なんか最近、ヒロムとエル・デスペラードはいろんな団体に参戦しまくってるよな。清宮海斗も他団体勢として7年ぶりにG1出場してるように、新日本も団体としての方針が変わりつつあるんだろう。NOAHレギュラー参戦が終わった後、**小島聡も全日本やAチーム、エナジャイズプロジェクトなど本当にいろんな団体に出てるし。**

みちのく7・23矢巾に来場したヒロムとハヤト

——コロナ禍が明け始めてから団体の垣根を超えた闘いが非常に多くなりました。

拳王 小島のことなんてどうでもいいとして、ジュニア勢は「ジュニア夢の祭典」3・1後楽園が起点となってるんだろうな。

——同大会からのつながりが新日本勢の他団体参戦になっている印象があります。

拳王 でも、ハヤトはほかのヤツらとは意味合いが違うと個人的には思ってるんだよ。

——どういうことですか？

拳王 ハヤトは昨年7月にガンからの5年ぶりとなる復帰戦後、またいつリングに立てなくなる日がくるかわからないから、プロレス人生に悔いを残さないため、覚悟をもって、当時は誰もが実現不可能と思ってたヒロム戦をぶち上げた。ジュニア夢の祭典で生み出された点が線になったわけじゃない。フジタ〝Jr〟ハヤトという男の人生を懸けたストーリーなんだよ。そこは一緒にしないで、別物としてクソヤローどもには認識してもらいたい。

——なるほど。

拳王 ヒロム&デスペによるジュニア夢の祭典への恩返し行脚が日常茶飯事になったプロレス界で、ハヤトvsヒロム正式決定のインパクトが落ちちゃったのがちょっと残念だった。ある意味で対抗戦連発の弊害だな。

——そういう見方もできますね。

拳王 NOAHもジュニア夢の祭典で生まれた流れがALL TOGETHER6・9両国につながって、青柳亮生が7・20新宿でHAYATAのGHCジュニア王座に挑戦しただろ。NOAHと全日本のジュニア頂上決戦だ。ベルトも懸かってる。本来であれば、大きな話題になってもおかしくないドリームカードだよ。でも、現実は違った。中嶋勝彦vs宮原健斗の直後ということもあるけど、もうすでにクソヤローどもは刺激に慣れすぎてるんだよ。はっきり言えば、**夢の安売り状態だよな。このままだと90年代の女子プロレスみたいに取り返しのつかないことになる**ってところに一つ苦言を呈したいな。

——となれば、現在やるべきことは…。

拳王 NOAHの内部活性化に舵を切るためにも、オレが「N-1 VICTORY」を盛り上げてやるぞ。

——N-1にもDRAGONGATE・吉岡勇紀選手、全日本・安齊勇馬選手が出場しますし、拳王選手はN-1優勝者として清宮海斗選手にG1優勝→覇者対決を提案しています。

拳王　あっ、そうだった。悪い、悪い。新鮮な対他団体の公式戦に負けないぐらいの熱をNOAH同士の公式戦で放出していくぞ。

――よろしくお願いします！　ちなみに、ハヤト選手はヒロム選手と同時に拳王選手との対戦も希望していました。

拳王　もちろん、それを理解した上で今回、この連載の議題にした。

――もし実現すれば、中嶋vs宮原のように1つのカードで後楽園ホールを満員に…。

拳王　バカヤローッ！　オマエは何を言ってるんだ？　**拳王vsハヤトをやるならば、会場は一つしかないだろ。**

――矢巾町民総合体育館ですね？

拳王　ちげーよ。もう一つのみちのくプロレスの聖地忘れてないか？

――え、どこですか？

拳王　滝沢市大釜幼稚園体育館だ！　もちろんゴザシート2980円！　即日完売になりそうだから日本拳法大釜道場プレゼンツ、拳王チャンネル生中継だな！

8月23日号の議題　重大発表

出版不況で40年も続いた理由わかるか？週刊ゴングがなくなってくれたおかげだよ

拳王　週プロの重大発表、話題になったな。

――週刊プロレス創刊40周年を記念してイベント&企画がスタートしていきます。3週前に「重大発表」を予告したことで、SNSを中心に予想合戦が繰り広げられましたね。率直にどう思いましたか？

拳王　オレは特に何とも思わなかったぞ。こういうのは慣れてる。プロレス界に限らずYouTube界だったら日常茶飯事だし。そろそろクソヤローどもも免疫がついてるだろ。

――元も子もないことを言わないでください。

拳王　あっ、そういえば、新日本&スターダムの木谷高明オーナーの「どんな内容かに関わらず全力で協力したい」発言がでかかったよ。これはネガティブの発表ではないと察せられるよな。つまり休刊説がなくなったってことだ。オレとしてはものすごく残念だったよ。

――どういうことですか？

拳王　この手のアオリは「とうとう週プロもなくなるのか…」とか思わせるためにやってるわけだろ。それでネガティブキャンペーンが展開されて、騒ぎが大きくなって、話題に尾ひれがついて拡散されていく。よくありがちなアオリだ。

――端的に言えば、そうですね。

拳王　なのに、そこで世間的にプロレス村の有力者である木谷オーナーが「協力したい」って言ったら、これからも週プロが続いていくことが前提なのだなという空気になる。新日本&スターダムのオーナーが協力するというイメージから、週プロ主催で'95年4月2日に東京ドームで開催したオールスター興行「夢の懸け橋」第2弾開催か!?とクソヤローどもは想像する方向になるだろうな。**本人は「協力したい」なんてベビーフェースかましてご満悦**でいいと思うが。そもそも木谷オーナーが事前に知ってたか、知らなかったか、オレにはわからないけどな。

――そういう見方もできますね。

拳王　だいたい重大発表なんて、NOAHが3、4年前からやりまくってきただろ。その中で本当にインパクトがあったのは、10年ぶりの'21年2・12日本武道館大会決定ぐらいじゃねぇか。ほかにあったっけ？

―昨年4・30両国の〝史上最大のX〟で小島聡選手が参戦した時はどうでしょうか？

拳王　…。そんなことあったっけ？　あったとしても期待感以上のインパクトを残したのか？　まぁ、ネタとしては面白かったけど。で、記念イベント&企画は具体的にどんなことをやるの？

―現時点で具体的に発表されているのは安納サオリ選手のトークライブです。

拳王　そうか。**てか、週プロの40周年記念でなぜ安納サオリがトップバッターなんだって。**フリーの選手だよな。これはフリーの選手に限定したトークイベントにするのか？

―そういうわけではないです。

拳王　なんか周年のイメージなんだけど、週プロ40周年を支えてきた新日本、全日本、NOAH、全女とかレジェンドが一発目でスタートするのがよかったんじゃないのか。40年を振り返って…みたいな企画で40年前の週プロに載ってるレジェンドの若い頃の写真とか見てみたら面白いとは思うが。まぁ今が旬のレスラーがやっていくのもいいけどな。

―貴重なご意見ありがとうございます。ちなみに、重大発表についてのファンの反応はどうでしたか？

拳王　こういうのはネガティブな方で盛り上がるのが楽しいからな。出版不況だし、テメーの会社は去年オレも出たボクシング・マガジンや近代柔道とかが休刊になったばかりだったよな。格闘技通信も10年以上前に休刊した。格闘技通信で思い出したけど、空手の大会で優勝した時に写真が掲載されたのが嬉しくて、2冊買ったぞ。

―初耳です。

拳王　そんな中で週プロは40周年。ここまで続いたのはすごいことだよ。てか、この出版不況時代に40年も続いた理由わかるか？

'94年11月22日号から始まった本誌隔週連載「鳥井実香のチョークプロレス通信」のロゴ

―ありがたいことです。プロレスラーの皆様の熱い闘いがあったからですよね？

拳王　週刊ゴングがなくなってくれたおかげだよ。それから週プロの独占状態だろ。ゴングが休刊したのっていつ？

―'07年3月です。

拳王　もうそんな前なんだな。

―拳王さんのデビュー前でした。現在、週プロではツイッターで復活希望コーナーを大募集中です。拳王さんは何かありますか？

拳王　**もちろん「鳥井実香のチョークプロレス通信」だ！**

―'94年11月22日号～'01年5月1日号まで掲載されていた四国放送ラジオ「徳島発 週刊チョークプロレス」のパーソナリティー・鳥井さんの隔週連載ですね。

拳王　そうそう。ぜひ頼む。連絡つかないなら拳王ネットワークから連絡するぞ。

―さすが徳島出身ですね。検討します！

拳王　最後に言いたいことがある。

―何ですか？

拳王　次回予告だ。

―まさか…。

拳王　**次週、この連載で重大発表をするぞ！**

8月30日号の議題　週プロトーク

金剛解散で反骨精神を捨てたわけじゃない 誰にも忖度せずにオレの思いを語りまくる

――拳王さん、さっそく先週号のこの連載で予告していた重大発表をお願いします！

拳王　いや、その前に重大な敗北をしてしまったよ…。

――「N－1 VICTORY」開幕戦8・6横浜でアダム・ブルックス選手に敗北。いきなり番狂わせで業界に激震を走らせましたね。

拳王　余裕で勝てると思ってた。でも、勝負ごとは怖いよ。あんなオラオラ系はNOAHにいないから、うまくリズムをつかめなかったよ。シングルで負けたのはいつ以来だ？

――今年1月の内藤哲也戦以来ですね。

拳王　大事なところで完全にやっちゃったよ。相手のペースに乗りすぎたな。でも、重大敗北で行数を使うのはやめるぞ。

――自分で言い始めたのでは…。

拳王　うるせーっ！　重大発表いくぞ!!

――お願いします！

拳王　なんと！　週刊プロレス創刊40周年記念イベント第2弾、9月26日（火）東京・巣鴨の闘道館トークライブ決定だ!!

――ありがとうございます！　先週号であれだけ週プロの「重大発表」について酷評していたのに、自分でやるのですね。

拳王　週プロと言えば、オレの「拳王のクソヤローども、オレについて来い!!」の連載だろ。やっぱオレがやらないとダメだよな。本当はトップバッターでやりたかったけど。てか、なんでトップバッターが安納サオリなんだよ。8月29日、闘道館にいこうかな。

――ぜひお願いします！

拳王　安納サオリは本誌で連載やってねぇだろ。オレの連載は'18年1月から5年以上続いてる大人気連載。連載陣の中で一番面白いとプロレスファンのみんなが絶対に言ってるぞ。

――それは人それぞれだと思いますが。連載開始の頃は業界のさまざまな人たちを怒らせて大変でしたが、最近は少し落ち着いてきたような…。ですが週プロ40周年記念イベントとしてできて嬉しいです。

拳王　おい、ちょっと待てよ。なんか今は刺激的じゃないみたいな言い方だな。

――昔と比べると…。

拳王　いやいや、昔からずっとオレはタブーなしだ。むしろ読む側がオレの刺激に慣れて

'19年10月の拳王トークライブ in闘道館

きちゃっただけだろ。

――業界に定着したのかもしれませんね。最近は「拳王がまた言ってるよ」という空気を感じることが多くなりました。

拳王　昨年4月からYouTubeも始めたし。確かにオレがクソヤローどもに向けてメッセージを発信する場は確実に増えてきた。

――今年に入ってからも月1以上のペースでトークショーをやっている印象があります。

拳王　サイン会の拳王に続いて、トークショーの拳王と呼んでくれ。今回、サイン会はやるんだっけ？

――はい。サイン入り2ショットチェキ付きチケットの購入者を対象にしたサイン会をお願いします。

拳王　詳細は？

――次週8月23日（水）発売号掲載です。

拳王　**また次週に先送りか。**タメすぎだろ。まぁ、いいや。前回、闘道館でイベントやったのいつだっけ？

――'19年10月19日です。週刊プロレス2000号突破記念イベントでした。

拳王　もう4年前か。前回は連載で掲載を自粛しちゃってるようなギリギリの話もしてSNS禁止のオフレコばかりだったよな。今回も当たり前のようにそうなるぞ。

――今から恐ろしいです…。

拳王　週プロ主催のトークライブだから、普段NOAHがプロモーションとかでやってるのとは違った色を出すよ。別に何かをPRするわけでもないし。司会はもちろん鳥井実香さんに声をかけてあるんだろ？

――週プロで「チョークプロレス通信」を連載していた鳥井さんですね。司会は私です…。

拳王　解説は？

――トークライブなので解説はいません。

拳王　だったら、**シャーシャーうるさいヤツを解説で呼ぶか。ノーギャラで。**

――お願いします！

拳王　アイツはプロレス中継の解説は業界イチだと思ってるが、普段の話はキレ味がない。トークライブが面白くなくなるからダメだな。

――自分で言ったくせに…。

拳王　（無視して）8・10後楽園のマイクでも「会社がそこまで期待していない」稲村愛輝にオレなりの言葉を送ったけど、オレは金剛を解散させたからって反骨精神を捨てたわけじゃない。丸藤（正道）くんも副社長権限使ってオレとは試合しないとか言ってるし、そういった**NOAHの間違ってると思う部分にメスを入れていく**し、NOAHを業界1位にするためにやらなきゃいけないことが山ほどあるからな。オレは会社の犬に絶対にならないぞ。どうせ会社が期待してるのは清宮海斗だけだろ。トークライブでは誰にも忖度せずにオレの思いを語りまくってやるぞ。

――最高のトークライブにしましょう！

拳王　オレは9・3大阪で「N-1 VICTORY」を制覇するから今年のN-1覇者として初のトークライブになるぞ。チケットはお早めにご購入お願いします（拳王史上最高の土下座）。

9月6日号の議題　「N-1 VICTORY」序盤振り返り

若返ったN-1で若いヤツが業界に響くような話題を作ってるのか!?

――9月26日（火）の週プロ創刊40周年記念イベント、ついに詳細発表です！

拳王　トークライブについては先週語ったから、今週は現在開催中のNOAH「N－1 VICTORY」序盤振り返りでいくぞ。

――何か思うことがあったようですね。

拳王　8・11後楽園だな。

'19年10月の拳王トークライブ in 闘道館

――吉岡勇紀選手に勝って黒星発進から2連勝で追撃態勢を万全にしました。

拳王　当たり前だ。このまま勝ち続けてやるぞ。リーグ戦の星取りも大事だけど、ここまでやってきて重要なことに気付いたんだよ。

――何ですか？

拳王　あの日、丸藤正道くんが放送席に座ってただろ。あれでピンと来た。今年のN－1って話題性が足りない。出場選手の若返りを図ったのはいいけど、ネームバリューに関しては去年よりも数段落ちたのが現状だよな。

――今年は出場選手の平均年齢が33・4歳と一気に若返りました。杉浦貴選手は負傷長期欠場でしたが、丸藤選手は残念ながらエントリーされませんでした。

拳王　なんで？

――…。

拳王　アイツ、5月にジェイク・リーのGHCヘビー級王座に挑戦して、メチャクチャいい試合してたよな。やっぱ丸藤はすごいって見せつけただろ。最高峰のベルトに3カ月前に挑戦したヤツがなんで出ないんだよ。開幕前から納得がいかなかったけど、リーグ戦中にアイツの顔を見たら、足りないのはこの感情だなってわかった。

――初出場7選手、初シングル56公式戦中40戦は新鮮ですが、それだけ長年築き上げてきたドラマが描きにくくなります。

拳王　長く見れば見るほど味わい深くなるのがプロレスだ。オレ個人としても、**昨年のN－1で敗れた藤田和之、田中将斗、引き分けた鈴木秀樹がエントリーされてない。**そういうドラマを丁寧に紡いでいくのがプロレスの面白さだ。今年のN－1で再戦できないんだったら、優勝した後に一人ずつ倒していってやるぞ。

――楽しみです！

拳王　話を丸藤くんに戻して、オレはアイツと'17年のヘビー級転向以来ずっとやり合ってきた。現時点での両者の立ち位置がどうなってるかをプロレスファンのクソヤローどもも楽しみにしてるんじゃねぇのか。

――おっしゃる通りです。

拳王　**G1で例えれば、丸藤くんと同世代の棚橋弘至はどんなにボロボロになっても、結果が出なくても、必死に今の自分をリングに描き続けてる**だろ。そういう姿にファンは感情移入して、チケットを買おうと思うんだよ。どうせ丸藤くんは副社長権限でN－1から逃げたんだろ。9・17後楽園のデビュー25周年記念試合でウィル・オスプレイ戦もあるし、ボロボロになる姿を見せたくないだけだ。この試合は正直楽しみだけどな。

――怒っていますね…。

拳王　G1つながりで言えば、昨年の優勝者の清宮海斗がN-1を蹴って、G1に専念したのも大きいよな。N-1が開幕してからもNOAHの話題が完全に清宮に奪われてる。それを覆せないのも歯がゆいけどな。

――N-1も盛り上がっていますよ。

拳王　いやいや、こんなもんじゃダメだ。じゃあ、若返ったN-1で若いヤツが業界に響くような話題を作ってるのか!?

――稲葉大樹選手、全日本の安齊勇馬選手、吉岡選手、アダム・ブルックス選手、ランス・アノアイ選手が活躍していますが…。

拳王　そんなのNOAH内だけの話題だろ。清宮がG1でなぜ結果出せずにあれだけの試合内容を残して話題になったかわかるか?

――ぜひ教えてください!

拳王　**NOAHの選手に思いやりがないからだよ。清宮がNOAHでいい試合するのはいつもオレだけだろ!**

――結局、自慢ですか…。

拳王　プロレスは対戦相手への思いやりが大切なんだよ。受けのスポーツだからな。

――8・10後楽園の稲村愛輝戦は拳王さんの深い思いやりで誰もが涙しました。

拳王　今のアイツと向き合いたかったから、あえて30分1本勝負のギリギリまで受け止めてやった。N-1序盤で一番話題になったのは満場一致であの試合だろ。

――感動しました!　個人的には8・9後楽園の潮崎豪vs安齊戦も…。

拳王　何言ってんだよ。アレは潮崎豪が自分の強さを最大限に発揮する自分への思いやりだ。そこがNOAHの若者が上がっていけない理由かもな。新日本のヤツらは激しくやり合いながらも、ちゃんと清宮への思いやりがあった。じゃなかったら、SANADAは最後シャイニング・ウィザードで勝ってないだろ。

――新日本7・25後楽園ですね。

拳王　武藤敬司の愛弟子として継承者である清宮へのメッセージも感じられ…って他団体のことなんてどうだっていいんだよ!

――現在、N-1真っ最中ですからね。最後に後半戦に向けて意気込みをお願いします!

拳王　思いやりの拳王が今年のN-1を、思いやりをもって優勝させていただきます!

9月13日号の議題　9・3大阪

オレが一番注目してるのは、船木誠勝vsジョシュ・バーネット

――この連載は8・26仙台数日前に収録しています。議題は何にしましょうか?

拳王　N-1決勝がある9・3大阪だな。

――前回、N-1について「話題性が足りない」「若返ったN-1で若いヤツが業界に響くような話題を作ってるのか!?」など厳しいことを語っていましたよね。

拳王　話題性なんか関係ないんじゃねぇかって思うほど去年に負けずに盛り上がってるな。今のムーブメントにオレ自身が乗り遅れてたのかもしれない。去年はオッサンのネームバリューに頼って話題性があったから、それがなくなった今年はどうなるかと不安だった。逆に試合で結果を残そうとみんなギラギラしてて、公式戦白熱してるな。

――拳王さんは開幕戦8・6横浜でアダム・

ブルックス選手、8・19札幌でジャック・モリス選手に敗北。新鋭の外国人選手たちのハングリーさを痛感したのではないですか。

拳王　今年のN－1出場選手たちをナメてた部分もあるから足元をすくわれてるんだろうな。むしろ中盤までに気を引き締めることができたと前向きにとらえてるよ。

――こういったリーグ戦ではメンタルコントロールがかなり重要になりますからね。

拳王　プロレスは気持ちが非常に大切で勝敗を分ける要因にもなるからな。

――ここまで語ってきてアレですが、議題を9・3大阪にするとして、この連載収録時点でN－1優勝決定戦進出者、出場者関連のカードもわかりません…。

拳王　**難しいシチュエーションでも面白い読み物にするのがこの連載の真骨頂だろ！**

――さすが'17年1月から人気連載としてプロレスファンの間で定着し、9月26日（火）闘道館で週プロ40周年記念イベント第2弾トークライブをおこなう拳王さんですね！

拳王　じゃあ、どの試合を語るかわかる？

――清宮海斗&大岩陵平vs小川良成&ザック・セイバーJrですか？

拳王　違うな。小川&ザックの懐かしいタッグと清宮&大岩の新しいタッグだから、オレが飛びつくとでも思ったのか？

――YouTubeだとだいたいそんな感じじゃないですか。

拳王　全然わかってねぇな。拳王チャンネルは普段プロレスを見ない層やプロレスライト層も意識してるんだよ。この連載はプロレス専門誌だから、もっと深く掘り下げられるテーマについて語るべきだろ。

――なるほど！

拳王　今回は5・4両国国技館以来の大箱だ。**清宮&大岩vs小川&ザック以外にもすでにすごいカードが出てる。**その中でオレが一番注目してるのは、船木誠勝vsジョシュ・バーネットのGHCマーシャルアーツルールだ。

――おおおっ！

拳王　船木さんは新日本プロレスでデビューしてからUWF、藤原組、パンクラスとキャリアを重ねて、総合格闘技のパイオニアとなった。バーネットはUWFを崇拝し、ランディ・クートゥアを破ってUFC世界ヘビー級王者になった世界最高峰のMMAファイター。船木さんが引退した後に無差別級キング・オブ・パンクラシストになったというのもクソヤローどもの琴線を刺激するよな。そういえば、バーネットはまだ無差別級キング・オブ・パンクラシストのベルトを持ってるんだろ。

'03年、無差別級キング・オブ・パンクラシストのバーネット

――記録上は'03年大みそか以降は防衛戦をおこなっておらず、パンクラスのホームページでは現在もバーネット選手が王者です。

拳王　だったら、今回、無差別級キング・オブ・パンクラシストのベルトも懸けちゃえばいいじゃん。GHCマーシャルアーツルールのベルトとして復活させようぜ。

――それは最高ですね！

拳王　だろ。この一戦はそういうプロレスの幻想、ロマンが詰まってるよ。当時からプロレスファンだったオレも楽しみで仕方がない。しかし、だ。果たして、令和の船木vsバーネットにどこまで今の需要があるかどうかって部分が興味深い。

——どういうことですか？

拳王 オレみたいに**20年以上前からずっとプロレスを見続けてるクソヤローなんて今のファンの10％ぐらいだろ。**船木vsバーネットが令和に実現する面白さをみんなわかってるのか!? 当時のファンは40〜60代。今のNOAHの会場に増えてきた10〜30代は、何とも思わないんじゃねぇのか。

——鋭いご指摘です。

拳王 おそらく現在のクソヤローどもにとっては、新日本でトップ選手に成長したザックが師匠の小川と8年ぶりに再会して、小川が手塩にかけて育てた清宮と初対戦する方がピンときてるだろ。9・3大阪の面白さは、N-1優勝決定戦含めて現在進行形のプロレスが船木vsバーネットという超長編ドラマと同じ大会で対比できるってことなんだよ。

——そういうふうにまとめますか!?

拳王 今のNOAHは、20年、30年前に熱狂してたプロレスファンも楽しませる闘いをリング上でやってる自負があるぞ。いろんな楽しみがある9・3大阪だけど、誰が一番輝くのか予言してやろうか。

——お願いします！

拳王 N-1を優勝するオレだ！

9月20日号の議題 バスケワールドカップ

絶対にプロレスもワールドカップをやるべき 国の総力を結集させたぶつかり合いが見たい

拳王 ものすごく盛り上がったな！ 世間も大騒ぎじゃねぇか。

——取材時は9・3大阪の前ですが「N-1 VICTORY」かなり盛り上がっていますね。拳王さんもAブロックを突破して……。

拳王 N-1は言うまでもないだろ。

——議題はN-1ではないのですか？

拳王 タイミング的にこの連載の収録が9・3大阪前だからな。今回は…バスケットボールのワールドカップでいくぞ！

——おおっ！ 意外ですが、お願いします!!

拳王 バスケって日本では野球やサッカーほど人気ないけど、世界的に見たらアメリカのNBAを中心に大人気だよな。そんなバスケが夏の終わりに日本でも話題を生み出してる。この現象にプロレスがもっともっと世間に届くための何かヒントがあるような気がするんだよ。テメーはどういうふうに考えるんだ？

——やはり国別対抗のワールドカップということが世間を巻き込んだ要因かと思います。

拳王 確かにナショナリズムとスポーツは相性がいい。サッカーやラグビーもそうだよな。野球もワールド・ベースボール・クラシックっていうのがある。それぞれ普段は主にそのジャンル内で盛り上がってるけど、ワールドカップになると急にミーハーな〝にわか〟がわんさかあふれ出してきて、お茶の間でも話題になっていく。それもナショナリズムが大きく影響してると思うぞ。

——拳王さんは普段からバスケ好きですよね。

拳王 サッカーワールドカップの時は完全に〝にわか〟だったけど、バスケは違うぞ。**バスケは点が入りまくるのがいいよな。**そのたびに興奮する。去年、横浜ビー・コルセアーズの海賊バズーカタイムをやらせてもらったし、ワールドカップが開催されてる沖縄アリーナでバスケを観戦したこともある。沖縄好きとして昨シーズンは琉球ゴールデンキングスの開幕戦も行ったくらいだよ。沖縄アリーナって日本武道館みたいに円筒型で声援が通りやすくてとても盛り上がる会場なんだよ。**いつかNOAHも沖縄アリーナでビッグマッチを開催したいな。**

――夢は広がりますね。

拳王　話を沖縄から戻して、今回のバスケを見てると、絶対にプロレスもワールドカップをやるべきだと思うよな。

――それは楽しみです！

拳王　そんなことを考えるプロレス関係者も多いし、実際に過去に何度かやってるとは思うんだけど、結局は団体間のしがらみとかで局地的な交流の域を出ない。それだと世間に届くほどの話題にならなかったというのが現実だ。もしもやるならば、今回のバスケワールドカップみたいに国の総力を結集させたぶつかり合いが見たいよ。

――それが簡単にはできないのが統一した組織のないプロレス界でして…。

拳王　バカヤロー！　できないいんじゃない。プロレスをもっと多くの人たちに届けるために、やるんだよ。そういえば、'17年に「ルチャリブレ・ワールドカップ」が日本でおこなわれて、NOAHも協力してただろ。アメリカのインパクトやメキシコのAAAからもエントリーされてた。あの大会も試みはよかったし、現在のNOAHならば、もっとさまざまな団体の力を結集させることもできるだろ。

沖縄アリーナでバスケを観戦する拳王

――ですね。拳王さんとしては、今回なぜここまで盛り上がっていると思いますか？

拳王　フィンランド戦で18点差を逆転して、世界大会で17年ぶりの大逆転勝利を挙げたことが大きい。あれだけドラマチックな試合を見せられたら感動するよ。ホームアドバンテージというか、会場の雰囲気が異様だった。バスケって少しのコントロールミスでシュートが外れるからな。やっぱクソヤローどもの後押しは選手にとんでもない力を与えるよな。N－1でも征矢学とかそうだったよ。

――まさに。

拳王　試合内容にドラマがあったよな。まずはベテランの比江島慎だよな。前半の苦しい時間帯に踏ん張って、チームにいい流れを生み出した。さすがNOAHのバスケ好き美人スタッフが推してるだけあるよな。またNOAH事務所に比江島グッズが増えてるかもな。

――本当にカッコよかったです。

拳王　そして、何と言っても、後半の勝負どころで躍動した河村勇輝と富永啓生の22歳コンビだよな。バスケ界の未来を担う若者たちが見事に期待に応えて、一夜にしてスーパースターに駆け上がった。どのプロスポーツを見ても若者の活躍が必要不可欠だ。**若者が活躍するとそのジャンルは確実に盛り上がるよ。**これを読んでてプロレスやりたいと思ってるヤツは、ぜひともNOAHに入門してほしい。

——今がチャンスですね。

拳王 それか、そろそろ本気でオレがスカウトやっていこうかな。

——頼もしいです！

拳王 **近い将来、河村勇輝や富永啓生のような逸材がNOAHに現れるかもしれないぞ！**

9月27日号の議題 アフターN-1 VICTORY

確実に〝芽〟が出たのは征矢学とジャック・モリス

——「N-1 VICTORY」が終わりました。拳王選手は準優勝でしたね。

拳王 悔しいよ。

——決勝はどうでしたか？

拳王 若返ったN-1で最年長41歳の潮崎豪と決勝で闘ったのが新しいものを見せれなくて残念だったし、そこで負けたオレがもっと残念だ。征矢学と決勝で闘いたかったってのもあるな。丸藤正道、杉浦貴のいないN-1で新しいNOAHを出そうと思った。その〝芽〟は公式戦中に確実に見えたよな。そういう部分を踏まえて、今回はN-1後を占っていくぞ。

——まず〝芽〟を具体的にお願いします。

拳王 当ててみろよ。

——イホ・デ・ドクトル・ワグナーJr選手は？

拳王 N-1前からすごかっただろ。もうNOAHのエース格と言ってもいいぐらいだ。安定感があるし。9・17後楽園のタッグマッチで対戦するから楽しみだよ。

——サイコ・クラウン選手とのGHCナショナル選手権@9・24名古屋の前哨戦ですね。

拳王 その一戦、ワグナーのパートナーはN-1で〝ワイルドサモアン3世〟の爆発力を見せたランス・アノアイだし。

——稲葉大樹選手は？

拳王 確かにN-1で殻を破ったように見えた。でも、もう少しできるのでは…。

——き、厳しいですね。では、先ほどから名前の出てる征矢選手はどうですか？

8・19札幌のモリス戦

拳王　確実に〝芽〟が出たよな。開幕戦で中嶋勝彦、最終公式戦でワグナーに勝って、潮崎豪とBブロック1位を懸けて好勝負を繰り広げた。金剛解散の男泣きをバネにして、シングルプレーヤーとして飛躍を果たしたよな。会場の支持率も高まる一方だ。

――なぜ征矢選手が飛躍したと思いますか?

拳王　**拳王チャンネルのおかげだろ。**

――えっ!

拳王　上半身裸&無言で焼き肉食ってる姿でバズってただろ。征矢めちゃくちゃ面白いってなったはずだ。征矢の登場回は合計で100万再生ぐらいいってるだろ。オレが征矢の本当の素顔を暴いて、それをYouTubeで広めたからみんな感情移入したんだよ。あんな武骨な征矢が可愛いってなった。

――そういうことにしておきます。

拳王　金剛解散で互いに新しい道を選んだオレと征矢がN-1決勝で雌雄を決してたらドラマチックだったのに。

――でしたね。

拳王　しかし、アイツが潮崎より弱かっただけだ。となると、これからなんだけど、9・3大阪で存在感を出せなかったのは痛いよ。さらに、9月シリーズで主要カードに組み込まれていない。この勢いをN-1だけで終わらせずに続けていってもらいたいけど、果たしてタイトル戦線に絡まない中でどんな話題を生み出していけるのか期待してるよ。もう1人〝芽〟が出たヤツがいるだろ?

――誰ですか?

拳王　ジャック・モリスだ。

――拳王さんは8・19札幌で負けています。

拳王　結果は敗北だったけど、モリスとの試合は決勝を含めたN-1シングル連戦の中で一番楽しかったな。モリスはもっと上にいきたいという気持ちが今年のN-1でしっかりと表れてた。表情とか技とか肉体美はポテンシャル高かったけど、そこにアイデアと瞬発力が加わった。レインメーカー式スパインバスターからのタイガードライバーは効いたな。あの大技をあれだけのスピード感で食らったら、誰も返せないんじゃねぇか。

――説得力抜群のたたみ掛けでした。

拳王　新兵器のコブラツイストもそうだし、あと8・10後楽園のマサ北宮戦で放送席に隠れて入場を奇襲しただろ。単純明快だけど、それがあったか!?ってうならされたよ。9・24名古屋でサクソン・ハックスリー&ティモシー・サッチャーのGHCタッグ王座に挑戦するんだろ。しかも、パートナーはアンソニー・グリーンだ。グリーンはN-1に出られなかった悔しさを爆発させて、9・3大阪でN-1出場者のハックスリーから3カウントを取った。もっと評価されていい選手だと思ってたし、**NOAHでデカい顔してるGLGだからムカつくけど、ここで一気にいってほしいよ。**

――プレーヤー目線の公式戦評は面白いので、もっと聞きたいです。

拳王　ついでに言えば、N-1を出ずに新日本のG1に出て、それなりに話題になった清宮海斗だよ。アイツ、NOAHに戻ってきて、何もやってねぇだろ。

――9・3大阪で大岩陵平選手と組んで小川良成&ザック・セイバーJrに勝利しま…。

拳王　あの試合で清宮は小川良成&ザック・セイバーJrの芸術的なテクニックと大岩陵平のイキイキしたファイトに完全にのまれてたように見えた。ただ最後に勝っただけだ。ビッグマッチのセミファイナルだろ。**あの試合で輝けないようじゃG1で何をやってきたんだって思われるぞ。**オレもG1vsN-1覇者対決をぶち上げておいて、準優勝だったけど…。

――試合後、大「ケンオー」コールも起こっていたので、まだまだこれからですよ!

拳王　だな。9月、必ず巻き返してやるかな!

10月4日号の議題　そやそやテレビくん

何をやっても方々からとやかく言われる外野の声に惑わされずに自分の信念を貫け

—征矢学選手がYouTubeチャンネル「そやそやテレビくん」を開設しました。

拳王　今週の議題はそれしかないよな。ちょっと前に征矢がXでオレに対して「今までは後ろ姿を見てきた。これからは対角線で正面から拝ませてもらうぞ！」とポストしてたのは、このことだったんだな。

—リング上でも超えるべき壁と意識しているという意味だと思います。

拳王　（無視して）最初、この話を聞いた時にいい試みだなと思ったよ。征矢はWRESTLE-1時代に「SOYATube」ってYouTubeやってただろ。全身脱毛ドッキリとかローション相撲とかだいぶ笑わせてもらったよ。'20年4月、NOAHに来てから辞めちゃったけど、過去の経験があるのは強みだよな。現在の征矢は金剛解散から「N-1 VICTORY」での爆発と上昇気流に乗ってる。この勢いをNOAH内だけで終わらせずに業界全体、世間へと届けていくチャンスだ。そこで征矢がなぜYouTubeを選んだのか、オマエならばわかるだろ？

—先週号に続き、現在の征矢選手人気は拳王チャンネルのおかげと言いたいのですか？

拳王　**大正解！**　征矢なりに現在の人気は拳王チャンネルに準レギュラー的に出演して、素顔をさらけ出したことで、武骨さと可愛さのギャップがファンの感情移入を誘ってると分析したんだろう。

—それだけではないと思いますよ。

拳王　征矢の登場回は合計100万再生ぐらいいってるからなぁ。普段プロレスを見ない人たちにも征矢の魅力が伝わったわけじゃん。

—確かに一理ありますが、あたかも自分の手柄だけのように言うのはやめてください。

拳王　事実だからしょうがないだろ。

—話を戻して、初回配信で語られた「そやそやテレビくん」のコンセプトは「自分のありのままの姿をお届けする」「余すところなく、プライベートを見せていく」です。

拳王　一般のYouTuberでもプライベートを晒してバズることもあるからな。プロレスラーのプライベートはけっこう晒されていないから、狙い目としてはすごくいいんじゃないか。どこまで世間に響くか楽しみだよ。

—YouTuberとして征矢選手の魅力はどこでしょうか？

拳王　**シンプルに人間として面白い。**金剛時代、3年以上も一緒にいて、飲み会とかでも征矢の爆発ぶりは何度も目の当たりにしてきた。エピソードはいっぱいあるけど、だいたいが言えないことばかりなのが痛いな。これからも拳王チャンネルの準レギュラーとして活躍してもらいたかったのに、勝手に独立しやがって…。

—初回配信では覚悟を示すように結婚していたことを明かし、奥様が女子プロレスラーの日向小陽選手であることも発表しました。

拳王　いきなりやってくれたよな。人生を懸けた重大発表を一発目にもってくるなんて頭がいい。日向小陽が昨年12月に結婚と妊娠を発表してたけど、そのお相手が征矢だとは99・99％のクソヤローどもが思わなかったはずだ。これで日向小陽ファンはアンチ征矢学になる。実にいいことだよな。

—どういうことですか？

拳王　アンチがいるとYouTubeは伸びるからだ。オレもけっこうな数のアンチがいて、いつも批判的なコメントを頂戴してる。ファンとアンチがいてこそ、YouTubeは盛り上がるからな。

――なるほど。

拳王　ただこれからが本当の勝負だよ。N―1までは金剛解散の延長線上だ。これから征矢学として「夜明け」が何かをリング上、YouTubeで表現していかなきゃいけないからな。日向小陽ファンは征矢との結婚生活なんて絶対に見たくないだろうけど。

結婚を発表した征矢と日向小陽Ⓒそやそやテレビくん

――最後のひと言は余計です。YouTubeの先輩としてのアドバイスはありますか？

拳王　どうせ何をやっても方々からとやかく言われるんだから、外野の声に惑わされずに自分の信念を貫いて、とにかくやりたいことを続ける。これに尽きるよ。

――ですね。

拳王　いい企画を思いついたぞ。

――嫌な予感しかしませんが、念のため、何でしょうか？

拳王　征矢は日向小陽と夫婦の力を合わせて「そやそやテレビくん」をやっていくんだよな。**エル・リンダマンとやってたみたいに日向小陽とローション相撲対決をやるしかないだろ。**

――ホント最低ですね。

拳王　エロは再生回数に直結するからな。夫婦ローション相撲対決を、オレは対角線で正面から拝ませてもらうぞ。

――もういいので、早く締めてください。

拳王　**最後にネタバレだ。あの結婚発表自体がドッキリだ！**　征矢が日向小陽と結婚できるわけねぇだろ!!　フェイクニュースだから日向小陽ファンは安心してください。

――そんなはずはありません！

拳王　これは壮大なドッキリだ。クソヤローどもは「そやそやテレビくん」をチャンネル登録して見届けよう！

10月11日号の議題　丸藤正道vsウィル・オスプレイ

後楽園ホールを札止めにできるカードをいかにしてNOAH内で提供していくか

――9・17後楽園の丸藤正道vsウィル・オスプレイ、盛り上がりましたね。

拳王　あれが丸藤くんの〝憧れ〟の力なんだろうな。新日本の最前線を担ってるヤツらだったら、オスプレイはあんなファイトしない。現在進行形の世界トップがリスペクトを持って試合に臨んで、あれだけのクオリティーを残せたってところが特筆すべきことだよ。

――確かに。

拳王　丸藤くんって20年前は世界のプロレス界のトレンドで最先端を担ってたんだよ。あの頃の独創的なファイトがインターネットの発達と同時に発信されて、世界のスタンダードになった。結局、オスプレイを憧れさせた丸藤くんがすごい。**オカダ・カズチカ、内藤哲也、棚橋弘至にない財産があった**ってことだよな。

――過去の遺産みたいじゃないですか…。

拳王　バカヤロー！　オレ的には先日ABEMAで再放送されてた20周年のKENTA戦よりも全然面白かった。つまり、丸藤くんもこの5年間で進化してるってことだよ。

――珍しく丸藤選手を評価するのですか？

拳王　いや、昔の丸藤くんがすごかったってことを言ってるだけだ。そんなすごかった丸藤くんを引き出しまくったオスプレイが世界最高峰のプロレスラーだなって思ったよ。

――拳王選手も世代的にそうですよね。

拳王　おそらく丸藤くんのすごさなんて現代のトップ選手は誰でも痛感してると思うんだよ。丸藤くんはプロレス界無差別級のパイオニアだ。オスプレイやオレもジュニアの体格でヘビー級に戦場を移した広い意味での後進だ。

――いいことを言いますね。

9・17後楽園で丸藤へのリスペクトを試合前、試合中、試合後に示したオスプレイ

拳王　昔の丸藤くんに憧れるなんて誰でもできる。それがきっかけでプロレスラーになって世界最高峰まで駆け上がった現役最高峰のオスプレイが、本来なら絶対に対戦できない環境でありながらも25周年記念試合で丸藤戦を実現できたことが奇跡的だな。

――本当にそうですよね。プロレスには夢がありますね。

拳王　あれだけすごい試合して、後楽園ホールを満員にできるのに、なんで丸藤くんは「N-1 VICTORY」に出ないんだよって思ったけど。

――やはりそこに持ってきましたか。

拳王　だって5・4両国のジェイク・リー戦もすごかったじゃん。**丸藤くんは自分にとって美味しいシチュエーションだけ出てくるんじゃなくて、N-1を含めて常に最前線で勝負し続けてほしい**とオレは思うんだよ。

――ごもっともです。

拳王　オスプレイの高度で複雑な動きにもあれだけ対応できたんだぞ。ウチの丸藤くんはすごいプロレスラーなんだよ！

――そこまで拳王さんがほめると逆の意味にしか感じられませんが…。

拳王　あとそのカード一本で後楽園ホールを

超満員札止めにできたってことも考察していかなきゃいけないよな。

――7・15後楽園の中嶋勝彦vs宮原健斗も同じように…。

拳王　アレは拳王チャンネルで2人の物語を伝えたからだろ。

――また怒られますよ。

拳王　事実だろ。オレが何を言いたいかっていうと、丸藤くんは20周年を両国国技館でやったのに、25周年を後楽園ホールでやるっていうのが寂しかった。

――どういうことですか?

拳王　オレは15周年を徳島市立体育館（とくぎんトモニアリーナ）でやった。20周年はもっと上を目指すぞ。

――まさか両国国技館、日本武道館ですか⁉

拳王　違う！　20周年は徳島県立産業観光交流センター（アスティとくしま）だ。

――25周年は…。

拳王　**鳴門・大塚スポーツパーク＝ポカリスエットスタジアム**に決まってるだろ。

――夢は壮大ですね。

拳王　当たり前だよ。吉岡世起、YO-HEYも今年15周年なのに周年興行やらねぇんだ。2人とも地元で絶大な権力持ってるよな。

――そんなやっかみを言わなくても…。

拳王　オレが今回言いたいのは中嶋vs宮原、丸藤vsオスプレイで後楽園ホールが札止めになった現状に危機感をあるってことだよ。

――強引に話を戻しましたが正論です。

拳王　現状だったら、ほかに後楽園を札止めにできるのをオレで考えたらvs他団体になるのか?

――対内藤哲也、対諏訪魔、対青柳優馬、対フジタ〝Jr〟ハヤトなど考えてみたら、そうかもしれません。

拳王　他団体に頼るんじゃねぇよ！ってことなんだよ。後楽園ホールを札止めにできるカードをいかにしてNOAH内で提供していくかが一番重要なんだよ。この現状で満足してたらいけない。後楽園ホールをNOAH内のカードで毎回満員にするぞ。

――そうですね！

拳王　オレと清宮のシングル以外でしっかりと見たいと期待感を生むカードを作れるよう、これからオレが刺激的に仕掛けていくからな！

10月18日号の議題　ジェイク・リーのGHCヘビー級王座挑戦

オレに負けて、NOAHにいる理由がなくなったジェイクを所属選手にさせる

――10・28福岡でのGHCヘビー級王座挑戦が決まりました！

拳王　リング上でも言ったけど、チャンピオンのジェイク・リーはNOAHの外敵なのに、NOAHの舵を握ってどこにつれていくつもりなんだよ。で、まず言いたいのは、ジェイクって全日本で'11年にデビューしてすぐに引退して、空白の3年があって、'15年に再入団&再デビューしたんだろ。それなのにまた昨年末で全日本を退団した。まずはそこがずっと引っかかってたよ。同じ団体を2度もやめたところにな。

――ジェイク選手の人生ですから…。これまでの防衛戦を見て、いかがでしたか?

拳王　安定してるよ。よくも悪くもジェイク・リーらしさを出してるよな。全日本にいた頃のジェイクに関しては一目置いてたしな。

――どういうことですか?

拳王　'21年ぐらいは宮原健斗一強時代を終わらせて、宮原の輝きがかすむぐらいジェイクは存在感があった。外から見てたら、卓越した自己プロデュース能力があると思ってたんだよ。みんな若い選手は宮原に影響されてる感じの闘いをしてるのに一人だけ違った。

——かなり評価しているのですね。今年1月からNOAHに戦場を移しましたが、どういうスタンスでいましたか？

拳王　清宮海斗、中嶋勝彦、丸藤正道、杉浦貴、潮崎豪をGHCヘビー級選手権で倒してるんだから、素直に強いと思う。ただNOAHのベルトを持ってないオレの方が輝いてたんじゃねぇのか。

——なぜですか？

拳王　アイツのスタンスがよくわからないからだろう。最初は「いろいろなヤツと闘いたい」とか言って全日本を退団して、NOAHに来て「オレはいつまでもここにいるわけじゃない」とも言ってたよな。それなのに、NOAH以外の団体には出てないし、外敵なのに外敵感を出さずに、GLGのリーダーとして所属のYO-HEY&タダスケも抱え込んで「オレが舵を取ってる」が決めゼリフ。外敵なのか、外敵じゃないのか、はっきりしていない。対戦相手や団体の歴史にリスペクトを示して、NOAHファンのクソヤローどもに受け入れられたいように振る舞っているよな。でも、時おり帰化申請のことをチラつかせて、世界進出について匂わせてるだろ。ジェイクのチャンピオンロードからはNOAHで何をしたいのか、**NOAHをどうしていきたいのか、明確に伝わってこない**んだよ。

——なるほど。

拳王　今回の中嶋勝彦退団騒動でいかに所属がファンの感情移入を誘って、そのプロレスラーが何をやりたいかっていう意思表示になることが明らかになっただろ。極論、フリーでいる限りはジェイクがNOAHを本当の意味でよくすることはできない。というよりも、週プロトークでオレは『ジェイクは全日本からのスパイだ』と言ったけど、よくよく考えたら、アイツは実は全日本をやめてないと思ってる。**全日本の別班**としてフリーという肩書でNOAHに主戦場を移して、NOAHを盛り上げようとするふりをしながら情報をつかんで内部崩壊を狙ってるんじゃねぇのか!?

——ちなみに、別班とはTBS系人気ドラマ「VIVANT」で脚光を浴びた自衛隊の秘密情報部隊のことです。

拳王　ジェイクは頭がキレる。待てよ。となれば、ジェイクが元日にNOAH日本武道館に来た時、どっかに赤い饅頭があったんじゃねぇのか。

——VIVANTを見ていない人にはわからないネタをぶち込まないでください。

拳王　（無視して）アイツ、普段は笑顔でグッド・ルッキングだけど、心の中では笑ってない。何を考えてるかわからない目をしているだろ。これですべてがつながったな。オレが全日本の別班であるジェイクからベルトを奪って、NOAHから永久追放するぞ。

NOAH9・24名古屋でGHCヘビー級王者のジェイクとにらみ合った拳王

――そうつなげますか⁉

拳王　**美しき我が方舟を汚す者は何人たりとも許さない。命に従い、オマエを排除する！**

――ＶＩＶＡＮＴで堺雅人さんが演じる主人公の言った名言を言いたかっただけですね…。

拳王　いや、もしかしたらジェイクは全日本の別班としてＮＯＡＨでスパイ工作するうちに逆に愛着が沸いてきたかもしれない。コスチュームに徐々に緑も増えてきたしな。

――それならば、どうするのですか？

拳王　永久追放はなしだ。オレに負けて、ＧＨＣヘビー級王者ではなくなって、ＮＯＡＨにいる理由がなくなったジェイクをオレがＮＯＡＨの所属選手にさせてやる。

――おおっ！

拳王　タイトルマッチは10・28福岡だろ。ちょうど11月3日にＮＯＡＨの新人オーディションがあるだろ。

――ＹｏｕＴｕｂｅ「拳王チャンネル」プレゼンツですよね。

拳王　現役プロレスラーは書類選考で落とすけど、ジェイクだったら特別に受けさせてやってもいいぞ！　新人オーディションで合格したら、晴れてＮＯＡＨの所属選手だ!!　そして、ジェイクと一緒にオーディション受けるクソヤローどもの応募、心よりお待ちしております。

10月25日号の議題　週プロトーク

オレはABEMAさんに97万の借金がある。借金返済のためにイベントをバンバンやるしかない

――「週プロトーク」大盛況でしたね！

拳王　大義名分としては、週刊プロレス創刊40周年記念のイベントだった。週プロ40周年イベントの2回目ゲストにオレが選ばれたのも、この連載を今回で２３９回やってきたのが大きいよな？

――もちろんです！

拳王　それなのに、チケットを買ってきてくれたクソヤローどもでこの連載を読んでる人が少なかったのは正直驚いたよ。週プロトークだから、**もっとみんな週プロを読んでるかと思ったぞ。**これほどオレのファンに連載が届いていなかったとは…。

――おそらく週プロ読者ではなく、拳王さんのＸ（旧・ツイッター）などでイベントがあるということを知って駆けつけてくれたファンが多数いたということですね。

拳王　オレがＮＯＡＨに参戦するきっかけになったＫＥＮＴＡや、超危暴軍の首領である森嶋猛さんの話はキラーコンテンツかと思ってたら、どうやら時代はオレらが考えてた以上に移り変わってるようだな。そういう意味では、週プロにとって新しい読者の開拓につながったんだから、よかったんじゃねぇのか。

――ありがとうございます！

拳王　いつの時代もそうだけど、**既存のコアなファンに満足せずに、新しいライトな層に訴えかけていかないといけないよな。**まさに安定望めば進化なし、だ。

――勉強になりました。

拳王　週プロだけでなく、ＮＯＡＨもこれからプロレスを見てみようかなというライト層にいかに響かせるかがカギになってくるよな。

――新陳代謝に乗り遅れないようにと。

拳王　そうだ。話がそれてきたからもとに戻して、よくよく考えてみれば、トークショーの拳王と言われるオレも札幌、八戸、仙台、

9月26日に週プロトークを闘道館でおこなった拳王

徳島と首都圏以外のプロモーションが中心だった。地方に重きを置きすぎてたかもな。

――首都圏では…。

拳王　昨年7月に有明でやった金剛トークショー以来かな。その時もオレ単独ではなくてみんなでトークショーって感じだったし。大会前後の撮影会やサイン会とかもちょこちょこあったけど、クソヤローどもとじっくりと長時間交流できるイベントもかなり久々だった。偶然かもしれないけど、オレ本人さえも気づかなかった拳王ファンの潜在的な需要を掘り起こした週プロはさすがだよ。

――最近、首都圏でイベントをやっていなかったというのはあらためての発見でした。

拳王　イベント中に聞いたら、全体の半分以上が近年からファンになってくれた人だった。ホント意外だったよ。

――今年からYouTubeきっかけで拳王さんのことを好きになった人が急増してる可能性もあります。

拳王　拳王チャンネルではありのままのオレを見せてるし、メディア出演などもけっこうある。最近のNOAHもSNSなどでの情報発信は積極的にやっていて、選手たちの映像は大量に発信されてる。でも、それってあくまでも一方通行というか。今回の週プロトークみたいにクソヤローどもと双方向で交流できる機会もあまりなかった。こういうイベントをやる選手ってほかにいたのか？

――最近ですと、モハメドヨネ選手の「ヨネ家」で小峠篤司選手、アレハンドロ選手が一日店長をやっていました。

拳王　ほかには？

――AXIZの潮崎豪選手と中嶋勝彦選手が10月15日（日）に3部制のイベントを開催します。

拳王　中嶋はNOAHを退団したのに潮崎と一緒にやるんだな。まぁ、いいか。チケット高すぎだよ…と言いつつも、オレのイベントだってサイン入りチェキ2ショット付きのS席7500円、A席6000円だっただろ。'19年は3500円だったよな。こちらも**チケット高すぎなんだよ。**

――今回は参加特典もついていましたし、昨今は物価の上昇で…。

拳王　NOAHがこういうイベントをあまりやらずに潜在的な需要があるのを見つけて、見事に金に換えた週プロの勝ちだな。にしても、こんなに高額なのによく来てくれたよ。ほんとありがたいよな。

――感謝しかないです。

拳王　拳王表紙ポートレート3000円4種、週プロ40周年記念Tシャツ4000円、週プロ40周年ステッカーと物販でさらなる利益も狙ってた。商売上手だな。いいことを思いついたぞ。

――なんですか？

拳王　オレはABEMAさんに97万の借金がある。借金返済のためにイベントをバンバンやるしかないな！

――おおっ！

拳王　会場は使用料も借金返済に使いたいからキレイな海が見える公園だ！　キレイな海…**沖縄しかないな。**

――首都圏ではないのですか!?

拳王　そうだったな…。まぁ、また近々やりたいな。そのくらいいいイベントだった。次回はもちろんGHCヘビー級ベルトと一緒にだ!

11月1日号の議題　ABEMAのWWE

日本のプロレスには独自のよさがあるけど、子供ウケという点でWWEはトップクラス

――10月からWWEのABEMA放送が始まりました。

拳王　もちろん見てるぞ。PLE「ファストレーン」10・7インディアナポリスは注目の大会だったから、早起きして見たぞ。

――率直な感想を聞かせてください。

拳王　まずは第1試合の統一WWEタッグ選手権を見てビックリした。

――どこがですか?

拳王　コーディ・ローデスがものすごくベビーフェースでメチャクチャ人気があって、カッコよかったことだな。新日本に来日してた時にはそんなに引き込まれなかった選手だったのに、あんなにカリスマ性があるなんて思ってもみなかったぞ。そのコーディのパートナーであるジェイ・ウーソも、兄弟タッグ〝ウーソズ〟でタッグ戦線の中心という認識でしかなかった。そんな2人が組んでフィン・ベイラー&ダミアン・プリーストと熱戦を繰り広げて、最後は勧善懲悪の末に勝利。典型的なアメリカンプロレスで面白かった。メインの中邑真輔vsセス・ロリンズと同じぐらい、いい試合だったよな。

――いきなり盛り上がりました。

拳王　オレはWWEの情報なんて週プロで見るぐらいだ。最新の流れとかあまり把握してないし、けっこう知らない選手もいる。っていうか、ジョン・シーナとかで止まってるかもしれない。日本のクソヤローどもはだいたいそんな感じだろう。でも、ABEMAのWWEは日本語実況解説、マイクの日本語字幕や小粋な選手紹介テロップもあるし、事前に知識がなくても楽しめる。しかも、いつでもどこでもスマホで見れて、リアルタイムで見逃しても1週間は無料だ。**おそらく億単位の金が動いたんじゃねぇのか。**これだけの環境を整備してくれたABEMAに感謝するしかないよ。

拳王が先週号の試合リポートとABEMAのステッカーをアピール

――WWEがグッと身近になりました。

拳王　オレがプロレス少年の頃なんてWWEを見たくてもお金を払わないと映像で見れなかったよ。オレはみちのくプロレスファンだった。みちのく出身のFUNAKIがWWEスーパースターとして活躍してたから応援したかったのにできずに悔しかった記憶がある。

――素晴らしい時代になりました。

拳王　あと**無料放送ということでプロレスの入り口がかなり広がった**と思うよ。WWEってわかりやすいし、選手のキャラクターが際立ってるから、これまでプ

ロレスを見たことがなかった人でも思わず見入っちゃう。特にWWEは客のクソヤローどもが常に超満員で演出もすごい。会場が熱狂してるから、画面越しで見てて乗せられちゃうよな。リング上で展開されてるストーリーも抜群に面白いし、ドラマやアニメを見るような感覚でスッとファンになる可能性もある。子供とか一度見たら、絶対に飛びつくと思うぞ。そうやってWWEきっかけでプロレスを好きになって、同じABEMAで中継されてるNOAHとかにも興味を持ってくれたら最高だよ。

――夢が広がりますね。

拳王 仮面ライダーとか戦隊モノの戦闘シーンがずっとリング上でおこなわれてるような感じだし「ファストレーン」のコーディやロリンズはアメコミのヒーローみたいだった。日本のプロレスには独自のよさがあるけど、子供ウケという点ではWWEは他のエンターテインメントを含めてもトップクラスだ。ABEMAのWWEを基点にして、プロレスが世間によりいっそう浸透していったら、業界に携わる者として嬉しいよ。

――無料でWWEが放送されるのは05年3月で終了したフジテレビ系列以来です。

拳王 懐かしいな。スマックダウンは地上波でやってたからオレも見てたぞ。でも、なぜか入り込めなかった。

――なぜですか？

拳王 **コメンテーターが癇に障った。**

――高木三四郎選手のことですか？

拳王 え、そうだったのか!? だから生理的に受けつけられなかったわけだ。昔だから忘れてたけど、やっと謎が解けたわ。

――絶対知ってたくせに。

拳王 （無視して）やっぱABEMA日本語実況解説のシュン・ヤマグチさんとFUNAKIさんのコンビがしっくりくるよな。雑談っぽいのがWWEらしくていいよ。

――ですよね！

拳王 これを読んでるクソヤローどももぜひABEMAのWWEを見てもらいたいよ。

――大絶賛ですね。

拳王 最後になりましたがABEMA様、**しっかり宣伝しておきました。週プロ1ページ分の広告費を**オレが競輪でABEMAに借金してる97万円の中から…。

――ちょ、ちょっと待ってください。連載を勝手に広告ページにしないでくださいよ！

拳王 ダメか…。早く返さないと金利とかつくだろ。まぁ、いいよ。最後にこれだけは言っておくぞ。

なんですか？

拳王 NOAHを見るならABEMA！ WWEを見るなら、ABEMA!!

11月8日号の議題 10・28福岡決戦

結局は外敵。NOAHよりも自分が優先 ジェイクはそのあたりの意識が端々で出てくる

――いよいよ10・28福岡でのGHCヘビー級王座挑戦が迫ってきました。

拳王 オレがNOAHの頂点に立って絶景を創り出してやる。そのためには絶対にGHCヘビー級王座が必要なんだよ。

――「絶景」がキーワードですね。

拳王 絶景を求めて、NOAHから去る人間がいるだろ。

――中嶋勝彦選手ですね。NOAH退団発表の際に「絶景を求め進んでいく」と直筆のメッ

セージを発表しました。

拳王　**絶景はどこかにあるものじゃない。プロレスラーが自分自身で創り上げるしかないんだよ。**せっかくNOAHで絶景を創り上げる側に立ってたのに、ほかの団体に行ったら絶景を見ることができなくなるかもな。

——おっしゃる通りです。

拳王　少なくてもオレはNOAHで一緒に絶景を創り上げていきたいと思ってた。オレがGHCヘビー級王者になったら、挑戦者として指名してやろうかな。

——ラストマッチ当日に次期参戦が決まるのは異例です。

拳王　まぁ、リップサービスはさておき、NOAHから去る人間のことなんてどうでもいいから10・28福岡決戦の話を進めよう。

——GHCヘビー級王座挑戦は今年1・1日本武道館以来10カ月ぶりとなります。

拳王　もうそんなに経つのか。

——ジェイク・リー選手がGHCヘビー級王者になって、真っ先に挑戦するかと思っていました。なぜ動かなかったのですか？

拳王　ジェイクはスマートだ。はたから見ればチャンピオンとしていい防衛ロードを築いてるよな。NOAHの歴史にリスペクトをもって、方舟を長年支え続けてきた中嶋勝彦、丸藤正道、杉浦貴、潮崎豪の挑戦を退けた。なんかNOAHだけ…いや、**NOAHの過去ばかりを見てる気がしてたんだよ。**

——なるほど。

拳王　オレは〝ナウ〟や未来を考えて、プロレス界にNOAHのすごさを見せつけてきた。ジェイクがGHCヘビー級王者時代に全日本の世界タッグ王座、DRAGONGATEのオープン・ザ・ツインゲート王座を取って、NOAH内外で防衛戦をやってきただろ。さらに、YouTubeでプロレスライト層向けに常に発信してきたつもりだ。NOAHの過去ばかりを見続けてきたジェイクと交わらなかったのは仕方がないよ。

10・28福岡決戦2日前は10・26広島。拳王は巡業で幸先のいいスタートが切れるように広島風お好み焼きを堪能した

——確かにリング上のみならず、さまざまな部分で拳王さんはNOAHに貢献しています。

拳王　その証拠に今年のNOAHで観客最多動員大会は拳王15周年記念大会6・24徳島だろ。

——いえ、2・21東京ドームです。

拳王　アフター武藤敬司の話をしてるんだよ。ついでに首都圏や大阪も含まないからな。地方限定だ。

——だいぶ都合のいい証拠ですが…。

拳王　うるせーっ！　話題面だって、確実に金剛解散だろ。

——そういうことにしておきます。

拳王　じゃあ、ジェイクはNOAHに来て、何を残したんだよ。アベレージ的に高いパフォーマンスを見せてるけど、大きな話題を生み出したのか!?　この7カ月、ジェイク主導で動いたのはグッド・ルッキング・ガイズ（GLG）結成ぐらいだろ。あとNOAHの平均身長を上げたぐらいか。チャンピオンだったら、もっとNOAHのためになるようなことを率先してやってもらいたかった。なんでジェイクがそうしなかったのかわかるか？

――外敵王者だからですか。

拳王　そうだよな。ジェイクはNOAH以外の団体に出ないで主戦場にしてるけど、結局は外敵。NOAHよりも自分が優先だ。そのあたりの意識が端々で出てくるし、ジェイクに乗って応援しても、突然ふら～っといなくなるかもしれないってクソヤローどもも敏感に感じ取ってるんじゃねぇのか。

――フリーだから当然ですよね。

拳王　そうなんだよ。だから、所属がベルトを巻かなきゃいけないんだよ。オレは自分の15周年イヤーをすべてNOAH発展のために使ってきた。でも、どうしても足りないものがあることに気付いたんだ。

――何ですか？

拳王　シングルの栄冠だ。ベルトも取ってないし「N-1 VICTORY」も準優勝だ。10・28福岡でチャンピオンになって、**15周年イヤーを自分で祝うぞ。**

――よろしくお願いいたします！

拳王　それとこのまま昨年末まで全日本だったジェイクがNOAHで無双状態だと、NOAHが全日本よりも弱いって思われちゃうからな。せっかく今年オレが立派な人格者の諏訪間幸平専務の分身の諏訪魔を倒して全日本より強いって見せつけたのに。

――10・18会見もそうでしたが、元・全日本にこだわりますね！

拳王　そんなことないわ。てかタイトルマッチの話しようぜ。

――自分から言ったくせに…。

拳王　とにかく10・28福岡でオレがジェイクを倒して、GHCヘビー級王者になってやるからな！

11月15日号の議題　中嶋勝彦

中嶋の辞書に義理や人情はない これで素直に送り出せなくなった

――先週、プロレス界を揺るがす事件が起こりました。

拳王　何のことだ？

――中嶋勝彦選手が全日本10・21後楽園に電撃来場し、宮原健斗選手を花束でぶっ叩きました。

拳王　もちろん全日本プロレスTVでチェックしたぞ。突然、会場に現れた中嶋の目、やばかったな。ものすごい殺気だった。画面越しでもゾクゾクしたよ。宮原も昔を思い出したのか、一瞬、スーパースターの仮面が外れちゃったよね。また昔みたいに食らわされるんじゃないかってビビッてたんじゃねぇのか。

――そんなことを言うと、また方々から怒られますよ。

拳王　花束で殴られて腹立たしかっただろうけど、宮原の顔には「これだけで終わってくれて、ホッとした」と書いてあったように個人的には思ったぞ。試合中やリング上だったら、宮原ほどのプロレスラーはある程度、対応できたはずだ。でも、戦場は試合後の場外。おそらく頭の中にトラウマとして植えつけられてる**吉川の健介オフィス道場に戻ったような感覚**になって、観客のクソヤローどもの存在を忘れちゃったのかもな。

――健介オフィスの話が大好きですね。

拳王　これだけ幻想をかき立てられる昔話は現代プロレスではそんなにないだろ。その証拠にNOAH7・15後楽園は、両者のシングルを発表しただけで超満員札止めになった。美味しい話題をなぜあえてさける必要があるんだよ。

——そんなことばかり拳王さんが言っているから中嶋選手はNOAHを退団しちゃったんじゃないですか!?

拳王　それはないな。あの中嶋がそんなメンタル弱いわけねぇだろ。むしろドンドン言って話題になってほしいと思ってるよ。

——また勝手に…ともかく今回、一番のポイントはNOAH10・28福岡のNOAHラストマッチ前に他団体でアクションを起こしたということです。

拳王　やっぱそこだよな。**プロとしては最高の行動だ。**全日本の旗揚げ記念シリーズでエースの宮原相手に三冠ヘビー級王座を防衛した青柳優馬を差し置いて、週プロの表紙も飾った。青柳は可哀想だったけどな。

——語りがいがあります。

拳王　これだけの炎上案件は滅多にお目にかかれないぞ。

——絶賛してますね。

拳王　ただ15年以上も闘い続けた「第二の故郷」であり「愛する」NOAHでファンにケジメをつける前に、ライバル団体の大会に出ちゃったんだろ。しかも、ラストマッチは地元の福岡で自分が希望したカードを組んでもらったわけだ。契約的には9月いっぱいでNOAHと終了してるわけだから、何の問題もないけど。しかし、人間としてはどうかと思うぞ。中嶋の辞書に義理や人情はないようだな。15年お世話になったNOAHからの信頼をあざけ笑ってぶち壊すような行動だ。所属選手を代表して言わせてもらうけど、NOAHをナメんじゃねぇよ。これで素直に送り出せなくなった。

——そういった批判は巻き起こりますよね。

拳王　ところで、中嶋にとっての「絶景」って全日本なんだな。**てっきり新日本か海外かと思ってたぞ。**この行動でショックを受けたファンも多かったんじゃねぇのか。ほとんどが「ああ、そっちなんだ」ってガッカリしただろう人も多かったはずだ。

——まぁ、そうなりますよね。

拳王　オレがガッカリしたのは10・28福岡前に潮崎豪が「勝さんらしい行動、いろいろ波紋を呼んでるし、らしくていいんじゃない」って言ったところだよね。こんな行動をNOAHラストマッチでタッグを組む前にしたんだ。そこは何らかの批判なりをして注目を集めるべきだろと思ったけどな。まぁ潮崎らしくていいんじゃない。

——潮崎選手は根っからのいい人ですから仕方ないのでは。

拳王　あと気になったのは電撃来場について全日本の福田剛紀社長は「私も知らなかった」と語ってたらしいな。じゃあ、オマエは今まであったほかの乱入を事前に知ってたのか。アポなしで来場&乱入するのが当たり前だろ。

——正論だと思います。

拳王　少なくともオレは今まで一度もアポイントを取ったことないぞ。

——では、中嶋選手はなぜ全日本に電撃来場

全日本10・21後楽園に現れた中嶋。宮原をにらんで花束で殴打した

したと思いますか？
拳王　リクルート先を探してるんだろ。ちょうど退団した時期にABEMAがWWE中継スタートして、新日本ではXなどがあって、「新日本か海外か」とウワサされる中で、クソヤローどものパンパンにふくらんだ期待を見事に裏切って真逆に突き進んだ。
――最後にいち選手として拳王さん的に中嶋選手には現在どういう思いなのですか？
拳王　まったく興味がなくなった。以上。オレは義理と人情で生きてるからな。今後、オレの前で中嶋の話題を出すんじゃない！

11月22日号の議題　征矢学

今のNOAHが創り出して育てたダイヤモンドのように輝く物語だ

――10・28福岡でジェイク・リー選手を破り、GHCヘビー級王者となりました。次期挑戦者として征矢学選手が登場。拳王さんは「ずっと待ってた」と語りました。
拳王　今後、NOAHで絶景を見るためにはエース級のカードがもう1枚ほしかったんだよ。ジェイクには誰が挑戦した？
――中嶋勝彦選手、丸藤正道選手、杉浦貴選手、潮崎豪選手です。
拳王　結局、NOAHってなるとその4人だったんだよ。過去の栄光にすがってるイメージが強い。そこに食い込んだのはここ10年でオレとジェイクだけだ。
――清宮海斗選手は？
拳王　最近、NOAHで存在感がないからすっかり忘れてたわ！
――明らかにわざとですよね。
拳王　まぁ、清宮なんかどうでもいいんだよ。征矢は今回がGHCヘビー級王座初挑戦なんだろ。ホント遅すぎるよ。
――もともとポテンシャルの高さはかなり評価していましたよね。
拳王　当たり前だろ。だから、タイトルマッチの舞台をチャンピオンの権限で来年1・2有明アリーナにしたんだよ。もしも会社に任せたら、次のビッグマッチである12・2横浜武道館になりそうだっただろ。
――ボクもそう思っていました。では、なぜ1・2有明にしたのですか？
拳王　**ハードルを上げるためだよ。**現在の征矢は年間最大級のビッグマッチでGHCヘビー級王座に挑戦するような選手だと思われていない。言葉は悪いけど、後楽園ホールのメインや中規模クラスのビッグマッチ要員。長州力の言葉を借りれば「かませ犬」だよ。それが現状の征矢に対する世間の評価だ。しかし、10・28福岡のリングで顔を見た瞬間、オレは征矢の可能性に懸けてみたくなった。これまでは2、3番手的なイメージでなかなか突き抜けられなかったけど、今は違う。**本気でNOAHの中心を取ろうとしてる目だった。**
――なるほど。
拳王　NOAHファンならば、現在の征矢が観客支持率抜群でエモーショナルなファイトをすることはわかってるよな。それをプロレス界や世間に伝えるためには大胆な仕掛けが必要になってくる。あの数秒でこんな決断ができたオレってすごすぎるだろ。
――自画自賛…。それだけハードルを上げるのはいいですが、有明アリーナは1万クラスの大会場ですよ。
拳王　NOAHがプロレス界で頂点を取るためには大きな勝負は必要だし、その勝負に勝

10・28福岡で征矢の挑戦表明を受けた拳王

つことが絶対条件になってくる。オレのベルトに征矢が挑戦してくるというシチュエーションならば勝てる自信があるぞ。

――その根拠を教えてください！

拳王　物語性だな。当事者で言うのも恥ずかしいけど、'20年4月、征矢はＮＯＡＨに来て「拳王に強い信念を感じた。拳王たちと一緒にやっていけば、自分のプロレス人生を大きく変える起爆剤になる」と金剛入りを直訴してきたんだ。当時は〝ワイルド〟という個性を確立させてたけど、それだと本当の意味で頂点を取れないと思ったんだろうな。過去をすべて捨てて生まれ変わった。

――しかし…。

拳王　征矢は突き抜けられなかったよ。だいぶ長い間、苦しんだ。ＮＯＡＨには武藤敬司、藤田和之らレジェンドがやってきて、その話題性に完全に埋もれたし、大きな結果も出せなかったし、自己主張もできなかった。しかし、今年に入ってから一気に吹っ切れたよな。

――今年1月に新日本・ＳＡＮＡＤＡ選手にシングルで勝利を収めたことが大きなきっかけになったかもしれません。

拳王　宿命のライバルに勝って、新しい自分を見つけたのかもしれない。まるで別人になったよ。今年3月、全日本に乗り込んで世界タッグ王者になることができたのは、征矢がパートナーだったからだと思ってる。拳王チャンネルで一緒に焼き肉も食べた。

――無言で黙々と食べる征矢選手が面白かったです。

拳王　一緒に豚小屋にも行って記者会見にも出席した。

――拳王さんは全日本事務所のことを「豚小屋」と揶揄しています。

拳王　あんなところに行ったら、プロレスラーとしての価値が下がるよ。

――話を戻して、そろそろ締めましょう。

拳王　6・24徳島でオレが金剛の解散を発表した時、征矢は涙を流した。それからＮ－1で爆発して、期待感を背負って、ＧＨＣヘビー級王者となったオレの前に立って、拳を突き合わせた。

――2つの強い信念がぶつかり合いますね。

拳王　今年はグレート・ムタvs中邑真輔が1・1日本武道館のメインだった。来年はオレと征矢という所属選手で勝負するということに意味がある。**過去にも頼らない。ビッグネームにも頼らない。**これは今のＮＯＡＨが創り出して、今のＮＯＡＨが育てたダイヤモンドのように輝く物語だ。オレたちでＮＯＡＨの時代を築いていくぞ。

11月29日号の議題　ドラゴン・ベイン&アルファ・ウルフ

ベルトを守り続けて、ワグナーみたいにNOAHの大きな軸になってもらいたい

――ここ最近、ＧＨＣジュニアヘビー級タッグ王者組のドラゴン・ベイン&アルファ・ウ

ルフと組むことが多かったですね。

拳王　アイツら、ホントすごいよな。今回はベインとウルフについて語るぞ！

――よろしくお願いいたします！

拳王　その前にNOAHのタイトル戦線はすごいことになってるよな。11・4新潟でダガがHAYATAを破ってGHCジュニア王者になった。これでGHCナショナル、GHCタッグ、GHCジュニアタッグと合わせて、**オレのGHCヘビー以外はすべて外国人選手が保持してる。**こんな状況は滅多にない。

――はい。ちなみに、新ブランド「マンデーマジック」で争われるGHCハードコア王座はZERO1の田中将斗選手が持っています。

拳王　新型コロナウイルス禍が収まってきた昨年4月からNOAHには外国人選手が参戦するようになった。それからクリス・リッジウェイ、ニンジャ・マック、ダンテ・レオン、サクソン・ハックスリーら日本ではほぼ無名だったヤツらがベルトを取って、一気にスターダムに駆け上がったよな。

――NOAHでの外国人選手の活躍は非常に目覚ましいです。なぜだと思いますか？

拳王　それだけNOAHという団体に魅力があるからだろうな。外国人選手たちはGHCタイトルを手に入れることができたら、自分のキャリアにハクがつくと思って死に物狂いになってる。単発の来日ではベルト争いになかなか加わることができない。しかも、日本はアメリカやヨーロッパから気軽に行き来できる場所じゃないだろ。だから、みんな海外でのオファーを断ってまで日本に長期滞在して、チャンスをつかもうと必死だ。もちろん外国人同士の競争も激しいし、あえて名前を出さないけど、どんなにアピールしても〝常連〟の枠からフェードアウトしていくヤツらだっていいただろ。

11・4新潟でベイン&ウルフとトリオを結成した拳王

――激しい競争を勝ち抜いたハングリーさが結果に表れています。

拳王　母国を離れて、言葉もあまり通じない異国で生活するのは大変だと思うよ。でも、さまざまなことを我慢してでもNOAHに長期参戦した方がいいと判断してるんだろうな。

――ベイン&ウルフはGHCジュニアタッグ以外にもザ・クラッシュタッグ、NWAメキシコタッグ、KAOZタッグと3本のベルトを持っているので、世界各国から引っ張りだこ状態にも関わらず、長期滞在しています。

拳王　アイツらすごすぎるから海外の大きな団体の首脳陣&選手もビビってるんじゃねぇのか。そりゃ、そうだよ。あんだけすさまじい身体能力と兄弟ならではの高度な連係&合体技を決められたら、すべてのインパクトをもっていかれるからな。対戦相手を務めるヤツらは相当な覚悟で臨まないといけないよ。

――ですね。

拳王　それとイホ・デ・ドクトル・ワグナーJrの成功も大きいと思うぞ。

――詳しくお願いします！

拳王　昨年11月、ワグナーは船木誠勝さんからGHCナショナルを取ってから飛躍を果たして、最終的にはサイコ・クラウンとの歴史的な防衛戦を9・24名古屋でやっただろ。10・28福岡でモリスに敗れて、ベルトは失ったけど、日本での人気もうなぎ上りでNOAHのエースと言っていいほどの支持率を獲得してるよな。ベイン&ウルフとしたら「オレたちも!」と思ってるんじゃないか。

——いい背中を見せてもらいましたね。

拳王　ベルトを取ってからが本当のスタートなんだよ。ワグナーは初防衛戦から稲村愛輝を相手にすごい試合をしただろ。

——昨年11・23代々木のメインですね。

拳王　そうだ。それからの防衛戦もすべて想像以上の熱戦を繰り広げたよな。挑戦者たちのポテンシャルを最大限まで引き出すのがチャンピオンの役目だ。ベイン&ウルフも9・24名古屋の王座決定戦でニンジャ・マックと組んだアレハンドロの限界を突破させた。10・28福岡の初防衛戦でもYO-HEY&タダスケの魅力を存分に発揮させた上で好勝負を展開しただろ。これからもああいうすごい防衛戦を積み重ねていけば、日本のクソヤローどもにドンドン浸透していくと思うぞ。

——楽しみです。

拳王　モリス、アンソニー、ダガはまだベルトを取っただけだけど、ベイン&ウルフはすでに1つ上の段階ってイメージがある。**宮脇純太、藤村加偉、TERRY YAKIあたりの出世試合とか生み出したら、**さらにチャンピオンとしての評価は高まると思う。このままベルトを守り続けて、ワグナーみたいにNOAHの大きな軸になってもらいたいよ。

——期待しましょう!

拳王　ベイン&ウルフのGHCジュニアタッグ防衛戦はド派手でわかりやすい。プロレスを初めて見る人も引きつけられるだろうし、NOAHが業界の頂点を目指す上で起爆剤になる。オレもGHCヘビー級チャンピオンとしてアイツらに負けないようにしなきゃいけないな。

12月6日号の議題　藤波辰爾

わだかまりが解消されたら、征矢が大爆発する可能性もある

——今週は12・2横浜武道館で組まれた拳王&新崎人生vs征矢学&藤波辰爾戦についてお願いします。

拳王　お互いの師匠をパートナーにしてのGHCヘビー級選手権前哨戦だ。**なかなかエモいカードが組まれたよな。**

——拳王選手はみちのく出身でファン時代から憧れていた新崎人生選手と組みます。

拳王　金剛時代に何度か組んだけど、金剛解散後は初めてのタッグだ。今のオレを新崎さんにしっかり見てもらいたいよ。こっちよりも焦点を当てるのは征矢の方だろ。

——というと?

拳王　征矢は'07年4月に藤波辰爾が立ち上げた無我ワールドで生え抜き第1号としてデビューした。しかし、藤波辰爾が征矢の師匠だったのを知っているファンは少ないんじゃないのか?

——征矢選手は坂口征二さんのつながりから西村修選手との縁ができて、無我ワールドに入門してデビューしました。

拳王　それでプロレスラーとなってからは?

——'07年10月に西村選手とともに全日本に電撃移籍しました。

拳王　そうなんだよな。デビュー半年後には移籍してるから征矢と藤波辰爾の師弟関係っ

て感じがまったく伝わってないよな。

——たった半年で期待の生え抜き第1号が後ろ足で砂をかけて退団。藤波さんの中では…。

拳王　当然、わだかまりがあるだろ。当時は何もわかっていない若者とはいえ、**征矢が藤波辰爾に不義理をかました**ことは紛れもない事実だろ。

——はい…。

拳王　けっこう根に持ってるかもって拳王ネットワークの情報では聞いてるぞ。それから征矢との接点はあるのか？

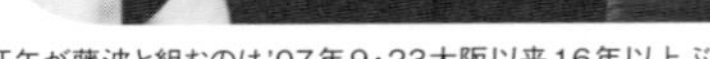
征矢が藤波と組むのは'07年9・23大阪以来16年以上ぶり

——リング上では一切ありません。

拳王　藤波辰爾と西村修はいまだに業界で触れちゃいけない関係だろ。征矢は西村修の愛弟子だ。普通にシレッと発表されたカードだけど、16年以上絶縁だった征矢と藤波辰爾が組むんだぞ。これってけっこうすごいことじゃないのか。

——拳王選手が好きそうな話ですよね。

拳王　アントニオ猪木さんが新日本を旗揚げした時に付き人だった新人の藤波辰爾を連れていったよな。あくまでオレの想像だけど、当時の自分と同じように右も左もわからなかった境遇の征矢だから気持ちがわかり、寛大な心で許して、タッグを組んでもいいと思ったんだろう。

——感動的な話です。

拳王　**息子のLEONAもNOAHにお世話になってる**しな。

——それは言わなくていいことです。

拳王　（無視して）金剛時代に征矢から「たぶん藤波さんとは一生組めないかもしれません」って聞いたことがあるぞ。

——記憶力がすごいですね。

拳王　普段は能天気な征矢が珍しくしんみりしてたからな。若手時代はただ信頼してる先輩についていっただけって感覚で、自分が何をしたのかなんてわからなかったかもしれない。けど、キャリアを重ねていくうちにどれだけの不義理をしたのか自然とわかるよな。

——征矢選手の人生ドラマが詰まった藤波選手との復縁マッチですね。

拳王　まぁ、そうなるよな。しかし、この一戦はオレと征矢のGHCヘビー級選手権前哨戦でもある。オレと新崎さんはみちのく時代からずっと良好な関係を続けてきた。16年以上絶縁状態で唐突に復縁する藤波辰爾と征矢に負けるわけねぇだろ。

——ですよね。

拳王　でも、ずっと引っかかってた藤波辰爾とのわだかまりが解消されたら、征矢が大爆発するって可能性もあるよ。プロレスってどんないざこざがあっても、リングの上で闘えばわかり合える不思議なジャンルだからな。敵に塩を送るようだけど、ここで征矢が藤波辰爾との物語をクソヤローどもに伝わる形で闘いに落とし込んできたら、これ以上怖いことはないよ。

——どんな試合になるか楽しみです。

拳王　最後に言っておきたいことがある。

——何ですか？

拳王 オレは藤波辰爾と初対戦なんだよ。

——それは知っています。

拳王 オレの得意技を言ってみろ。

——拳王スペシャル、PFS、炎輪、蹴暴、右ハイキック、ドラゴン・スープレックス・ホールド…あっ！

拳王 ドラゴンSHは若手時代から使っているオレの得意技だ。KENTAから3カウントも奪ってるぞ。

——'11年7月のNOAH初参戦ですね。

拳王 そうだ。藤波辰爾は最近ドラゴンSHを使ってないよな。この一戦でオレが藤波辰爾の面前で征矢から**ドラゴンSHで3カウントを奪ってやるよ。**

——おおっ！

拳王 年内最後のビッグマッチだ。GHCヘビー級王者のオレが征矢に勝ってビシッと締めてやるからな！

12月13日号の議題 11・24後楽園を終えて

嫌われてもいいって覚悟で言動するヤツがいないとNOAHは活性化していかない

——11・24後楽園が終わり、マンデーマジック11・27新宿がありますが、12・2横浜まで待ったなしという状態です。

拳王 1・2有明アリーナのGHCヘビー級選手権に向けて、やっと征矢学が本領を発揮してきたよな。N-1 VICTORYの時みたいにこれ以上ないぐらいの観客支持率をつかんだ状態まで仕上げなきゃ、試合前から勝負はついちゃうぞ。何度も言うけど、タイトルマッチは征矢学に懸かってる。1月2日まで征矢がクソヤローどもに響くような物語を提供できるか、できないかは大会の盛り上がりに直結してくると思う。

——11・24後楽園の前哨戦ではドラゴン・スープレックス・ホールドを狙いました。

拳王 藤波辰爾の前で征矢からドラゴンで3カウントを奪ってやる。重心を低くされたから投げれなかったけど、ちゃんとあの太い首をクラッチできたし、**グロッキー状態だったら完璧に投げてホールドできそうだった。**

——12・2横浜では新崎人生選手と組んで、征矢&藤波組と対戦しますからね。

拳王 こっちは愛のある師弟タッグだ。

——11・24後楽園では師匠の得意技である曼荼羅捻りも見せました。

拳王 ドラゴンスクリューの逆回転は曼荼羅捻りだ。しっかりと覚えておいてくれ。

——…。

拳王 一方、向こうは先週の連載でも語ったけど、征矢がデビュー直後に無我ワールドから全日本へ電撃移籍して藤波辰爾に不義理をした。征矢もインタビューで言ってたしな。それから15年以上も疎遠なんだろ。そんな微妙な関係がリング上で見れるなんて粋なカードを組んだよな。

——拳王さんもYouTubeで藤波辰爾年表を披露しましたね。

拳王 かなり手ごたえのある内容になったからぜひ見てもらいたいよ。息子のLEONAが藤波辰爾の私生活も教えてくれたし。

——12・2横浜前に必見ですね。

拳王 そうそう12・2横浜でちょっと気になることがあるんだよ。今年最後のビッグマッチだろ。11・24後楽園が終わった時点で全カードが発表されていないけど、今のところ、タイトルマッチはGHCナショナル選手権だけだ。挑戦者は誰だ？

——11・13新宿の次期挑戦者決定ランブルを制した大原はじめ選手です。

拳王　タイトルマッチに向けて何かやった？

——前哨戦がなかったので…ホームページに12・2横浜に向けたプロモーションの模様が掲載されていました。

拳王　11・24後楽園でチャンピオンのジャック・モリスにフィンランド式フォアアームでもかましてもらいたかったよ。せっかく挑戦が決まったんだからリング上のアクションもそうだし、もっといろいろ発信してもらいたかったな。ジュニア時代のタッグチーム〝ケンオーハラ〟としてオレのパートナーだった頃はもっと必要以上にガツガツしてたのにな。**オレは昔の大原の方が好きだったな。**

——GHCナショナル王者のモリス選手はGHCタッグ王者でもあり、11・24後楽園でそちらの防衛戦が組まれていたので…。

拳王　前哨戦がなくてもできることはあるだろ。それを考えて実行に移すのがプロレスラーの仕事だ。大会までどんな形でもいいから機運を高めてもらいたいよ。

——NOAHの公式noteでタイトルマッチに向けての思いを文章で表現しています。

拳王　大原にしかできないことだな。ただそれでどこまで伝わるかだよな。大原だけじゃないよ。12・2横浜、1・2有明アリーナっていうビッグマッチに向けて、みんなもっと自己主張しなきゃいけないんじゃねぇのか。GHCヘビーから陥落したジェイク・リー、今年度N-1覇者の潮崎豪、ウィル・オスプレイ戦で真価を見せた丸藤正道、中嶋勝彦NOAHラストマッチで勝った杉浦貴…**オマエら、最近、何をやってるんだ？**

——今日は厳しいですね。

拳王　清宮海斗だって新日本のワールドタッグリーグに集中してるのかもしれないけど、オレがGHCヘビー級王者になっても無関心なのか。オレはオマエが真っ先にかみついてくるかと思ってた。逆の立場だったら絶対にオレは何かしらでかみつくぞ。それともオレに言い返されるのが怖いのか？

12月5日発売「日本プロレス歴代王者名鑑」（小社発行）の藤波辰巳ページを開く拳王

——拳王さんに口で対抗できるプロレスラーはそうはいませんからね…。

拳王　実は今のNOAHってものすごくチャンスなんだってわかってないヤツが多すぎる。

——どういうことですか？

拳王　**金剛時代のオレがやってた役割は空席になったままだろ。**それと中嶋勝彦が退団してできた穴も空いたままだ。そのポジションをつかみ取ってやろうってヤツが存在感を放っていくと思うぞ。若いヤツでもいい。ジュニアでもいい。ベテランでもいい。自己主張すれば賛否は伴うけど、クソヤローどもに嫌われてもいいって覚悟で言動するヤツがいないとNOAHは活性化していかないよ。

——そういう熱い言葉を待っていました。

拳王　年末年始は各団体がビッグマッチに向けてドンドン話題を生み出す。NOAHも負けていられないぞ。とにかくこれを読んだNOAHの選手たちは何かしら自己主張をクソヤローどもに発信するように！

12月20日号の議題 プロレスグランプリ2023

“キィたん”は昔からオレのファンでよく写真撮ったから思い入れがある

——今年もこの季節がやってきましたね。

拳王 毎年恒例の「プロレスグランプリ2023」をやるか！ 今年も忖度なし。マジで当てにいってやるぞ。

——お願いします。

拳王 まずはプロレスグランプリ…拳王だ！

——いきなり自分ですか⁉

拳王 チャンスあるだろ。NOAHだけでなく他団体のベルトも巻いたし実績十分だろ？

——全日本の世界タッグ、DRAGONGATEのオープン・ザ・ツインゲート、NOAHのGHCヘビーと3本のベルトを取りましたからね。日本を代表するプロレス団体のトップ戦線でこれだけ結果を残したのは、グランプリ候補でも群を抜いてます。

拳王 YouTubeでもチャンネル登録者数も年始の約2万人から現在は7万2000人と3倍以上になってるし、確実に今年最もプロレスを世間に広めただろ。

——説得力があります。でも、完全ファン投票です。そのあたりを加味してください。

拳王 **じゃあ、内藤哲也だな。**

——今年2月21日、武藤敬司引退試合の対戦相手を務め「G1 CLIMAX」で優勝…。

拳王 バカヤロー！ 今年1月、オレにシングルで勝ったことが一番の実績だろ!! そして、アイツも人気あるからな…。

——では、内藤選手ということで。

拳王 バカヤロー!! 次、ベストマッチだ。今年はNOAHが挙がらないかもな。

——えっ、1・1日本武道館のグレート・ムタvs中邑真輔、2・21東京ドームの武藤vs内藤など好勝負だと言われていますよ。

拳王 どっちもなんかNOAH感がないんだよな。ただNOAHの興行でおこなわれた試合ってイメージかな。**結局、ムタvs中邑だろうな。**ムタの試合って魔界の空気になるけど、中邑はあらゆる面で互角に渡り合ってたからな。WWEスーパースターの他団体参戦が実現したっていうサプライズもあったし。

——すべてのシチュエーションがそろった奇跡のような一戦でした。

拳王 10月からABEMAがWWEのRAW&SMACKDOWNを毎週放送しているけど、もしかしたらムタvs中邑からつながってたかもしれないよな。

——女子プロレスグランプリはどうですか？

拳王 これが一番難しい。世界的な活躍だとWWE女子王者のイヨ・スカイかもしれないけど、週プロ読者&モバイルユーザーの投票だろ。昨年の好きなプロレスラー4位だった中野たむは強いと思うぞ。スターダムのシングル2冠チャンピオンになった実績は評価されるべきだ。それに今、欠場中でベルトも返上しただろ。**中野たむのファンはがんばれ！って意味を込めて投票**するん

拳王と“キィたん”

じゃねぇか。ちょうど11月30日にXを44日ぶりに再開させたしな。これで女子特有の営業もできる。年末の賞取りレースに向けて完璧なタイミングだ。そういう話題作り含めてプロレスラーの力量だからな。

——鋭いですね。

拳王　次はベストユニットか。金剛と言いたいけど、真面目な話、金剛がなくなってNOAHでユニットとしてちゃんと活動してるのはグッド・ルッキング・ガイズぐらいだろ。レアルは鈴木秀樹が全日本で忙しくて機能してないし、征矢学&マサ北宮&稲葉大樹も決起したけど、軍団じゃないみたいだし。現在のNOAHはユニット抗争が弱い。オレも考えてることがあるけど、またいずれだな。

——気になります。

拳王　**ベストユニットは新日本のどれか…ロス・インゴベルナブレス・デ・ハポンだろうな。**新日本はバラエティーに富んだユニットがひしめいて、さまざまなドラマが生まれてる。やっぱユニットって大切だよ。グッズ展開も期待できるし。金剛Tシャツなんて新日本の内藤哲也、全日本の宮原健斗も欲しがって袖を通してたからな。

——続いて、最優秀外国人は？

拳王　イホ・デ・ドクトル・ワグナーJr、ジャック・モリス、ニンジャ・マックとNOAHの外国人も活躍した。ワグナーに取ってほしいけど、ウィル・オスプレイだな。説明不要。すごい選手。

——ですね。

拳王　続いて、新人賞だ。確か全日本で一緒だったんだけど、ボルチン・オレッグの強さオーラが半端なかった。野獣二世だよ。新人ながらベルトにも挑戦してるし。

——では、ボルチン選手ですか？

拳王　いや、ここは〝キィたん〟だ。

——？？

拳王　waveの田中きずなだ。

——田中稔選手と府川唯未さんの娘さん！

拳王　〝キィたん〟は昔から思い入れがあるんだよ。よく写真撮ったからオレのファンで12・1新宿で自力初勝利もつかんだし。

——いい話ですね。

拳王　そろそろ行数もなくなってきたことだし、最後にお願いがある。

——何ですか？

拳王　**好きなプロレスラーの欄には何卒「拳王」と書いてください！**今年こそは1位になりたいです。みなさんの清き1票をお待ちしております!!

12月27日号の議題　ワールドカップ後のバスケットボール

これから〝クソ娘〟を増やして、NOAHに絶景を創ってやるからな！

——拳王さん、今週はとんでもないことが起こった横浜について語りますか!?

拳王　やっぱそうなるよな。

——ぜひお願いします！

拳王　だよな。よし、今週は横浜国際プールについて語りまくるぞ！

——えっ…。

拳王　もちろん12・3横浜国際プールでおこなわれたバスケットボールの横浜ビー・コルセアーズvs宇都宮ブレックス戦だろ？

——け、拳王さん！

拳王　本当にすごかった。キャパ5000人超えの横浜国際プールは超満員になった観客の熱気で包まれてたぞ。

12・2横浜の翌日、横浜国際プールを訪れていた拳王

――そうなのですね。

拳王　特に横浜vs宇都宮は人気カードだし。横浜には河村勇輝、宇都宮には比江島慎という日本代表選手がいるからな。

――いつから人気が爆発したのですか？

拳王　この連載でも触れたけど、今年8～9月のワールドカップがでかいよ。日本代表はアジア1位に輝き、48年ぶりに自力で来年のパリ五輪出場権を獲得。奇跡の大逆転で日本中が感動に包まれた。そのワールドカップをきっかけにしてBリーグの人気が大爆発したんだよ。

――拳王選手はワールドカップ以前からバスケファンでしたよね。

拳王　ワールドカップ前までは普通にプレイ

ガイドでチケットが買えたけど、今はファンクラブ先行だけで売り切れちゃうからな。NOAHの比江島推し美人スタッフも12月3日のチケットが手に入らなくて困ってたからオレが何とかしてやったぞ。最近、学生時代にバスケやってたHAYATAもBリーグ見に行ったらしいし。

――それはHAYATAファンにもいい情報ですね。

拳王　去年11月、横浜ビー・コルセアーズvsアルバルク東京戦で海賊バズーカタイムに登場させてもらったけど、あの頃はまだ空席もあり、観客のいるところにバズーカでプレゼントをぶっ放すのがけっこう大変だった。今はすべての客席がびっしりと埋まってるんだから、そんな心配しなくていい。スポンサーだっていっぱいつくようになった。オレもGHCヘビー級王者として超満員の会場でバズーカタイムやりたいな。横浜ビー・コルセアーズ関係者の方々、何卒よろしくお願い申し上げます。

――それは夢がありますね。

拳王　ワールドカップ後のバスケ界こそ、まさに絶景なんじゃないかなって。

――おお、そういう視点でプロレスにつなげてきましたか!?

拳王　バスケはワールドカップで社会現象になったことによって、コア層だけじゃなくて、ライト層が一気に広がった。小中高生や若い女性ファンが格段に増えた印象があるよ。NOAHに絶景を生み出すためには、過去に目を向けてコア層に訴えかけるより、未来を見据えてライト層の獲得を狙っていくべきだなって、つくづく実感させられた。1・2有明アリーナも6・24徳島みたいに当日販売のみの小中高生券を**自腹でチケット代肩代わりしようかな。**

――それは最高ですね！　では、ライト層の獲得には何が必要だと思いますか？

拳王　プロスポーツとして面白いことは必須として、横浜の河村勇輝は22歳だ。ことあるごとに言ってるけど、やっぱりプロレス界も若いスーパースターが必要だよな。例えば、若いヤツの肉体ってオレみたいなアラフォーよりも張りがあるだろ。**張りのあるピチピチの筋肉が躍動するのをぜひともライブで見てもらいたい**し、若いヤツらが飛躍していくことがNOAHの絶景に直結すると思うぞ。

――なるほど。

拳王　プロレス界も数年前に〝プ女子〟なるムーブメントが起こっただろ。ああいう感じのことならば、世間にも響きやすい。業界が一丸となって各団体の若い有望株を売り出すような仕掛けをやっても面白いんじゃないか。

――それはいいですね。

拳王　野球だって今年パ・リーグを制したオリックス・バファローズも〝オリ姫〟と呼ばれる若い女性ファンの急増が人気の一翼を担ったわけだろ。オレも〝ケン姫〟をいっぱい増やしていかないといけないな。

――〝拳姫〟って微妙なネーミングですね。

拳王　じゃあ、何がいいんだよ。

――ここはバシッと拳王さんがキャッチーなフレーズを出してください！

拳王　姫じゃなかったら、女子とか嬢とか娘とかだよな。拳女子、拳嬢、拳娘…なんかしっくりこないよな。あっ、思いついたぞ。オレはファンのことをなんて呼んでる？

――「クソヤローども」です。

拳王　オレたちは「ウマ娘」擁するサイバーエージェントグループだ。クソヤローどもの娘…略して〝クソ娘（むすめ）〟だ！

――おおおおっ！

拳王　これから〝クソ娘〟を増やして、NOAHに絶景を創ってやるからな！

1月3日号の議題　大谷翔平

化身である〝拳使無双〟との二刀流でNOAHを盛り上げるのも夢がある

拳王　今年のトレンドと言えば赤から青だよな。

――えっ、いきなりなんですか？

拳王　オレ以外にも赤から青になったヤツがいるだろ。

――まさか大谷翔平選手ですか？

拳王　大正解！

――確かに赤のエンジェルスから青のドジャースへと移籍しましたが…。

週刊ベースボールの表紙

拳王　完全に拳王のマネだよな。

――拳王さんが今年6月に赤の金剛を解散し、青で再出発しましたが、偶然の一致では…。

拳王　オマエ、デコピンするぞ！

――大谷選手の愛犬！

拳王　よくわかったな（笑）。前回の連載でワールドカップ後のバスケットボールについて語ったけど、WBC後の大谷はまたさらにすごかったよな。注目を浴びて結果を残し続ける…社会現象を生み出すことが絶景につながるんだよ。これはもう拳王改革しかないよな。

――具体的なプランとかあるのですか？

拳王　やっぱ大谷の契約を見ても10年で1000億って夢があるよな。そうやって連日報道されたら子供も大谷みたいになりたい！って憧れる。大谷に憧れた子供が野球をやりたいって言ったら、もしかしたら我が子も大谷みたいになって億万長者になれるかも…って思って、親も後押しするだろ。親子でファンになればジャンル自体が盛り上がる。最高の好循環になってきたよ。プロレスだって、中邑真輔やASUKA、イヨ・スカイ、戸澤陽っていう全米で活躍するWWEスーパースターがいて、アイツらは年俸1億超えだろ。

――拳王選手個人的な見解です。

拳王　ABEMAでの毎週RAW&SMACKDOWN放送も始まったし、子供たちがプロレスラーに憧れる土壌は出来上がりつつある。オレだって子供が憧れる職業上位のYouTuberとして頭角を現してるし。

――今年2万から7万人にチャンネル登録者数が激増しましたね。

拳王　ただ横浜中華街をコスチュームで歩いても誰にも気づかれないのが現実だ。

――自分をさげすまないでください。拳王さんは一度見たら忘れられない個性的なルックスと思わずマネしたくなるポーズやマイクでキャラクター性抜群です。最近では世間的な知名度も上がっていますよ。

拳王　まだまだだよ。**来年は登録者数100万人ぐらいになって、〝メインイベンター〟丸藤正道筆頭に誰にも何も言わせない**つもりだけどな。ちなみに、NOAHでオレ以上にキャラクター性ある選手っている?

――ニンジャ・マック選手はどうですか。

拳王　アイツはキャラあるよな。昨年4月の初来日から常に首都圏、地方問わず、すごい試合をしてるし、大人気だ。子供が憧れるプロレスラーになってるよ。

――そのパートナーとして1・2有明アリーナでGHCジュニアタッグ王座に挑戦するアレハンドロ選手も…。

拳王　よくぞ言ってくれた。**オレが言いたかったのはアレハンドロについてだ。**アイツはものすごく惜しい。自分で製作したマスクをかぶったマスクマンなんて超キャッチーだし、身体能力的にも世界のジュニア戦線を見渡しても最高峰だろ。なのに、人気が爆発しない。

――なぜですかね?

拳王　なんかやりたいことをやってないような気がする。金剛時代の亜烈破みたいにもっともっと自分のキャラクターを出していいんだぞ。オマエはNOAHの子供人気を一手に担うぐらいの存在になるべきだよ。

――ごもっとも!

拳王　アレハンドロはDRAGONGATE12・24福岡で清宮海斗とオープン・ザ・ツインゲート王座への挑戦も決まったんだろ。それで福岡県出身だって明かしたよな。そうやってキャラクターをもっと押し出していけばいいんだよ。1・2有明アリーナまでの日々はオマエのプロレス人生を左右するぐらい重要なんだぞ。このチャンスをつかめば、オマエが来年のNOAHジュニアを引っ張っていくこともできるんじゃねぇのか…って脱線しすぎたな。今回の議題は大谷翔平だ。

――そろそろ話を締めましょうか。

拳王　そうだな。ついついアレハンドロで熱くなって申し訳ない。で、大谷翔平と言えばピッチャーとバッターの二刀流だろ。プロレスでも二刀流をやってたレジェンドいるよな。

――誰ですか?

拳王　武藤敬司とグレート・ムタだ。

――なるほど!

拳王　素顔が大人気者のスーパースターでペイントすれば妖しげな魔界の住人ってあり得ない二刀流をやったのが武藤&ムタだ。来年、もしかしたらオレの化身が現れるかも…。

――まさか〝拳使無双〟ですか!?

拳王　かもしれないぞ。今年はリング上そしてリングを下りてもこれ以上ないほどがんばったと思う。それでも1・2有明メインにはなれなかったし、プロレス大賞でもMVPを取れずに敢闘賞止まりだ。来年はもっと高みを目指すためにGHCヘビー級王者の拳王とともに、オレの化身である〝拳使無双〟の二刀流でNOAHを盛り上げるのも夢あるよな。
——それはプロレス界に改革を起こせますね。
拳王　もちろんギャラは2人分だけどな。

1月10日・17日合併号の議題　拳王的プロレス大賞2023

MVPは中野たむだ！ 欠場中に復帰戦への期待感を爆発的に高めた

——'23年最後の連載になります。
拳王　じゃ、拳王的プロレス大賞2023を発表するぞ！
——よろしくお願いいたします。
拳王　さっそくMVPは…中野たむだ！
——おお、そうきましたか⁉　なぜですか？
拳王　女子プロレス20年ぶりとなる横浜アリーナ大会のメインで、拳王的プロレス大賞'19年MVPのジュリアを倒して、ワールド・オブ・スターダム王者になったし、その勢いで2冠王にもなった。躍進続きのスターダムを先頭に立ってたんだから当然だよ…なんてありきたりなことは言わないぞ。
——ですよね。
拳王　10・9名古屋で刀羅ナツコ相手にワールド王座を防衛した後、左ヒザ負傷で欠場を強いられただろ。最初はすぐに復帰するみたいな発表だったよな？
——当初は10〜11月のタッグリーグ欠場という発表でしたが、ワールド王座防衛戦が予定されていた11・18大阪の欠場が発表され、のちに同王座返上と小出しの発表でした。
拳王　どんな深い理由があったのか知らないけど、結果的に姿を消したにも関わらず強烈なインパクトを残し続けたよな。あれだけ積極的にやってたSNSを突然やめちゃったのも、業界全体にどうしたの？っていう興味を抱かせ、さまざまな憶測を呼んだ。真実は先週号の週プロに書いてあったけど、そんなことは二の次だ。何よりも欠場中なのにスターダムの選手たちにとにかく「中野たむ」と発信させて、プロレスにとって重要な物語を生み出し続けたことが大きい。それでプロレス大賞で女子プロレス大賞を受賞したら、公の場に久々に登場して一気にスポットライトを浴びた。もともとかまってちゃん気質なキャラクターと小出しの発表で心配を増幅させたのも相まったと思うぞ。
——そういう視点で評価するのは拳王さんだけですね。
拳王　NOAHのヤツらは欠場しても何のドラマも生み出さない。今年上半期あれだけ活躍したんだから**AMAKUSAにも中野たむを見習ってもらいたいよ。オマエもちょっと前の潮崎豪と同じで給料泥棒だぞ。**
——'23年8月に左ヒザ前十字ジン帯断裂で欠場してから表舞台から姿を消しています。
拳王　もしオレが欠場したら、毎日YouTubeを更新しちゃうぞ。
——…。
拳王　結果的に欠場中に復帰戦への期待感を爆発的に高めた中野たむはしたたかだよ。すべて計算だとしたら、とんでもないプロレスラーだ。リアルとファンタジーを交錯させてクソヤローどもを楽しませたんだからな。
——なるほど。
拳王　続いて、**殊勲賞は…SANADAだ！**
——！
拳王　'23年は「NEW JAPAN CUP」を制して、IWGP世界ヘビー級王座初戴冠。

8カ月間ベルトを守り続けて越年だろ。本来ならば、文句なしでプロレス大賞MVPに選ばれなきゃいけない。新日本の頂点王座を持ってるヤツが評価されてないってこと自体がオレにとってみたら快挙だよ。ある意味で歴史に名を刻んだ。

中野たむ

――完全に皮肉ですよね…。

拳王　1・4東京ドームのタイトルマッチにしても話題面は内藤頼みってイメージがあるからな。あと'23年1月、NOAHとの対抗戦で征矢学に負けたのも大きかったよ。一方の征矢はNOAHでジワジワと支持率を上げて、1・2有明アリーナでGHCヘビー級王座初挑戦か。かつて**"es"というタッグチームを組んでた2人の出世争いも年始の裏テーマ**かも。まぁ、征矢の初挑戦初戴冠は絶対にないけどな。

――つまり、拳王さんの必勝宣言ですね。

拳王　前哨戦を通して徐々に機運が高まってきたけど、本音を言えば、3カ月前にYouTube「そやそやテレビくん」を開設したのに、リング上に集中しすぎてるのか、新しい動画が配信されなくなってきたのはさみしいよ。もっとYouTube上でもオレを追い込んでほしかった。SANADAもそうだけど、そういう発信力がまだ足りないよ。征矢ももっともっとアピールしたらいいのにな。やらないよりやった方が絶対にいいしな。

――SANADA選手を通して、征矢選手の話になっています。

拳王　悪い、悪い。やっぱどうしても常にNOAH1・2有明アリーナのことが頭にあるからな。じゃあ、行数も少なくなってきたし、最後に**新人賞は…福田剛紀!**

――ま、まさかの全日本社長!

拳王　そうだ。豚小屋でハロウィンパーティーしたり、アクトレスガールズ電撃訪問でカツラを落としたり、最高に楽しませてもらった。'23年11月ぐらいから急にグイグイと出始めたけど、何があったのか気になる。

――ちなみに、豚小屋とは全日本事務所です。

拳王　というわけで、中野たむ、SANADA、福田剛紀の3人には副賞として拳王との特別対談権を贈呈します。希望者は週プロ各担当者を通じて日程調整をするように!

第3巻につづく（たぶん）

おわりに

最後まで書籍「拳王のクソヤローども、オレについて来い!!」を読んで、大多数がこんな思いなんじゃねぇのか。

「'24年1月10日・17日合併号までしか掲載されてねぇのかよ！」

オレも同じだ。'24年上半期が掲載されてないなんて聞いてなかったぞ。というか、今回の週刊プロレス連載「拳王のクソヤローども、オレについて来い!!」書籍化に際して、週刊誌と書籍の編集サイクルが全然違うことにあらためて驚いた。

書籍化が動き始めたのは今年1月だ。撮影や対談は4月。発売は7月。オレは5月から清宮海斗&アレハンドロ&クリストバルと新ユニット「オール　レベリオン」を結成して、NOAHに革命を起こすべく動いてる。

現在進行形で最もホットな話題について書籍2冊で少しも触れられないとは思ってなかった。何なら撮影はコスチュームが変わる前だから上半身のみしか使えなくなっちゃったし。

現在はSNS時代だ。誰でも気軽に情報が発信できる。1億総メディア社会と言われてるだろ。オレ自身、情報の〝鮮度〟は非常に重要だと思っていて、だからこそ極力、YouTube「拳王チャンネル」では、大会後の生配信や大きなニュースが飛び込んできたらすぐにネタにするようにしてる。週プロの連載ですら、発売日以降に読んだら、たまにちょっと古いなと感じてるぞ。

　こうした編集サイクルも出版不況と言われている一因なのだと思った。じゃあ、このまま紙媒体は淘汰されていくのか。その答えはこの書籍「拳王のクソヤローども、オレについて来い!!」2冊を読み終えたクソヤローどもならわかってるはずだ。

　今回、書籍化されて何よりも本という形として残せたという喜びが想像以上にある。収集癖のまったくないオレでも、自宅の本棚に「拳王のクソヤローども、オレについて来い!!」2冊があれば、無条件で嬉しい。ぜひともオレの試合を観戦する際には客席から書籍2冊を掲げてくれ。

　さらに、紙媒体ならばじっくりとその世界観に浸れる。SNSを筆頭に電子媒体って何かをしながら見たり、あまり集中せずに流し読み感覚だから頭に残らなかったりすることが多い。しかし、2冊すべて読んだクソヤローどもは、おそらく〝世界一面倒臭い男〟の思考回路に近づいちゃってるんじゃねぇのか。

　ちょっと待てよ。週プロ連載の'24年上半期が掲載されていないということは、これはもう3冊目を出すしかないだろ。ベースボール・マガジン社様、印税アップともども何卒、ご検討のほど、よろしくお願い申し上げます。

2024年6月

拳王

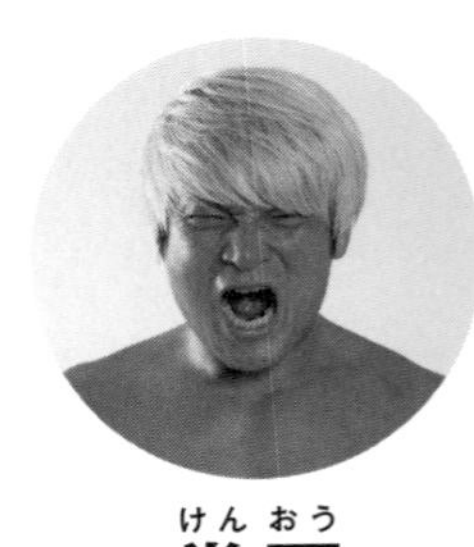

拳王（けんおう）

本名・中栄大輔。1985年1月1日生まれ、徳島県徳島市出身。NOAH所属のプロレスラー。YouTube「拳王チャンネル」は8万人のチャンネル登録者を誇る。3歳の時に始めた日本拳法では世界大会優勝の実績があり、中高の社会科教員免許も持つ。明治大学卒業後、みちのくプロレスに入門。2008年3月2日デビュー。獲得タイトルはNOAHのGHCヘビー級王座、GHCナショナル王座、GHCタッグ王座、GHCジュニアヘビー級タッグ王座、全日本プロレスの世界タッグ王座、DRAGONGATEのオープン・ザ・ツインゲート王座、みちのくプロレスの東北ジュニアヘビー級王座。2017年「グローバル・リーグ戦」、2019年「N-1 VICTORY」制覇。2023年「プロレス大賞」敢闘賞受賞。得意技はPFS、炎輪、拳王スペシャル。174cm、90kg。

構成
井上 光

カバー写真撮影
菊田義久

対談写真撮影
福地和男

デザイン
間野 成（株式会社間野デザイン）

協力
株式会社 CyberFight

拳王（けんおう）の ❷金剛（こんごう）の書（しょ） クソヤローども オレについて来（こ）い!!

2024年7月31日 第1版第1刷発行

編　者　週刊（しゅうかん）プロレス編集部（へんしゅうぶ）
発行人　池田哲雄
発行所　株式会社ベースボール・マガジン社
〒103-8482
東京都中央区日本橋浜町2-61-9 TIE浜町ビル
電話 03-5643-3930（販売部）
03-5643-3885（出版部）
振替口座 00180-6-46620
https://www.bbm-japan.com/

印刷・製本　大日本印刷株式会社

ISBN978-4-583-11700-3 C0075